三岛由纪夫传

MISHIMA: A BIOGRAPHY

[美]约翰·内森 著
常永利 译

上海译文出版社

图书在版编目(CIP)数据

三岛由纪夫传/(美)约翰·内森(John Nathan)著;常永利译. 一上海:上海译文出版社,2020. 6

书名原文:Mishima:A Biography

ISBN 978-7-5327-8374-8

Ⅰ. ①三… Ⅱ. ①约…②常… Ⅲ. ①三岛由纪夫(1925-1970)一传记 Ⅳ. ①K833. 135. 6

中国版本图书馆 CIP 数据核字(2020)第 070808 号

图字:09-2018-1093 号

三岛由纪夫传

[美]约翰·内森 著 常永利 译

责任编辑/常剑心 装帧设计/阿科

上海译文出版社有限公司出版、发行

网址:www. yiwen. com. cn

200001 上海福建中路 193 号

上海市崇明县裕安印刷厂印刷

开本 890×1240 1/32 印张 9 插页 16 字数 159,000

2020 年 6 月第 1 版 2020 年 6 月第 1 次印刷

印数:0,001—6,000 册

ISBN 978-7-5327-8374-8/K·280

定价:55.00 元

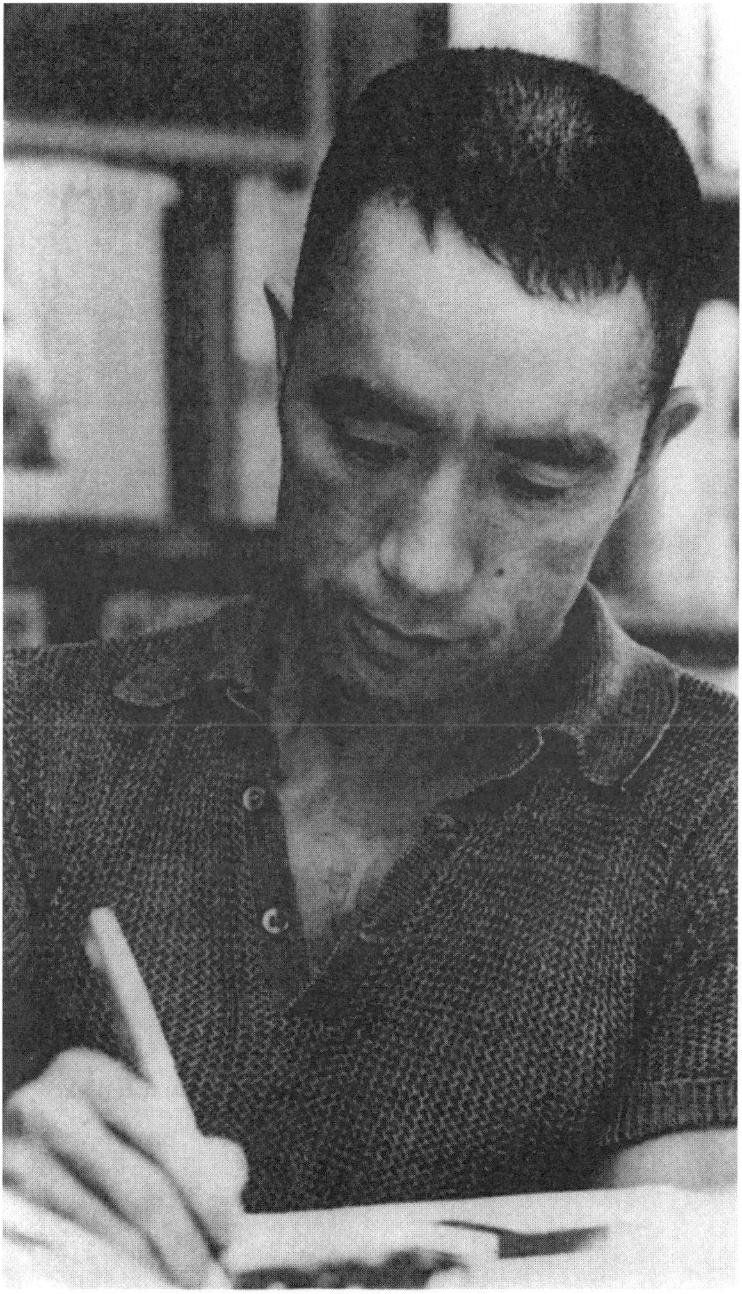

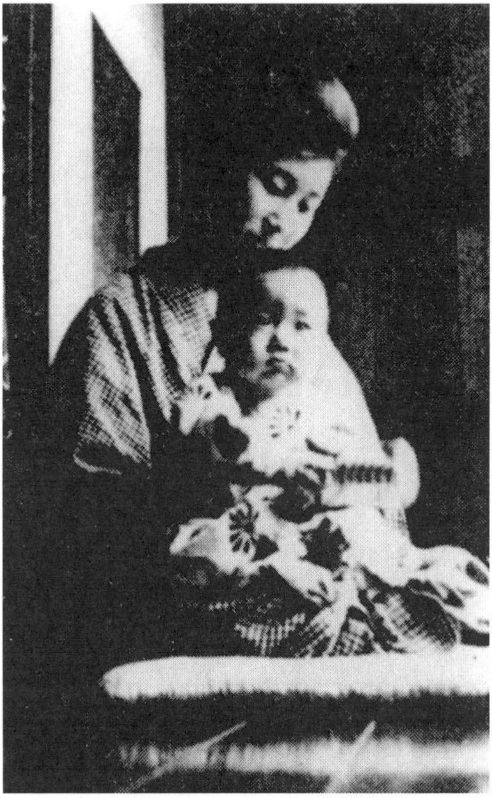

1925 年，七个月大的三岛和母亲倭文重。

1929年，四岁的三岛。

1930 年，三岛和奶奶夏子。

1933 年，八岁的三岛。

1942 年元旦，三岛和他的家人。从左至右：三岛、梓、美津子、倭文重、千之。

1944 年 9 月，三岛和妹妹美津子。

1944 年 9 月学习院毕业典礼，三岛和父亲梓。

1944 年毕业典礼，三岛拿着毕业证书和天皇亲手奖赏的银表。

1954 年，三岛在创作《潮骚》。

照片／新潮社

1956年，三岛和自由之丘商会的生意人一起抬神舆。

1958 年，三岛和歌舞伎女形歌右卫门。

右上：1958 年，三岛在东京国际饭店举行婚宴。

右下：1959 年，三岛和瑶子在位于东京的新家。

照片／新潮社

1958 年，三岛和瑶子从羽田机场出发，开始海外旅行。

照片／新潮社

1960年，三岛和瑶子在史丹顿岛的渡轮上。

1966 年，三岛在自家餐厅。（照片 / 细江英公 ©TIME INC.）

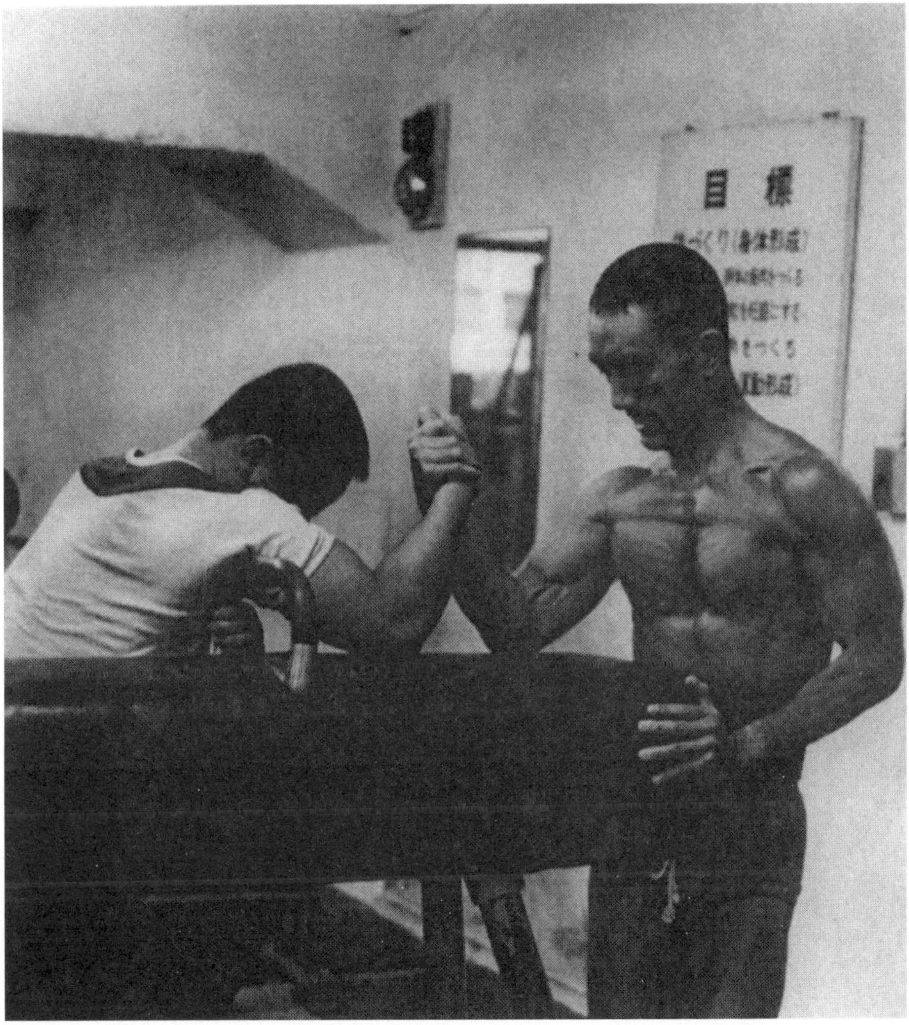

1966 年，三岛在后花园健身房锻炼。（照片 / 细江英公 ©TIME INC.）

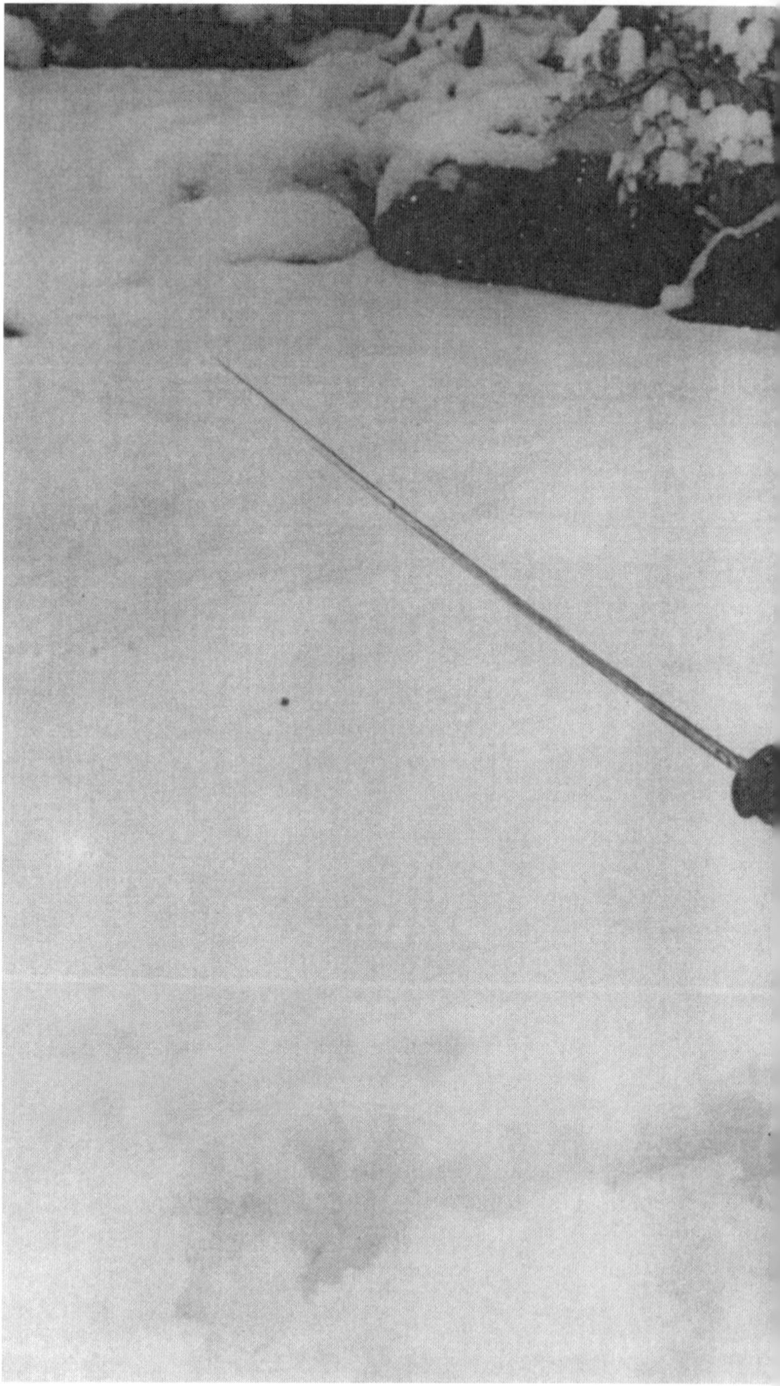

1969年2月，三岛在雪地里，手握长刀。（照片／矢头保）

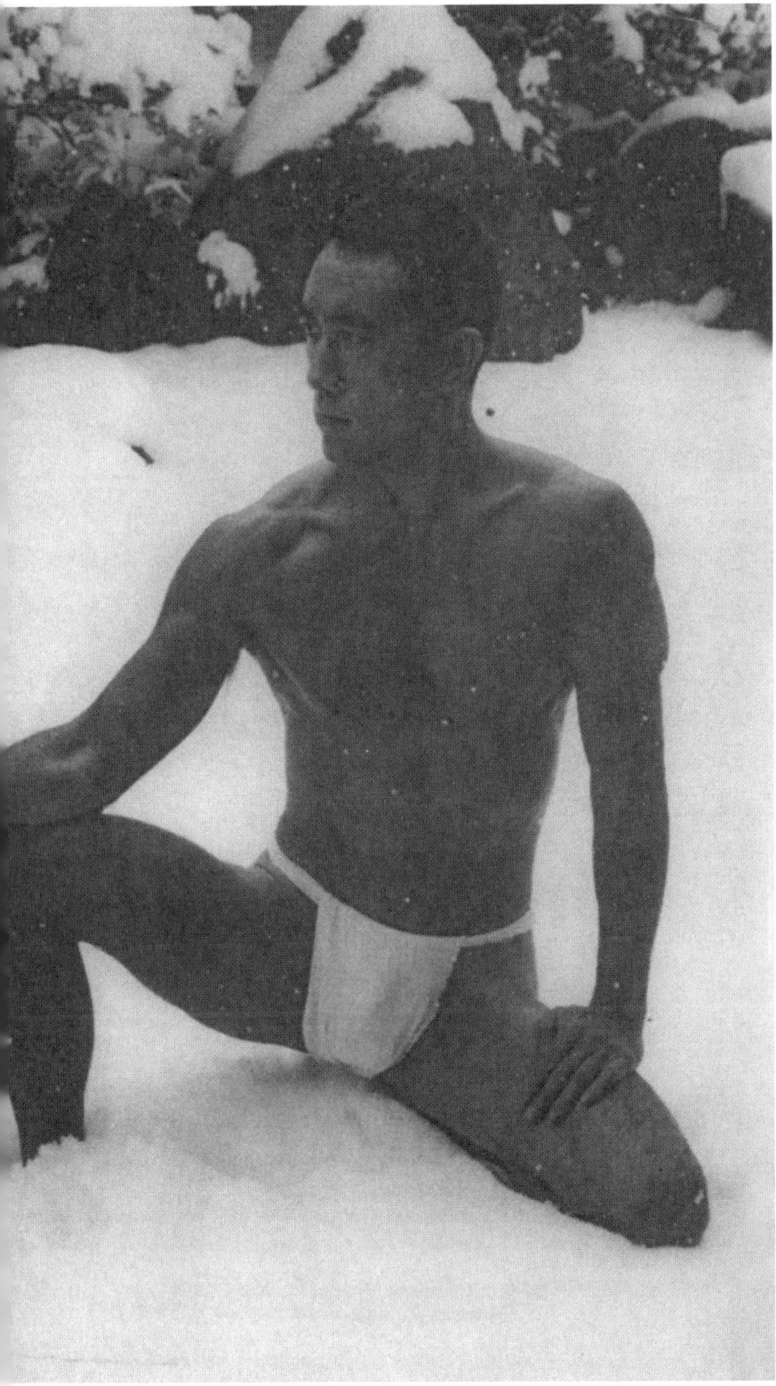

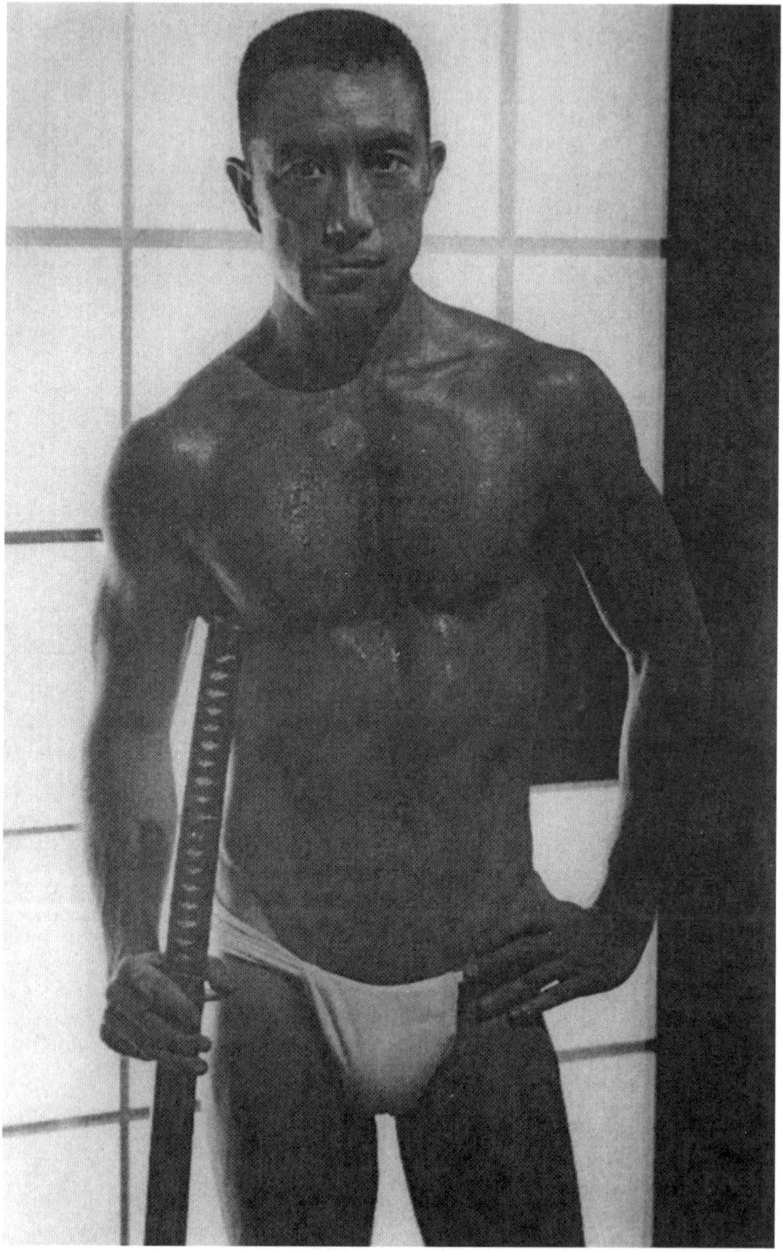

1969 年，三岛手持武士刀。（照片 / 矢头保）

1969 年，三岛在日本自卫队训练营。

1969 年，三岛在训练营食堂。
（照片 /KEIICHI TOYOIZUMI）

1969 年，三岛在东京大学的学生运动会议上与学生们辩论。

右：三岛在东京大学参加辩论。（照片／新潮社）

プロ三部作は

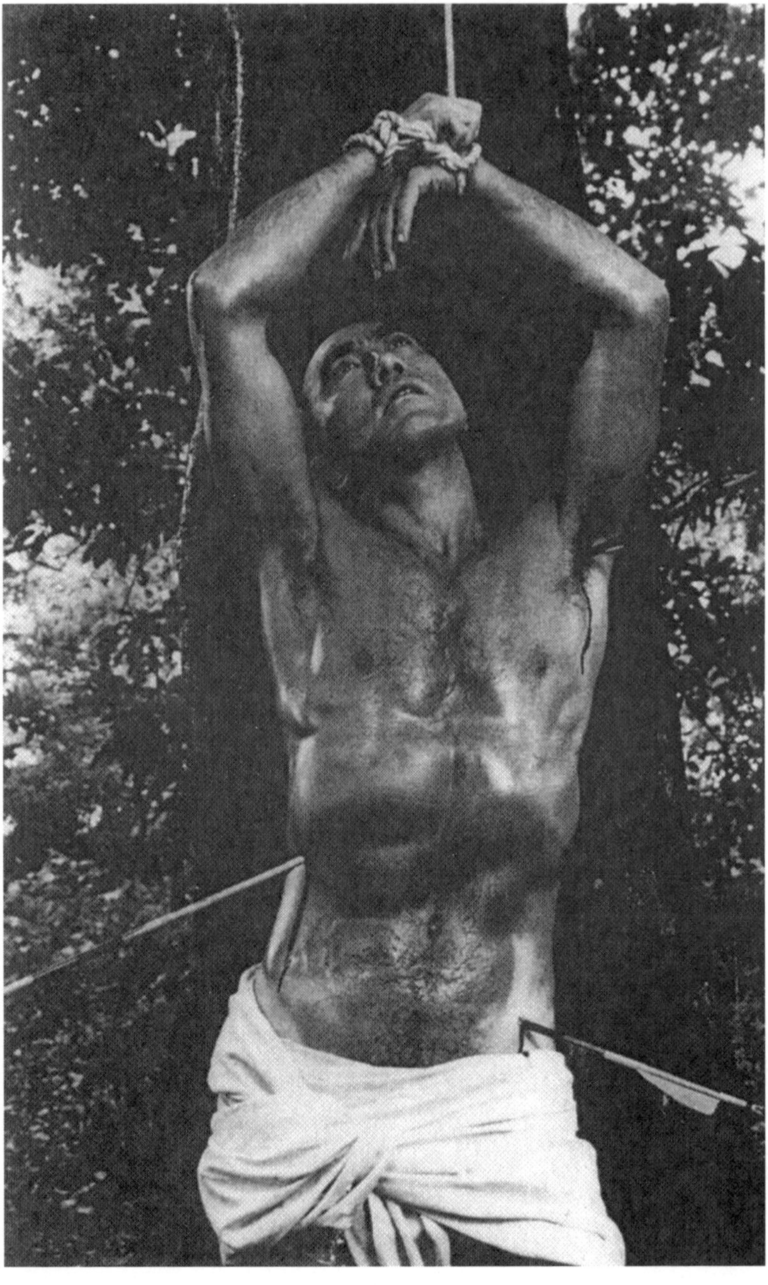

1970 年，三岛扮成塞巴斯蒂安（圭多 · 雷尼画作中的造型）。
（照片 / 筱山纪信）

1970 年，三岛和盾会成员。从左至右：森田、古贺、小川、小贺。

1970 年，三岛在东京（市谷）对日本自卫队发表演讲。
（照片／读卖新闻社）

三岛对日本自卫队发表演讲（特写）。（照片／读卖新闻社）

致扎卡里和杰里迈亚

我着手写这本书时，是哈佛学会的一名青年学者，我要感谢学会的慷慨资助。我还要感谢三岛的两位编辑、他的终身朋友川岛胜和新田敞，他们给予的帮助是无价的。

目录

再版前言

当得知我的《三岛由纪夫传》即将再版时，我多年来第一次打开这本书，怀着忐忑不安的心情一页一页地翻读，搜寻我不希望找到的证据：一位在创造力处于鼎盛时期选择自我毁灭的才子，在我勉力为他撰写的传记里，没有得到公允的评价。读完全书，我的感觉是既释然又苦恼。我的立论看来依然站得住脚。我坚持认为，三岛切腹自杀的驱动力，源自从小就萦绕心头的对死亡的渴望，以及断断续续的对这种渴望的恐惧；而他在生命的最后十年中所宣扬的“爱国主义”，给他提供了一份通行证，使他得以实现朝思暮想的以身殉道的愿望。

尽管如此，我还是苦恼于我的立论要求我秉持的怀疑态度。由于拒绝接受三岛言行的表面价值，我对明摆着的勇气和始终不渝的坦诚未给予肯定。此外，在叙述三岛自杀的过程中，我一味把目光聚焦于他本人的病态，看来我因此视而不见它具有重大的社会意义的可能性。从三岛将如何被纪念这个角度看，这是一个更严重的失误。

一百四十年前被迫开放门户以来，日本就一直受外来文化的困扰，而三岛的人生堪称这一困扰的范例。我这里指的是，日本为了寻找真正的“自我”，努力整合两个不同的、往往难以整合的文化——一个是本土的、固有的、扎根于传统的文化，另一个是外来的、难以驾驭的文化。追求糅合两种文化的努力，用叶芝的话说，就是“昼夜交替”，不停顿地、不遗余力地、有时劳而无获地左右摇摆。在政治领域，1930 年代日本马克思主义知识分子的集体变节，就是一个有说服力的例子：马克思主义作为外来的意识形态，一开始在日本受到热烈欢迎，之后又被无情抛弃，这些知识分子认为它不能圆满替代日本的传统价值。事后来看，三岛个人从重视对称和比例的希腊美学理想“转变”到极端民族主义的美学观，无论多么个性化和不吉祥，可以被看作同样模式的翻版。

太平洋战争时期，年轻的三岛一度感觉兴奋充实，认同由神圣的天皇所体现的崇高理想。1945 年，随着战败，三岛与同时代人被赶入空虚的战后世界，传统被清空、历史连续性被割裂。在 1950 年代，忧心忡忡的三岛对付存在危机的方法，是购买满满一衣柜花里胡哨的衣服，不是欧洲风格，就是美国情调，穿着它们高调亮相；然而在假象背后，三岛感到越来越空虚，越来越痛苦。

痛苦的何止三岛一个人。紧接着《新日美安全条约》的续签，左右两派的恐怖活动成为1960年代的特征，这说明麦克阿瑟所主导的宪法造成了后遗症，国民的焦虑不安情绪正与日俱增。如果美国式民主被证明不能完全令人满意地取代战时价值观，那么狂热地追求国民生产总值的目标、将之奉为国家新的使命也无济于事。1960年代末，“工薪人士”感觉疲惫压抑，无暇享用为期一周的年度休假。他们开始产生疑问，自己辛勤工作，事业有成，为什么在生活中得到的满足如此有限？一定有所欠缺：新兴的消费阶层发现，获得财产和金钱并非生活中值得追求的最终目标。在此背景下，人们饶有兴致地关注着新闻媒体把当时象征经济成功的“三大件”——空调、汽车和彩电——称为“新帝国的标志”。

三岛生命的外在表现——以及他对死亡的选择——既有他个人的特征，同时又代表了他那个时代的弊端。戴上这副矫正的眼镜一看，我这个当时年龄只是现在一半的传记作者大胆写下的讽刺性断语，有时候让我自己摇头蹙额。比如，看看三岛为1967年元旦写的文章《对日本的信仰》。文章解释了他的西方生活方式和他刚刚抬头的民族主义之间明显存在的矛盾。三岛声称他采用西方生活方式，而不是“丑陋的日本主义混合体”，是因为前者能让他保持“方正气度”。他的结论是：“我作为作家的真实生活，是纯日本式的，每晚在书斋里使用日本文字。与此相比，其他一切都无关紧要。”在传记中，我一心要揭示三岛的民族主义是徒有其表的，是他为达到死亡目的的工具，因而我要驳斥他的上述言论：“论点是可笑无力的，其唯一的作用就是揭示了新的表达愧疚的冲动。”今天，这一曾经被我嘲笑的逻辑使我信服，甚至让我感动。诚然，三岛的文字，撇开它的颓废，始终是高雅的，极具表现力的，是典型的日本风格。他每晚从半夜到凌晨孜孜不倦地使用的日本文字，在他的生活中具有不可或缺的地位，而正是这些文字定义了他的人生，我怎么能够否认这一点！

保持一定的距离来思考，三岛的自杀现在看来是两个具有历史意义的事件之一，它们接连发生在跨出1960年代的当口，标志着定义战后这个历史时期对立的两极。1970年3月，作为世界主要经济体登上国际舞台的日本举办了1970年世界博览会。政府为这个盛大的博览会慷慨花费了二十亿美元，招徕七十七个国家参展，也博得未来主义者赫尔曼·卡恩预言，“二十一世纪将是日本世纪”。如果1970年世界博览会代表了时代的自信和乐观，那么八个月后三岛的自杀，则是从令人担忧的社会另一极发出的无归属感的呼喊。当然他的死是个人行为——唯有参照他毕生的情色幻想才能最终理解。同时，它应该被理解为极其明白无误地揭示了国家的弊病：文化传承断裂所造成的痛苦。

约翰·内森

加利福尼亚

蒙特西托

1999年12月31日

前 言

小说家三岛由纪夫选择用狂热极端的方式结束了自己的生命，这种自我了断堪称是最日本式的。1970 年 11 月 25 日，他组织的盾会的四名学员陪他一起访问日本自卫队总监。根据他的暗号，学员们抓了总监并用刀尖控制了他。同时，透过封堵起来的办公室的门，三岛要求 32 连队在大院里集合听他讲话。刚过正午，他走上阳台，规劝士兵们起义，同他一起来反对剥夺日本拥军权、剥夺日本灵魂的战后民主制度。他本想讲三十分钟，但是八百名愤怒的军人吵吵闹闹盖过了他的声音，仅七分钟后他停止讲话。接着，他退回到总监办公室，开始切腹自杀。他把刀插入左腹，横拉至腹部右侧，同时他对站在身后的学员咕噜了一句暗号；那个人用一柄长刀砍下他的头，完成了整个仪式。

此时离三岛四十六岁生日差两个月。他写了四十本小说，十八个剧本（全都被隆重搬上过舞台），二十本短篇小说集以及相同数量的文学评论集。他是导演、演员、技艺精湛的剑客、肌肉健美的运动能手；他驾驶过 F－102 战斗机、指挥过交响乐团；他七次环球旅行、三次被提名为诺贝尔奖候选人。此外，他是国际名人，众所周知，他热爱生活，好像总是能充分享受卓越才能和超群意志给他带来的回报。在施行整整准备了一年之久的自杀的前几天，他对母亲透露说他生平所做的事情没一件是他真正想做的。

尽管日本有悠久的剖腹自杀传统，但是日本人并不见得能比我们西方人更好地理解三岛为什么这样做：所有认识他的人，无论日本人还是西方人，都感觉有必要提出一个理由，这正是因为他们难以想象他把钢刀扎进自己腹侧时是怎么想的。有人认为他这么做只是出于爱国热忱，这些人的理由是现成的：为帝国事业，日本有悠久血腥的英雄加殉道者的传统。还有人假设不治之症、江郎才尽，或者只是精神失常。少数人，出人意料的少，压低声音说三岛是色情受虐狂，他可能喜欢痛楚。

看来没有哪一种理由能够面面俱到地涵盖三岛自杀的全部真相——老实说我也没有。我只能说我所了解的他的生活经历好像主要与他对死亡的色情向往有关。我的意思是，看来三岛一生都想着为情而死，他有意选择了“爱国主义”为手段，来实现自己毕生的幻想，即“英雄”般的、痛苦的死亡。我认为他生命的最后几年所表现的炽热的民族主义不一定是假的，但是在我看来他的自杀本质上是个人行为而不具有社会意义，是色情的而不是爱国的。我不声称自己的理由涵盖所有真相。我只相信我的理由是对的。

我认识三岛是在 1964 年，当时我开始翻译他的一部题为《午后曳航》的小说。之后两年，我经常与他见面。我在他书房一待就是几个小时，直到深夜他开始写作，听他谈日本古典作品，或奥斯卡・王尔德，或中国色谱对红色的十二种细微分别。我同他一起去新开张的饭店，为的是看两个人能吃掉多少钱；我们去看战争影片，他对战争片情有独钟。偶尔，我们一起在他的健身房举重。我常常是他聚会的客人中唯一的外国人。那些晚间聚会，宾客济济一堂，年轻作者，拳击手，电影明星，所有人都被他展现的巨大活力所感染。那是让我兴奋陶醉的时期：我二十四岁，一个东京大学文学院的学生，和日本最有名的小说家交上了“朋友”。

当然我们并不是真正的朋友。三岛的能量让我对他肃然起敬，他确实是一个具有无穷能量的人，散发的是有形的能量，他的才华，他的睿智，甚至他的顽皮。那种假装的顽皮让人信以为真、忍俊不禁。从他的角度看，三岛可能是喜欢和我在一起的，首先是因为我擅长翻译，而他求诺贝尔奖心切。此外还因为我的体能训练不亚于他。总之，我可能是他遇到的唯一既擅长翻译，又在扳手腕时能够赢他的人。我确信这一点很重要。

可是在 1965 年底，我让他生气了。在他以为我会翻译他新出版的小说时，我却拒绝了，他决定不再和我来往。我于 1966 年 4 月离开日本。在回纽约的路上，我为《生活》写了一篇辛辣的文章，把阅读三岛的一篇小说的体验比喻为“参观世界上最华丽的画框展览”。我再没有见过他，也没有通信来往，但是从我们共同的朋友那里，得知他非常恼火。

四年后他的死讯传来，我决定写一本书。因为前述的原因，我估计在搜集他的生活资料时，不会得到家属的帮助。1971 年秋天，我抵达日本，准备作为局外人来进行搜集工作。到日本不久，有一天回家，发现三岛的遗孀三岛瑶子来过电话。我既兴奋又害怕。一个与你年龄相仿、曾经在一起谈笑无间的女人，现在她丈夫剖腹自杀了，你能对她说什么呢？我烦恼了一天，然后提起电话。女佣一下就把我的名字弄清楚了，三岛的女佣都有这个本领。她让我等一等，随手接上音乐盒，传来我多年前听过的旋律。突然音乐停止，瑶子在跟我打招呼并问我可好。比我想象的轻松多了：她没有留任何空隙让我嘟哝哀悼的话。她说有一件正事要同我讨论，问我接下来的几天有没有空。我自然有空。她又问我有没有领带，或者还是像以前一样不修边幅。我说我已买了领带。于是我打上领带，在晚上八点到赤坂的石榴餐馆与她见面。她善意的揶揄、她用词的精当，甚至对餐馆的选择都与三岛惊人地相似。后来我进一步证实了我的感觉，瑶子学得完全像她丈夫的风度。

见面那天，我提前到餐馆，瑶子八点整到达。她穿着宽松的长裤和缀着金属小圆片的短上装，头发烫得一丝不乱。我记忆中的喜悦从她脸上消失了。她神态严峻，简直像个男人。她领路到一个预订的包间，点了晚餐（我忘了吃的是什么）并为我要了威士忌和水。又一次无需吊唁的言辞：瑶子平静地使用“这件事情”和“三岛的死”。她谈及正在做的事情，说到独力整理文学遗稿的困难程度，没有一点点的自怜。接着她谈起正事，就是翻译三岛死前刚刚完成的四部曲。我以前同他们交往时的印象是瑶子甚至不读三岛的任何作品——他也确实没有鼓励她去读——但是现在显然她了解每一本书。我们谈到半夜，然后她开车送我回家。路上我冒昧说出她无疑已经知道的事情，即我希望出一本传记，她表示会配合。

在以后的一年里，我六次访问瑶子。她通常在下午三点左右接待我，那时她刚把孩子从学校接回来。有一两次，她把时间安排在晚上十点以后，我的印象是此前她须要同律师会面（1972 年对尚存的盾会学员正在进行审判，瑶子承担了他们的辩护事宜）。女佣把我引进一楼的客厅，瑶子进来给我和自己各倒一杯白兰地。首先我递上一份书单，是我在别处找不到的三岛的书，她就到二楼书房后面的“书堆”找来给我。接着我请她提供新的采访对象，她就把名字加在我的名单里。她对这些人不评头论足，只是说这个人可以谈空手道、那个人可以谈歌舞伎。不过之后她会和这些人一一联系，要求他们接受我的采访。没有这样的关照，我的采访将止步不前（就像其他几位作者），因为日本国土狭小，排外心态也超乎想象。很多人，包括我从未向瑶子提过的一大批人，告诉我他们是经瑶子点头同意才接受我采访的。关于她自己和三岛的生活，她只字不提。我们第二次见面时，讨论应该采访的人，我顺便尽量随意地说希望也听听“瑶子的故事”，她直直地盯着我，脸上挂着公事公办的笑容，说：“瑶子没有故事。”

不过瑶子在情理之中确实是尽力配合的，对此我很感激。但我心里清楚，对于出一本关于她丈夫的书这样的想法，她并不喜欢，她也不愿有人来讲这个故事。这件事确实有很多难处，我不怪她。因为这不是幸福的故事，也不是健康向上的故事。从瑶子的角度来看，她的两个孩子已经知道太多了，已经知道父亲抛下他们，自顾自去剖腹自尽。至少我想那是她对我持生硬态度的根本原因。仿佛她不得不让人写这本书，所以决定不妨让我去写，因为我熟悉三岛，能够用他的语言来读懂他。这是不得已之举，如我所说，我不怪她。

访问三岛父母同样有其尴尬难堪之处。三岛的母亲倭文重无疑是他生命中最重要的女人，因此除了要与他父亲梓访谈之外，我非常想和倭文重谈谈。但是我在他父母家没见到倭文重。她在家，然而却待在隔壁房间，听着我和她丈夫的谈话，时而透过纸糊的拉门纠正他，诸如“你吓着了他，所以他哭了”，或者“你不在场你怎么知道，他需要你时你从不在场”。要是在美国碰到这种情况，我会透过纸糊门向倭文重打招呼，并问她是否可以出来和我们一起谈谈，可是在东京，这样的念头好像想都不用想。我就这么尴尬地坐了几个钟头，听那位老人讲他给儿子们斯巴达式训练的故事，并假装倭文重缺席，我只和他一个人在谈。然而当我正要离开、一脚门里一脚门外时，她突然出来了，对我鞠躬，当着梓的面，带着天使般的笑容说：“内森先生，你是否发觉我丈夫是个多么以施虐为乐的人?”几天以后，倭文重和我联系，提出要单独见面，地点不在家里，因为她觉得当着丈夫面说话不方便。于是我们在日本桥的一个小小的和服店见了三次。每次我得坐在一间极狭小的屋子的角落里，身躯显得庞大而难以移动。等到倭文重看完无穷无尽的布料后，问我想了解什么，这时我便连珠似的提出一串问题。她简明扼要地做出回答，屋里其他人则装聋作哑。我结束问话并表示感谢时，她总是轻声说："结束了，谢天谢地。"

我逐渐习惯了这种松一口气的表示：除了狂热分子骄傲地大谈特谈三岛的爱国主义，几乎所有人都不愿公开说起他。有几个人只是不愿意透露他生活中的诸多秘闻，但是很多人给我的感觉是他们的谨慎态度出自抱怨。三岛有个非常大的本领，就是使人觉得自己是他最好的朋友。然而他为自杀准备了一年，却没一个人有丝毫察觉。他死后，每个朋友都不得不承认对他缺乏了解，并承认一个残酷的事实，即他们所了解的三岛只限于他有意袒露的局部。大多数较真的人隐约感觉被利用了，甚至被骗了，当然就对自己的记忆感到不踏实而不愿意谈。

不过，画面毕竟丰满地呈现在我们面前了，比三岛所能原谅的更丰满。事实上，如果我有所不恭的话，我会把写作中遇到的所有困难都归咎于三岛愤怒的阻挠。我没有这么做，但是我感到宽慰的是我读到圣伯夫①的一句话，如果我现在面对三岛，可以借用来对他说。"当你研究一个大人物的时候，"圣伯大写道，"你必须敢于发现并正视他的一切，至少将它们一一列举出来。"

1974年1月14日

于新泽西普林斯顿珍宝农场

---

① 圣伯夫（Charles A. Sainte-Beuve，1804—1869），法国文学评论家。他是将传记方式引入文学批评的第一人。——编注（本书脚注无特别注明皆为原注）

第一章

1925—1937

尽管三岛由纪夫为自己的身世编了一个传奇故事，可他并没有出生在“武士世家”。实际上，他父系的祖上是农民。直到十九世纪初叶，他们的地位竟然卑微到连个姓氏都没有。1820年代，在日本中部神户附近的志方村的寺庙记录簿里，才首次留下平冈太左卫门及其家庭的记录，简单记载着太左卫门的小儿子用弓箭射杀了当地士绅豢养的雉鸟，所以他们位于附近村庄的住宅被“罚没”。平冈家族的名位是这样在耻辱中建立的（三岛是他的笔名）。

太左卫门的儿子太吉让平冈的家境大有好转。太吉不仅农活干得极棒，还会做生意。1850年代，家族已拥有备货可观的仓库，甚至还进行放贷业务。但是太吉对平冈家族的最大贡献是送两个儿子外出求学。大儿子万治郎毕业于帝国大学法律系，成为一名律师，并在 1898 年当选为新建立的众议院的议员。小儿子平冈定太郎（三岛的祖父）追随哥哥在帝国大学修完法律课程，于 1892 年二十九岁时进入内务省工作。平冈定太郎聪明，有上进心，而且极富魅力。他官运亨通，节节升迁，在 1908 年达到了仕途的顶点，被任命为日本殖民地萨哈林岛①的总督。获此职位的重要性还在于他是第一任文官总督。

1893 年，即帝国大学毕业次年，定太郎通过婚姻跻身尔后三岛所谓的贵族。他娶的姑娘叫永井夏子。她聪颖、有教养，但自私、极度反复无常。她生于著名的武士世家，祖父是大名，也就是拥有封地的领主，并且与统治日本达二百五十年之久的德川军阀家族有联姻关系。通常，封建贵族家的小姐嫁给农人的儿子是不可思议的，但这门婚事有两个同等重要的因素在起作用。其一，定太郎的帝国大学学位让他跻身小规模、享盛名的精英社会。其二，夏子家称小姐患有“小恙”。从孩提时代起，夏子就时不时歇斯底里发作。她的病情一直困扰着父母。他们幻想改变环境能治病，于是在她十岁出头时把她托付给一个叫栖川的贵族家庭。这家人是明治天皇的堂兄弟。夏子寄居别人家直到十五岁，接回家的时候，病情仍一无好转。打那以后，她不仅是让家人丢脸这么简单。在十二个孩子中，她排行第一，因而挡住了当婚当嫁的弟妹，家里便迫不及待地要把她嫁出去了事。

不清楚夏子是否对父亲包办的婚事感到羞辱，但是毫无疑

① 该岛现由俄罗斯管辖，“萨哈林岛”为其俄语译名。日本称“桦太岛”。中国传统称“库页岛”。——编注

问，婚后接二连三发生公开的和私下的羞辱，激起夏子对丈夫的痛恨和对自己的怜悯。烦恼开始于1914年，即定太郎担任萨哈林岛总督的第七年。迫于帮他获得职位的政客们（已知的有政友会的原敬）的压力，定太郎卖了些捕捞业和食品装罐业的执照，随后把所得汇往东京用作竞选资金。这事被担心过多执照会影响竞争力的捕捞公司捅了出去，丑闻随之而起，定太郎辞官下野。然而这只是他令人目眩的沉沦的开始。他一向对操办实业情有独钟，却能力不济。此刻，他企图像父亲一样当个实业家，结果却是一场灾难：这个天真的商人在十年之内败光了太吉留下的土地和钱财，还深深陷入债务之中。出售旧有按揭，宣告破产，变卖家中细软，最后东京的家宅也被银行收回拍卖。平冈一家只得租屋栖身。三岛就出生在这租住的屋子里。

定太郎是个失败者，但他保持着绅士的沉着冷静甚至活力。他深深地沉湎于钟爱的清酒，以不错的男高音放声歌唱，不倦地与婚外女人周旋。他唯一的儿子、三岛的父亲，说："他绝对不是齐家的料——但称得上出色的、殷勤有礼的绅士。"

1925年，当三岛出生时，定太郎已傲然退居到后客厅。他在那儿要么花时间接待以前骗取他钱财的伙伴，要么就是下围棋。他是家里唯一对妻子的怨怼充耳不闻、视若无睹的人。烦人的家事他也不屑一顾。唯有需主持诸如给孙辈起名等家庭仪式时，他才肯丢下围棋棋枰。

即使在丈夫走下坡路之前，夏子就是自私自大的女人，瞧不起这、瞧不起那，而且还有那歇斯底里的老毛病。如今家境低落，她那受伤的自尊心焚烧得愈加炽烈，以至于更加挥霍无度。她热衷于歌舞伎剧场，出入高档餐厅，发疯似的购物。三岛降生之前，她穷奢极欲，寻求补偿，一味以这种方式来获得慰藉。更糟糕的是，她得了坐骨神经痛，剧烈的疼痛阵阵袭来，让她陷入半残废的生活状态。有时候肉体痛苦稍稍减轻，又适逢高兴，夏子判若两人，生气勃勃，令他人兴奋不已。她懂法语和德语，阅读勤奋，具有丰富的想象力和讲故事的天分。但大体上她是个郁郁寡欢的女人，种种痛苦造就了这么个怨妇加泼妇。

儿子死后，三岛的父亲梓出了一本回忆录，其中颇有微词。他相当隐晦地提到夏子的坐骨神经痛有可能是由得自定太郎的慢性梅毒引起的。多年之前，在自传体小说《假面自白》中，三岛也有同样暗示，似乎这一事实已为全家默认了："谁知道她生前不断发作的抑郁症是不是我爷爷壮年时纵欲无度而给她留下的纪念品？"如果属实且夏子心知肚明的话，她的怨怼和愤恨的根源就无需赘言了。

夏子的独生子梓在父母身边吃尽了苦头，于是便勠力要成为跟他们不一样的人。他谨言慎行、循规蹈矩、勤勉而又十二分地务实。他与人交往时有点格格不入，可能是因为他目睹了父亲喜结交、轻信别人而尝到的苦果。好像这阻碍了他在仕途上有进一步的作为：尽管他聪明睿智，具备一切应有的资格，包括帝国大学法律学位，但直到 1925 年，只晋升到农林省渔业厅的副厅长。这个职位的薪水还算不错，但不足以偿清定太郎的所有债务。更有甚者，夏子坚持的家庭生活方式导致入不敷出。他们在东京"上城"优雅的住宅区租了一栋二层楼的房子，家里雇了一个男仆和六个女佣。在 1925 年，虽然女佣只管吃住不领工资，有这么多用人也是够奢侈的了。梓为工作和筹款终日疲于奔命。

1924 年，梓娶了桥倭文重。她是一个娴静、善解人意的姑娘，父亲是一所中学的校长。倭文重家世代从事教育，专攻儒学；她是个才女，颇有文学素养（三岛十二岁开始写小说时，正是他母亲一页一页地阅读他呈上的作品。这成了惯例，一直到三岛生命的最后一年）。自然，这是一门包办婚姻：倭文重嫁进门时，对平冈家的情况一无所知。她长成于书香门第，备受呵护的生活却没有教她如何应对眼前的处境。一开始，夏子就让她困惑和焦虑：夜已深，这老祖宗却心血来潮叫了出租车，拉上倭文重一起去看歌舞伎的终场，而第二天又不理她了。梓深夜才归家，对她也是冷冰冰的。1925 年 1 月 14 日，倭文重正在楼上房间里阅读，她的第一个孩子降生了。

那个孩子就是三岛。出生后四十九天，他被正式命名为公威，这名字符合家族标榜的贵族身份。

翌日，夏子一把从他母亲怀里把他抱走，连同婴儿床和一应用具，搬到楼下安置她病榻的黑黢黢的房间里。她在那儿像关禁闭似的养着他，以专断、严厉、歇斯底里的方式护着他，不许他的父母和外界任何人插手。她可能希望给长孙灌输他应得的家教——不是卑微的平冈家的，而是贵族的永井家的——从而在他身上得到体现。当然，她这种疯狂的占有欲显示她的动机大体上是出于自私，仿佛是想要有人来分担她肉体的痛苦、精神的屈辱和满心的沮丧。公威的妹妹美津子和弟弟千之是在父母身边长大的，夏子对他们了无兴趣。

从一开始夏子便要求全权来料理孙子的生活，并得偿所愿。她每隔四小时打铃到倭文重的房间，知会她公威的喂奶时间到了，然后她一瘸一拐地抱着婴儿上楼。倭文重说：“给公威哺乳时，婆婆就站在床边盯着，手里拿着随身带的怀表掐时间。一到点，她就夺过孩子，抱着他回楼下自己的房间。我躺在床上，冥想着我能抱着公威把他喂个够。”

倭文重接着说：“即使到了三岁，非得是晴好的天气，公威才被允许带出户外。他五六岁以后，我才获准单独带他外出，不用女佣陪伴，那也得是风和日丽的日子。只要是婆婆照料他，整个四月和大部分的五月，他都得穿冬衣打围脖，甚至还要戴口罩。

“婆婆认为男孩是危险的玩伴，所以她在孙子的表姐妹中仔细挑选了三个年龄较大的女孩，准许公威只能与她们做朋友。自然，公威的玩具局限于玩具娃娃、玩具房子和折纸，或者可能包括积木。女孩的游戏本来就安静，而这些孩子们不得不更加安静，因为婆婆的坐骨神经痛使她对声音敏感，她又坚持孩子必须在她屋里玩耍。玩具汽车、手枪或火车——任何会发出金属声响的东西——都绝对是禁忌。公威喜欢举起直尺或扫把在头顶上方挥舞，我揣想他下意识地在发泄不满情绪。但这些物件被断定危险，因而从他手里收走了。

“我和丈夫买了台留声机，置放在楼上我们屋里。看着公威坐在留声机前，一连几个小时听儿童歌曲，我就开始为他担忧起来。屋外多好啊，而室内如此潮湿昏暗，我想带他出去享受阳光和空气。婆婆正在打盹，我试图偷偷带他出去。可惜婆婆醒了，把他拦下来，领回自己屋里，那儿的百叶窗总是关得严严实实。作为母亲，我想为公威做的事情如此之多，然而我的计划却屡屡遭到挫败，一种无助的感觉油然而生。”

倭文重知道儿子没有被正常抚养，但她对此一筹莫展。她只是儿媳，在婆家莫说待如上宾，连个不速之客都不如，地位与女佣不相上下。十二年来，夏子一手遮天，倭文重唯有伤心向隅：她力图不让儿子看到她心伤，而梓则不闻不问。

夏子在世时，梓看起来对母亲唯命是从，与其说他是公威的父亲，不如说他是夏子的孝子。毫无疑问，他担忧，他自己也承认。有时候，他与母亲抗争，要求给他儿子一些小的自由，诸如外出散个步之类。但总体而言，他不肯承认这种非常情况的严重程度，还禁止倭文重向他诉苦。

倭文重认为丈夫对孩子的前途持冷漠态度，正因为此，她痛恨他：及至公威回到父母身边时，他们的婚姻已千疮百孔。当梓不在场的时候，倭文重不无怨恨地说，她儿子黯淡的结局早在十二岁时就已铸就。她还说多年来她一直想带儿子离家出走，但不能付诸实施。按照日本的传统，她母亲在她的嫁妆里放了一柄短剑，意即：无论婚后多痛苦，她都不能活着回娘家。

夏子决意把婴孩搬到她屋里是有理由的，她认为孩子生活在二楼存在隐患。没错，正如日本所有的房子，楼梯笔陡。公威两岁时确实曾经从楼梯的第三级台阶上跌下来。倭文重对此事的回顾呈现了早年家庭的氛围：“那天婆婆去看歌舞伎，整个家趁她不在就欢腾起来了。公威在没人注意时开始爬楼，随即往后跌倒，磕破了额头。他跌得不重，但出血量令人害怕。于是我们一边送他去附近的诊所，一边传呼在剧院的婆婆。她迅即到家，刚进门就站住了，竭力克制自己。从她的脸色和紧握手杖的动作上可以看出她当时的心理状态。我们都不敢开口说话。经过片刻的寂静，最后婆婆走到我丈夫面前，一字一顿地说，'他死了吗?'我丈夫摇了摇头。不再说一句话，也不看任何人，婆婆顺着长长的甬道，走进了她的房间。公威已经在那儿入睡，于是她轻轻地关上门、上好锁。"此后，没有得到夏子的同意，公威不得再爬楼梯。新规矩保证了孙子的安全，让她可以放心外出，然而他却再不能和妈妈一起待在楼上了。

公威儿时把对自己处境的感受深埋心底，内敛到令人吃惊。他父母一致认为他接受夏子的管束，从不争辩，甚至从不流露明显的表情。当夏子怒不可遏地冲出房间，来收缴倭文重为他买的"危险"或"制造噪音"的玩具时，他会一声不吭地上交，即使倭文重也在场；当夏子不准他到户外活动，或稍大以后，不准他和同学去郊游，他就坐在她屋里安安静静地玩耍，让待多久就待多久。和妈妈相处时，他从不向她抱怨，也没有任何要妈妈帮忙来对抗奶奶的企图。表面上，公威好像就是个认命的小男孩。

倭文重坚称，她儿子服从夏子，是因为三岁时他就懂得，哪怕是微乎其微的不从也会给妈妈带来困苦。这话看来至少有一部分是客观事实。夏子的嫉妒心极重，公威的任何不服从都会被看作他向着妈妈的证据，于是会有无穷无尽的报复手段——都冲着倭文重。公威跟妈妈要任何东西，无论多么微不足道，如果没有事先问过夏子，都会引发她胸中某座“愤怒的火山”，把孙子和儿媳大骂一顿。

虽然倭文重暗示公威爱戴的人主要是她，但更大的可能是他对生命中这两个女人的爱戴程度是相等的。他不得不以稚小的力量来促成她们和平共处。为实现这一愿望，他根据情况作了准确的判断。一方面他对夏子要百依百顺，同时又不向母亲流露半点焦虑。这就要求他对奶奶和妈妈都不能说出他真实的感受。为此，他付出了巨大的精神代价。现实是凶残的，它索求无度，难缠程度无以言表。所有的证据表明公威幼年时就创建了一个现实之外的世界，供他在独处时避入。

在《假面自白》中，三岛描述自己还是五岁的孩子时即产生了对现实的反感，从而构造了一个令人神往的虚幻世界与之对抗。在这个世界里，“夜沉沉，血淋淋，死神横冲直撞”，英俊的王子或被杀戮，或被吞噬，处死的过程煞费周折。在这里，“残暴造极，罪行精绝”。这孩子为沉浸在这些幻想中而略感不安。这些幻想让他害怕，尽管他没有意识到它们的意义。然而它们远比现实本身更美好，更真实，而且他也没法驱除它们。

从一开始，这孩子就把现实看作入侵的敌人。四岁时，他喜欢上了一本书里的插图，图上跨着白马的英俊骑士让他心神不宁。他天天把整个下午用来凝视那幅画，如痴如醉地幻想着骑士将如何面对死亡。一天下午，他的“看护”趁他对着插图冥想时，跟他说明这骑士是圣女贞德，不是男的而是女的。这孩子如雷轰顶：“这是我生活中第一次遭到现实对我的惩罚。当我正在美美地幻想‘他’的末日时，这一惩罚尤为残酷。那天以后，我再也不看这本图书了。”四岁的孩子没有足够的想象力来保护自己的虚幻世界免遭入侵。但他很快学会用“修正”现实这个方法来维护自己的幻想。五岁时，

> 眼前发生的事情——奶奶歇斯底里毛病的发作或家庭的琐碎争吵——与我正沉湎其中的神话世界的离奇故事，在我看来具有同等的价值和性质。我难以相信现实世界比积木搭起的建筑更复杂，或我即将迈入的所谓“社会群体”会比童话世界更精彩。

不清楚三岛提到的这些幻想，五岁时是否确实存在于他的脑海里，但好像可以肯定他幼年时期确乎建有一套强大的防御系统以对付现实。公威的父亲讲过一个小插曲，可用来表明他儿子四岁时的心理防线有多坚固：“为了带公威外出散步，我多次与母亲发生争执。一次终于成功把他带离母亲身边，来到一个火车岔道口。一列蒸汽机车正隆隆地沿着轨道向我们驶来，吐着黑黑的浓烟，响着骇人的轰鸣。我们跟铁轨之间只隔一道篱笆，当机车经过时，距离如此之近，只要一伸手，就能碰到它。我心想，这是个绝好的机会，来给他一个斯巴达式的训练。我抓起公威，用我的帽子护住他的脸，然后伸展双臂把他抱向机车。我说，‘害怕吗？不用担心——如果你胆小哭喊的话，我就把你扔水沟里。’我边说边低头看看公威的脸，让我吃惊的是他毫无反应。下一趟列车开过时，我又试了一把，结果依旧，没有作用！我揣想，要么他是初生牛犊不怕虎，要么就是我母

亲给的女学生教育让他对阳刚冒险的经验冷漠处之。我感到沮丧。翌日，我们回到原处，选了一列安静点的火车，又试了一遍。公威的脸依然如故，宛如能剧的脸谱。我停止再试。至今没有解开这个谜团。”

梓坚称他的每句话都是真实的，而且每次重复这个故事时都是一脸茫然。这个插曲预示着其实他自己是一个冷漠的父亲。夏子死后，梓冷漠无情的个性愈加凸显。这个故事让公威蒙上自闭症的嫌疑，但那是不成立的：基本上他对与现实世界接触感到极其痛苦。他敏锐地察觉现实对自己的期待，并为能达到这些期待而备受煎熬。

就在快要过五岁生日时，公威得病呕吐，吐出的东西呈“咖啡色”，接着就昏迷了。他被诊断为自体中毒，康复无望。亲戚都集合在家里。倭文重默默地收拾起玩具和衣物，准备把它们置放在公威的棺材里。夏子把自己锁在屋里。夜深时，倭文重的兄弟，一位医学教授，宣布说危险期过去了。一周以后，公威痊愈了。然而在以后一年多的时间里，这个病每个月要犯一次，每次都得住院，似乎是他的生命系统有意要让他暂时摆脱生活中的那两个女人。一直到公威开始上学，才停止闹这个病。

1931 年 4 月，公威入学习院读一年级。这是一所建于 1870 年代的私立学校，专招皇家以及新贵族的子弟。原先学生必须是来自有贵族头衔的家庭。但到了 1931 年，大约三分之一的学生是平民出身，其中有平冈公威。诚然，夏子的先人曾经是封建贵族，但她的祖父和外祖父因为忠于旧政权而失去新政府的信任，没有获颁新的贵族头衔。

鉴于公威不仅是平民出身，而且经济上又只属中产，本没有理由去上这所贵族气十足的学校。但是夏子执着于她的过去和家庭的自我标榜，于是除这所学校别无选择。贵族子弟入学不需考试，可是公威得考。全家包括定太郎一起陪他去考场，直等到考试结束。公威轻轻松松地通过了：他从五岁就开始阅读，甚至还不无稚气地写诗。

大体上，在校的最初六年，公威闷闷不乐。卑微的家庭背景可能让他觉得丢人。即使班里的平民同学，也个个是富家子弟，住在高大豪华的房子里。而那些小贵族，对平民同学甚至师长也要摆架子，盛气凌人。他们不交学费，不参加考试。在老师的花名册（被称为“阎王簿”）上，这些学生的名字旁都画有圈圈，老师对他们得用敬语。一位公爵的八岁儿子，当面大声告诉朋友这是“家奴”，意即老师的祖上是他家的家臣。这种事情在学校里司空见惯。

但是，公威的主要问题是他不懂如何与男孩相处。羸弱，害羞，行事带女孩气，这自然要被同学作弄。被称为“瘦芦笋”或“蛇腰”，他是班里最弱小可欺的人。夏子的百般呵护使他更加孤立。学前的病及后来经常复发的肺部感染害得他在第一学年屡屡缺课，这引起夏子加倍关注他的健康。她规定他的膳食只能是那种最难吃的白鲑鱼，这意味着他不可以在学校餐厅吃饭。她还坚持要求免上体育课。四年级之前，他从未得到许可参加班里的郊游。

三岛留下的最早的作文是二年级写的，题目是《去江之岛郊游》：

我没有随大伙去郊游。

二十号醒来时我想，大家现在必定已到达新宿车站了，甚或已经上了列车。

那些是最先进入脑海的念头。

我得空时便到奶奶或妈妈的房间去问安。

当脑海里浮现大伙抵达江之岛的时候，我失望不已，我多么想去啊。

我从没去过江之岛，这让我渴望更甚。

我从早思念到晚。

睡着时我做了这样的梦。

我随同大家去江之岛郊游。

我好高兴啊，但是那儿遍地是石头，我无法插足行走。

于是我醒了。①

公威的孤独由此可见一斑，而他对两个女人的依赖也同样显而易见。但最令人伤心的是他的不争，好像被禁止去郊游只是自然而然的事，除非在梦中。公威就这么足不出户，同表姐们安安静静地玩玩游戏，读读童话书，做做美妙而恐怖的梦。

1934 年，公威九岁，刚升入四年级。平冈家在交通沿线隔几个车站的一条街上，找了两栋小房子，搬了过去。其中一栋小一点、昏暗一点的房子住进了公威的父母和他的弟弟妹妹。公威、定太郎和夏子则搬入隔两家人家的另一栋房子。这次大

---

① 本书引用的三岛的文字皆译自英文。——编注

举搬迁，表面看来是因为梓升官当了课长，新职位要求他得经常在家里会见下属，可是四谷的房子只有一间会客室，日日夜夜都被定太郎和他的“同伙”占着。两拨客人乱哄哄不成体统，便决定搬开居住。这是对外正式的告示。但据三岛的弟弟千之说，搬家至少还有财务上的原因。梓虽然升职了，但薪水没怎么增加。而当时日本正在中国谋划“扩张”，导致生活用度节节攀升。大房子，六个女佣，新添的孩子，公威的学费，不用说还有定太郎未偿清的债务。这样的生活恐怕再难维持下去了。这一说法未经证实。不过，新搬入的房子是“破旧”的，六个女佣也被辞退了三个。这些都是事实。

分开居住的三年时间里，公威不常去父母那里。倭文重每天早上陪他去学校，下午接他回夏子的家。夏子每天下午三点在她屋里等着，端出亲手料理的茶点。公威用完茶点，再背诵课文一个来小时。通常在这时候他才被允许去探望倭文重，但从不留下吃晚饭。有时候，夏子莫名其妙地妒火中烧，或者神经痛发作，便会一连三四天不许公威去父母家。分家时才五岁的千之回忆说他和姐姐对很少见到哥哥习以为常。他们姐弟可以随便到奶奶家去。可是奶奶对他俩都是冷冰冰的，所以他们情愿待在自己家里玩。倭文重自己在去看公威时本可以和他多待会儿，但是因为受不了夏子那嫉妒的眼神而匆匆离去。

对倭文重而言，这是在极度苦痛中煎熬的岁月。她坚称公威和夏子在一起时苦不堪言，而短暂的探母时光却让他活跃起来。她描述说：“他甫一进门就兴高采烈起来，在屋里欢笑奔跑，做各种夏子不许他做的事情。”接着，她伤心地说，“一俟要离开时，不管在做什么，他会立即停止，没一声怨言，总是面带微笑地说再见。”倭文重认为公威的欢颜是他表演给妈妈看的。这在一定程度上也许是对的。不过，公威在夏子那儿或许并不像倭文重所想象的那样不停顿地遭罪。千之记得哥哥十一二岁时不无好感地谈起夏子，并兴奋地复述从她那儿听来的故事。“我永远不明白公威为什么喜欢那个凶巴巴的老太婆，”他对我说，“但是他肯定喜爱她。”无疑，他对奶奶怀有刻骨铭心的爱。他和妈妈真正地不在一个屋檐下生活了，这甚至可能使他更易于做奶奶的好孩子。

当然，生活在夏子身边，有一件事让公威感到噩梦般的痛苦。她的坐骨神经痛日渐严重，现在又叠加了胃溃疡和肾脏疾病。公威仍然在她屋里生活睡觉，并且只要在家，就承担起看护她的责任。夏子吃的药，递送人一定得是她的“小老虎”，这是她对他的称呼。公威须得给她擦拭额头，按摩背部和臀部。也正是公威，挽着她的手，一趟一趟地出入洗手间。最糟糕的是晚间。疼痛严重时，夏子就哭喊，撕扯自己的头发，求公威来安慰她。至少有一次，她抓起一把刀架在脖子上，嘶喊着要自杀。这一切必定让这个小男孩备受煎熬。倭文重说，她听到儿子的唯一抱怨是，当奶奶哭喊时，他不知道该怎么办。

那些年公威的处境几乎难以想象，要有把握地准确描述他的感情是很难做到的，尤其是因为他从没有谈及或认真地写过自己的这段生活。但在十六岁时，即夏子去世后两年，他写了一个篇幅较长的故事，其中的一段文字，好像说出了他那几年的忧虑。这是对现实生活的重塑：

我很少在主楼里见到父亲的身影。为了安静独处，他在暖房的旁边，花园的角落里，盖了一间类似农舍的小屋供自己居住……主楼里住着祖母和母亲。我以孩子的天真，纳闷于父母的分居。夜晚，祖母被病痛折磨得精疲力竭，沉沉地进入梦乡，我便用响亮的鼻息来伪装自己已熟睡（实际上我半睁着双眼在窥视母亲的举动）。只见母亲趿上木屐，匆匆穿过月光下的果园，走向父亲的小屋。她背后投下的身影，悠长悠长的，几乎触摸到我横躺的身体。此时——不知这感觉是不是邪恶的？——母亲渐渐消失的背影给我的感觉就只是欣慰和赞许。

可以断定，作者脑海里浮现着自己在夏子家——“主楼”——和妈妈家之间来来去去的经历。父母悄悄地幽会，故事叙述者对此怀着“欣慰和赞许”的心情并生怕这是邪恶念头。这些都反映了公威渴望回到母亲身边但又为这个念头感到负疚。更广义地说，两个女人为赢得他的爱和忠心正在进行胶着状态的争斗，他为夹在她们之间而忧虑。这段文字还表明他希望父亲在他生活中扮演更重要的角色，或者至少被说动来帮他或多或少改变处境。接着，公威生动地“描绘”了他在夏子身边的生活：

祖母患有神经痛疾病，抽搐痉挛频繁发作。这病突如其来，像有什么妖魔鬼怪一把攫住她似的。当她低弱的呻吟变得清晰可闻时，肉体的痉挛便像无形的波浪扑向房间的四面八方，漫过烟缸，漫过香炉，漫过药柜。只一忽儿，这房间如瘫痪的病人失去了知觉。但是那突然形成的紧张气氛很快消散无踪，一如水汽。再一忽儿，整个房间又被她悲切单调的呻吟声所覆盖。这满屋子的呻吟对没有经历过的人可能难以想象。可是，当抽搐痉挛持续一整天，或一连几个夜晚，一个更清晰的影像就会出现："病魔"占据整栋房子，俨然成为它的主人。

"给我倒药水，小朋友。"祖母对我说的话带着初醒的含混。这声音完全是从她衰老的喉头咕噜出来的，细弱模糊，像画笔轻轻一扫。因为试图坐起来说话，所以她又开始呻吟。她喝药总是用一只长脚酒杯。我端坐着，双腿并拢，为做这件重要的事情而感到些微的紧张。我打开药瓶的瓶盖。我依然记得软木塞拔出时的声响，喑哑的，无生气的。现在想来，那是有不祥预兆的声音。瓶里装着稠稠的、酒红色的药水。我小心翼翼地提着药瓶，把它向酒杯倾侧。我凭经验知道杯子只能盛少量药水，我的谨慎多半是下意识的作用。但是我还是记得这一次我特别笨手笨脚——没药水从瓶中流出来，仿佛药水被同样酒红色的东西堵住了。我把瓶子拿到灯下，轻轻地晃了晃，除药水外空无一物。我再次倾侧瓶子，药水还是不出来。我猛然醒悟。既然门的铰链规定其敞开的幅度，那我的手腕骨也不可能任意弯曲成危险的角度。这看起来无异于迷信，我感到滑稽可笑。同时我不由自主地害怕起来。颤抖的双手使我无法稳稳地倾侧药瓶。恰在那时，我在瓶子里清清楚楚地看到一个怪物，一个“病魔”。他是个小不点，就是侏儒那种。他正在睡觉，下巴搁在膝盖上，似乎全然不知自己淹没在滔滔的药水中。

我到房子后部几间陈旧的屋子里，去看头盔、铠甲和长刀，那长刀宛如毛茸茸、黑黝黝的腿。哎，回程！女佣把我丢在通往洗手间的过道里。她临走时说：“打这以后，你不会害怕了。”实际上，最恐怖的路还在前面，得经过三四间屋子才到祖母的居室，途中有一条长廊和三处拐角——我在幽暗的廊道上奔跑，吓得发抖。每一处拐角，我至少遇见一个“病魔”。他们也是行色匆匆。他们比我高许多，有的有脸庞，有的则无。一个有脸的——他露出天真无邪的笑容。他必定是一个还没有跟“死神”有亲密接触的“病魔”，正在去给与“死神”有亲密接触的“病魔”通风报信。一天，我右手小指碰触到了那个无形的、黏糊糊的家伙。一整天，哪怕只有一分钟的空，我都在洗这根手指。我使劲擦洗，弄得小指末端疼痛肿胀，其上的指纹，此前从未引起过我的注意，现在显得特别清晰奇特。这指纹令我想起我睡房的天花板的纹路，以及“病魔”惯常使用的象形文字。

这是生动逼真的自我写照。文字是病态的，十六岁的作者亦是，这不足为奇。足足十二年，他眼睁睁地躺在夏子的病室里，研究“天花板的纹路”，而祖母就在他身边着魔似的呻吟。

1937 年 3 月，即公威升七年级后一个月，夏子突然宣布让他回父母身边。她六十二岁，病情严重。定太郎一年来一直试图说服她让孙子回归。一听到消息，倭文重立刻奔出家门，去寻找大一点的房子。三周后，平冈家的儿子儿媳以及三个孩子，搬到涩谷区一所不算太大但宽敞舒适的房子里。这是皆大欢喜的时刻，对倭文重和公威尤然。如今，生平第一次，他有了属于自己的房间，在其中自由地学习、自由地写作。也是生平第一次，如倭文重所说，他回家了。

第二章

1937—1945

离开神经质的夏子的病榻不啻是解脱。可是家庭甫一团圆，梓就暴露出自己是个专断独行的人，他脾气暴躁如夏子，但绝无她的想象力。他至今仍说："教子就是施加压力。你挤压再挤压，如果他们崩溃，还不如死了的好。"

事实上，梓一向是个冷漠的丈夫，也是个狂暴的父亲。团圆前疏于接触，公威不了解父母的关系有多不和谐，而自己又不受父亲的管束。如今他初次见识了梓对倭文重的粗暴，同时发觉自己成了父亲淫威的主要目标。梓对所有孩子都严厉（千之隔三差五地被责骂，并因为是"笨蛋"而受罚），但他对公威尤其专横，似乎出于负疚感，他要纠正夏子抚养时的影响，诸如他认为的"女孩子气"。他一开始就专门打击公威的"书呆子气"。尽管公威现在可以随意自由出门，但他更愿意待在家里读书。十二三岁的他已经开始阅读奥斯卡·王尔德、里尔克、经典宫廷文学以及伟大的日本颓废派作家谷崎润一郎。他几乎手不释卷。看来这惹恼了梓。他会一把夺过公威手里的书，若是文学类的，他就把书撕烂或飞抛到屋子另一头，然后打发公威上楼睡觉。在梓僵化的脑袋里，文学作品满篇都是堕落和谎言，充其量也就是女人的瞎扯淡，他不能够忍受。

1938 年 1 月，把家搬到涩谷不到一年，梓升任渔业厅厅长，办公地是大阪，在东京西面，距东京三百五十英里。这是一次重要的晋升，他毫不犹豫地想举家搬迁前往就职。但是倭文重健康欠佳，夏子反对让孩子换学校，于是他决定单身赴任。从 1938 年到辞去公职的 1942 年，梓每个月仅在家待两到三天。他隐约知道公威在写“一点诗”，因而不高兴。他没料到公威已迷途难返，倭文重也毫不困难地将他蒙在鼓里。

梓一回来，家里就鸡飞狗跳。幸好他不常在家。他一走，倭文重和孩子们又一起快快乐乐地过日子。公威喜欢弟弟，更喜欢妹妹美津子。但是千之回忆说他和姐姐很长时间才习惯，不再把哥哥当客人。他和美津子喜欢凑在一起逗公威，看他能撑多久才逃回自己房间。他大都待在屋里，阅读写作，他在那儿最快活。

正是在这个时期，公威和母亲相依为命，培养起深厚的感情。团圆后的第一个夏天，倭文重带三个孩子到海滨小住了一个月。梓决定公威不仅要实实在在地晒晒太阳，还要学会游泳。自从在一年级得了肺腺炎，家庭医师建议要避免阳光直接照晒，夏子解释为白天的光亮是有害的。公威几乎完全是在室内长大的：十二岁时，看着不过八九岁；他瘦弱得像芦苇，苍白得像鱼肚。那个夏天，他没有学会游泳。初次面对大海其实令他深感不安。但正是此时此地使他生发了对母亲的热爱，有生以来第一次可以自由地、心安理得地求助于倭文重，不再有人横加干涉。一个月足以让他明白这就是他需要的女人，从此他再也没有真正在乎过其他女人。就倭文重而言，压抑在心里达十二年之久的爱终于毫无滞碍地喷涌而出，她以炽烈得几乎超出母爱的方式深爱着公威，一直这么深爱着他。

夏子并未完全退出他的生活。放还公威时，夏子让他答应每天下午放学后跟她通电话，还要一周陪她一个晚上。他忠实地履行了这一承诺，直到两年后她去世。她还保留着他生活中重大事情的最终裁决权。譬如，学习院要求中学生必须住校至少一年。倭文重主张公威去体验这种生活，而夏子反对，梓则附和母亲。夏子担心校园宿舍的生活有损公威的健康，对他的"道德培养"有害无益。二十岁时，三岛不无讥讽地写道："但我凭着自己的想象能够在地狱里飞翔，任祖母和父亲把我的翅膀剪除得多么彻底。"

至少在一个方面，夏子对公威的兴趣培养有其积极的贡献。他搬到涩谷不久，夏子即带他去歌舞伎剧院看演出。年复一年，她带回剧院的纪念品，津津乐道戏曲的内容和为之倾倒的演员，以及他们台下的趣闻轶事。这一切为公威涉足其间已然作了准备，现在她又为他精心挑选了第一出剧目，这就是《忠臣藏》——四十七个浪人的故事——一曲对封建忠臣的讴歌，也许是伟大的歌舞伎经典剧目中最惊心动魄的一出戏。从帷幕初启的那一刻，公威就陶醉了。他很快成为真正的爱好者，阅读所有的演出剧本，把台词抄写在笔记本里，甚至学习和模仿最著名演员的表演。三岛在有生之年每个月至少去一次歌舞伎剧院。他为歌舞伎舞台写了八个剧本，都是传统的风格，还在死前亲自导演了最后一个剧本。歌舞伎演员一致认为，他是唯一能够地道传承“伟大歌舞伎”的形式和语言的当代剧作家。

1939 年 1 月，公威过完十四岁生日没几天，出血性溃疡夺去了夏子的生命。据梓所说，得悉噩耗，公威又是一脸的能剧脸谱，一如多年前在火车岔道口让父亲担忧的表情。倭文重的解释是公威彼时已完全依恋于她，所以对奶奶的死无动于衷。那不太可能。看来绝对像是他刻意要把感情埋在心里，不管那是什么样的感情。他也从未谈过或写过夏子，除了顺便提及他是作为“奶奶的小男孩”养大的。

尽管如此，夏子在公威生活中所起的作用，恐怕只会估计不足而不会过头。很可能她所营造的家庭氛围是他同性恋倾向的根本原因，这一倾向在进入青春期时就已经开始困扰他了。但是她的影响比这远为深广，多年来，公威耳濡目染她对自己生活深深的不满，还有她那放浪不羁的怀旧情怀，怀念很久以前优雅美好的时光。可以说是她害得公威罹患了“浪漫的痛苦”。他确实从十二岁起就受制于这一痛苦，像个真正的浪漫主义者，渴求纯美，知难而进，孜孜不倦地试图否定自我，改变自我。

所有这些，还有此处未提及的——加在一起或可称之为夏子的遗产——明白无误地写在公威的第一篇小说的字里行间。

小说是他十二岁那年的夏天写的。1937 年 4 月，他升入七年级，所做的第一件事就是加入庞大、活跃的文学俱乐部。该俱乐部引以为傲的是有整整一个派别的知名作家曾经是会员（白桦派），因而颇负盛名。整个小学期间，公威的作文老师一直试图以低分来纠正他的“讨厌的早熟”。幸好他现在的老师认可他的才能，鼓励他参加俱乐部并认真写作。1937 年 11 月，他向俱乐部每半年出一期的杂志投稿，稿件题为《秋思六首》，发表在杂志的 12 月刊。接着一期又刊登了他的诗和处女作短篇小说。这篇题为《酸模——秋彦的儿时回忆》的小说讲述一个六岁小孩遭遇越狱囚犯的故事。男孩的妈妈禁止他到家附近的山上去玩，因为传说有个囚犯从山顶的监狱逃跑了。可是时值孟夏，山上盛开着火红的酸模花。这孩子偷偷地从家里溜出来，到禁山上去玩耍：

他从口袋里掏出一个白色的球，把它高高地抛向空中。

天空湛蓝。

天空紧握住那个球，往上升，然后以可怕的速度坠落。他接住球，兴高采烈，仿佛捕获了蓝天。接着他呼吸，深深地、深深地呼吸。他从未在房间里或街道上呼吸过这样的空气。与其说呼吸，不如说进食。他往嘴里填塞空气，味道奇特芬芳。蓝蓝的天，朵朵的云。他不知道美味和芳香的来源。

然而他其实是知道的，他觉得他了解来源。

快乐又充满心田。能证实空气美味芳香的来源是最大的幸福。

接着他注意到大地的活力。

大地开始跳舞，好似心脏搏动；他也自然地抬脚起舞。树林及林中的一切开始音乐伴奏。

这音乐——这歌——他全都理解。树林在歌唱，山北面如海的绿色田野在歌唱，小鸟在歌唱。

那一刻，他甚至能够同小鸟们对话。

男孩欣喜若狂，不知不觉走进山脚下的树林，他迷了路。月亮升起来了。猛然间有男人从阴影里走出来：

“你……要……去……哪儿?”

“我启程旅行，但我把东西忘家里了。”

“你说的是山上那栋灰色房子吗？人们叫监狱的房子?”

“正是。我的家就叫监狱。”那男子露出惊讶的表情。

“那你必定是囚犯，你把东西遗忘在监狱了。取了东西你再逃回来。”

男孩的眼睛追踪并盯视着对方的眼睛。

男孩的眼睛是秋湖一泓，清澈见底，湖底的细沙历历可数。多可怕的纯净！正是那完完全全的透明令人毛骨悚然。当你看到一颗滚圆无瑕的珍珠，你一时会不忍触摸。啊，多么可怖，多么壮美……

“对。”男子讷讷着。他说话时，这天使般的男孩竟向他扑去，把脸埋在他张开的臂膀里，痛哭流涕。高高栖在树上的夜莺也抽抽噎噎起来。

“你不要再逃出来。我们会被禁止再到山上来玩的。直接回你的灰房子去吧！”

……

男子发出一声叹息，抬起头望了望月亮。此时，他的眼睛也如秋彦的一般澄澈。

“我曾经有一个孩子，像你一样好看的小男孩。”

“他现在在哪里？”

“他现在是一只海鸥，飞翔在辽阔的大海上空。当他瞥见波涛里银色的鳞光时，就会伸长脖子扎进水里。他说，一个灰蒙蒙的晚上我在海上被杀。杀我的人沉入了黑洞洞的海底。他一日不浮出水面，我就只能张开白色的翅膀支撑在这里，与低空中的云朵为伍。”

“这话什么意思？”

男子继续说：“但是那个杀死可怜而不幸的海鸥的魔鬼已经找到通往海面的路。你知道谁给他指路的——正是你。所以我要让你开心。我这就回监狱。”

犯人把男孩留在林边，爬上山，去了“灰色的房子”。一年过去了，当酸模再度盛开时，那个囚犯出现在监狱的大门口，已然是个自由人。那男孩和朋友一起在等他：

他露面了，那男子出来了。

他满面红光——光照四面八方。

啊，孩子们向他飞奔过去。他们坐到草地上。

光芒四射！

酸模，

酸模！

酸模花开在这儿，开在那儿——

孩子们朝山脚下看了看，一个小黑团正向上移动——女人。

秋彦的妈妈，俊子的妈妈，接二连三……

她们的步履透着冷峻，一到跟前就抓起自家孩子的手："碰了罪犯！好脏！"

她们掏出手帕擦孩子们的手，手帕在空中飞扬。男子目不转睛地看着。

女人们气势汹汹地对着男子叫喊。他一声不吭，弯下腰，采摘了一把酸模花，然后分给每个孩子一枝。分完，他头也不回地迅即离开。

每个孩子的右手里都攥着一枝花。

"扔掉它！"

妈妈们纷纷尖叫，一枝枝酸模花掉落地上，在夕阳下熠熠生辉。

啊，酸模花燃烧得火红灼热。

如一切幻想，《酸模》也源于憧憬。但重要的是必须明白，这男孩在山上与大自然邂逅所获取的欣快感是虚假的，是三岛对自己的渴望进行包装的最早例证。无疑小作者被"好似心脏搏动”的舞蹈深深吸引，但同样可以肯定的是舞蹈的高潮并没有发生在山上亮丽的花丛中，而是在昏暗的、属于禁区的树林里，在男孩扑进杀死亲生儿子的男子怀里、夜莺在高高的树上抽泣的时候。正是在这既带有明白无误的情欲色彩，又带有模糊不清的同性恋倾向的拥抱中，作者寻求他无法抗拒的欣快感。正是此刻的美妙，而不是山上的舞蹈，攫住了他的心。这里的关键词是昏暗的树林，漂亮、啼哭的男孩以及杀人犯。这是三岛毕生为之既心动又心悸的美学模式。

《酸模》里憧憬的主要客体是开始向公威召唤的欣快的舞蹈。但绝不止于此。十二岁的他怀着敬畏构思了“可怕的纯净”，眼睛“清澈如秋湖”的“天使般”的男孩。显然他对这种纯净的敬畏产生于自己已失去这种纯净的自我意识。就在《酸模》前他写了一首诗，作了同样的剖白：

回声

人们说这个山洞
（通向地狱）
是从魔鬼那里完整切割下来的嘴巴，黑咕隆咚，
谁也没有进入过。
这山洞守卫着永恒的谜语和秘密。
然而我站在执着的洞口
柔情蜜意地呼唤。
但是应答的回声
不是我现在的声音：

那是我多年前逝去的童真的声音。

诗中的童真和天使般男孩的纯净是同一的，由山洞联通的地狱相当于《酸模》里幻化出的欣快的舞蹈。故事表明公威意识到——可能只是朦胧的——舞蹈是被禁止的，唯有打破禁忌才行。小说还暴露出他开始把舞蹈归为肉欲的，确切说是同性恋的：绝非偶然的是，惊破男孩犯禁美梦的现实世界的代理人，正是一群女人。最后一点，《酸模》流露出一种忧虑，这忧虑伴随着公威的觉醒，他意识到自己失去了童真。如诗中的山洞，舞蹈令他神往。但是诗人使用的柔情蜜意的声音只是曾经属于他的童真的声音。诗人已醒悟到山洞所守护的“谜语和秘密”的含义：童真（纯净）已被有意识地抛弃，代之而起的是羞愧和恐惧。而山洞仍然保持“执着”。

十六岁以前，公威一直认为自己是诗人，以写诗为主，他诗兴如泉涌，一周写满一册笔记本。总的来说，那些诗都不怎么好，带着忸怩的早熟。这些作品反映了一个有才华的青少年企图以文字的形式来逃避实实在在的生活。其中大部分无一例外地含有阴冷的、不健康的色情成分，原因是诗人将自己的幻想加以包装，以期符合他心目中的“正常”欲望。1940 年初，公威刚满十五岁，诗句变得更具同性恋色彩，更显焦虑不安：

你的手在我手里颤抖
像受惊的鸽子，我生怕
你粉红的利喙会啄

我的青涩，唯一的果实。
早晨。
森林在森林的这一边投下阴影。
喷泉汹涌迸发，很快又水落潮退。

(1940)

学习院的老师和学生都对公威的诗极为赞赏。第一个认可他才能的人是坊城俊民，一个贵族的儿子。1937年秋，当公威首次把他的诗投给校刊时，坊城是毕业班的学生（十四年级），刚刚辞去他的校刊编辑工作。他二十岁，比公威大八岁，但是这些给他深刻印象的诗促使他立即去找作者见面。他对初次见面的叙述（写于三岛死后）也生动地再现了在二战前的年代里学习院的氛围：

在体育活动场合喊加油的队伍中，要认出第一年的初中生是轻而易举的：不管他们有意把自己弄得多脏，他们帽子上的樱花校徽和制服上的纽扣还保持着金属的光泽。还有他们尖细的叫声，像小鸟——初中一年级的男孩不允许停止呐喊助威，一分钟也不行。与老师相比，他们更害怕高年级学生……

我来到一群初年级学生的跟前，在其中一个的肩上拍了一下。他转身立正。

“平冈公威在这儿吗？”

“在，先生——”

我顺着他的视线把目光移向看台的第一排。

“那就是他——那个苍白的。”

“去叫他过来。”

片刻之间，一个看上去弱不禁风的少年穿过人群朝我走来。他脖子细长，皮肤纯白。他把帽子戴得盖住额头，帽檐下睁着一双大眼睛。

“我是平冈公威。”

我喜欢他说话的声音，不高也不低。

“我是坊城，校刊编辑部的。”

他肯定知道我的名字。他神色自若起来。

“你提交的一些诗，《秋思》，我推荐下一期刊登。”

我没使用学习院流行的表示亲近的语式：他看上去太幼小了。

“这是一本我们的杂志，有我的一篇小说——读一读。我还附了对你的诗的评语。”

三岛接过杂志，表情窘迫。

我微微点头，示意他可以走了。

三岛略一迟疑，然后给我敬礼。从他不自然的敬礼和表情的窘迫中，我瞥见一个少年的柔弱内心。

我转身离开，但我知道三岛的同学正背着我在盘问他。

“你是他的书童吗?”——我几乎能看到那个苍白的、弱不禁风的男孩在半是揶揄、半是嫉妒的问话中走回看台的前排。

这段文学上的友谊就是这么开始的，在以后约四年的时间里，他们两个人一起勤奋钻研，友谊也得到良好的发展，直到公威认为坊城跟不上他为止。两个人不常见面，偶尔公威去坊城豪华的家里一起阅读经典宫廷文学作品。多半他们是写长长的书信进行交流，几乎每天都有信件来往。一开始他们评论日前收到的新诗，继而写诗集的评论和书评（坊城向公威介绍了科克托、于斯曼、维利耶·德·利尔-阿达姆），还有家庭故事和绚烂的梦境。他们常常约会见面只是为了交换信件。如坊城解释，“我们觉得文字能更好地表达我们的思想”。

坊城记得公威十三四岁时是个“安静羸弱的男孩，举止文雅但有些女性化”。他回忆有一天在街上遇到公威和他母亲，公威穿着校服。按学习院标准的礼仪他应该向高年级同学敬礼，然后抬一下帽子致意。他却以“完全出乎意料的方式”向他鞠躬！诸如此类的情况让坊城强烈感觉“三岛的母亲把他训练得像女孩子”。

尽管他们互通书信达四年之久，坊城对少年公威还是不甚了了。他承认这点并回顾说，公威刻意不透露自己的基本情况。譬如，关于自己的家庭他守口如瓶，也不邀请坊城到家里会面。相反，公威的“诱导”却让坊城一股脑儿说出他要打听的事情。坊城有些不无苦涩地把公威描绘为“强人所难的倾听者”。现在出现的画面是，一个聪颖的、非常注重保护自己隐私的青年，利用二十二岁的朋友对自己的推崇和热情，来满足自己膨胀的虚荣心和对外部世界的好奇心。

无可置疑，那些年，当公威发现自己立志写作时，坊城的友谊是至关重要的。死前不久，他回忆每天下午难掩激动，一放学就急急回家，为的是看坊城的信到了没有。“在你那些杏黄色的信封里，”他写道，“装着文学的花蜜，我迄今品尝过的最甜的花蜜。”但是他的前进速度快得令人目眩，坊城最终被抛下了。看来他们之间出现的问题，日后在别的关系中也一再出现，那就是公威有一天判定他的朋友并非天才，而是“平庸之辈”。1941 年夏天，他着手了结与这个比他年长的男孩的友谊。坊城寄给他一篇小说，讲的是大学生和有夫之妇的一段令人心酸的情缘。他还附了短信，解释说这是自己的真实经历，请公威提意见。公威没有答复。坊城再写信要求见面，地点是帝国大学附近的咖啡馆。公威如约而至，但对小说仍只字未提。最后坊城问他的意见，他只是说故事的对话显得“牵强”。当坊城反驳说对话是自己和情人谈话的如实记录时，公威答说正因如此，对话才这么糟糕。他进而批评故事的叙述不生动，与新闻报道无异。坊城大惊，但没有意识到这是故意冒犯，直到来年开春，公威创办同人杂志《赤绘》而不邀请坊城参与。尽管二战结束前仍偶尔有通信来往，但两个人再也没有见过面。

《赤绘》的另两位编辑是经坊城认识的高年级生，他们取代了坊城而获得公威的重视。一位是诗人兼画家德川义恭，他后来为公威的第一本书设计了封面。另一位是比公威大五岁的作家东文彦，他患有肺结核，正慢慢地迈向死亡。到 1939 年，病菌侵入喉咙，此后四年他卧床不起直到病逝，其间他用床头的写字板孜孜不倦地从事写作。东顽强地投身事业的精神以及他注定英年早逝的命运，使他成了公威心目中的英雄，或许是公威文学生涯中第一个不可磨灭的重要人物。1943 年东逝世后，校刊登了公威的悼文，他记叙，噩耗传来的夜晚，大雨“倾盆”，满街横流，不知何往。多年以后，在自己死前的几个月，他请他的一个出版人（讲谈社）推出一部东文彦的作品，并许诺为其撰写引言。出版商同意了，但他们不明白为什么三岛突然要求为一位不知名的作者出书。直到他死后才恍然大悟，这是三岛为诀别而做的具象征意义的事情之一。

由于喉头的结核菌具有高度传染性，所以东文彦不能会客：公威和他只有一次当面说话的机会。但是从 1941 年 1 月到 1943 年东二十三岁去世，他们通信频繁，可惜东致公威的信都遗失了。但是东的父亲，一个曾经当过法官的律师，出于对儿子的疼爱，保存了将近二百封公威的长长的来信，其中很多是纯粹谈文学的。但在字里行间，蛛丝马迹之中，可以看到一个非常注重自己的形象，并为这种自我意识深感不安的青年。对此有明确表述的，正是公威给东的第一封信，是他在 1941 年 1 月 14 日十六岁生日那天写的便条。当时他正拜师学诗，老师是川路柳虹，一位知名但无甚建树的诗人，倭文重父亲的朋友。显然，川路对公威的人品和诗品的厌恶几乎溢于言表：他们在一起切磋琢磨将近一年后的一天，他对另一个学生说：“他不是一个早熟的天才，他只是一个非常令人讨厌的乖僻之人！”这话传到公威的耳朵里，便写信告诉了东，信中还说：“他也许是对的……我真希望自己能用更童稚天真的眼光来看世界。我感觉不用太久我就会停止写诗了。”1 月底他写了一封较长的信，就自己所感觉到的病态心理，越发明确地表达了忧虑，甚至嫌恶。这是一封令人惊奇和感伤的信，他为自己懂得太多而向朋友道歉，然后说自己做了错事，就是“伪装正常”，对此他后来在《假面自白》中有详尽的描述：

> 你说我满脑袋学问，我要告诉你为什么。完全是环境使然。我父亲逼我阅读关于纳粹政策的书籍，于是我在他面前就只读这类东西装样子。可是渐渐地我有了兴趣，便开始自觉地阅读有关犹太人问题、大日本主义的文章。有一阵我兴趣盎然地阅读《圣经》及经文释义。此前我浏览昆虫和动物的图书。我的外祖父是一名汉学家，因此我还涉猎了中国的经史子集。但是影响我的不仅是阅读：我在家里遇到的人都是“经验主义者”，而这也潜移默化地影响了我，影响的不光是我的写作，还有我日常待人接物的方式。我对着镜子问自己，设想一下一个像你一样，面带苍白病容、谈话只限于文学的人——这种自卑感促使我在与成人谈话时，有意选择符合中学生身份的话题，如时事和政治。这样，适合同我交谈的人就不会知道我是一个写诗歌和小说的人，也不会注意到我的病态，总而言之，谈话中我要表现得非常像一个中学男生，兴致勃勃、生龙活虎地谈论校园生活，等等。可是实际上我是一个十分孤僻的人，除了写作，什么都不关心。

到 1941 年，公威的写作已经使他在学习院名声大噪。还在 1940 年十五岁的时候，他成为文学俱乐部百年历史上最年轻的编辑部成员。次年，他获选为校刊编辑，接任毕业的东文彦，遂成为校园文学活动的中心人物。而后在 1941 年夏天，他的导师清水文雄邀请他为一份同人杂志写一篇连载小说，杂志是清水和另外三位学术界评论家共同主持的。这是前所未有的约稿，对平冈公威来说，更是令人陶醉的约稿。《文艺文化》绝非学生刊物，它是真正的文学杂志。编辑们不仅邀请一个学生来撰稿，并且要的稿件是小说而不是评论文章，两者都是破天荒第一次。公威立即答应写一个篇幅“至少一百页”的故事，并且毫不犹豫地告诉清水故事定名为“鲜花盛开的森林”。接着他请导师帮他起个笔名。选择“三岛由纪夫”并无特别的用意。清水说公威想要含三个字的名，他取“由纪夫”是因为受到一个诗人姓名的启发，那人叫伊藤左千夫。

《鲜花盛开的森林》是一篇力作，他以少年老辣的风格和精巧的构思赢得了耀眼的成功。而且它是典型的三岛式的，如他三年前所写的《酸模》，抒情地展示了憧憬，几乎直抵焦虑的、带性爱色彩的浪漫主义的核心：

> 我知道我的憧憬在何方。它像一条河。没有一段河是原来的河，因为河水是流淌的，昨日之河非今日之河，但河是永远存在的。我们能够召唤它但不能描述它。我的憧憬如是，我祖先的憧憬如是。我家的先辈，一支是武士，一支是宫廷贵族。当我们动身去他们的家乡时，沿途有一条美丽的河，蜿蜒曲折地流淌，时隐时现，我们的旅途因此优雅无比。啊，那条河！我懂它，它是我和我的祖辈之

> 间无声的契约。这憧憬会在这儿或那儿消失不见，但它死不了。像枯老枝藤上的玫瑰今天依然谢了又开。在我祖母和母亲那里，这条河潜流地下。在我父亲那里，它成了喃喃的小溪。在我这里——啊，它只能是一条水量充沛的大河，像众神齐唱的祝福歌。

这里，这个厌世的故事叙述者（十六岁）视自己胸中执着的憧憬为个人的特有使命。他从过去继承了憧憬；这是他的（贵族）先辈和他之间的契约——他与生俱来的权利。而且，他这个继承人会注定将传统发扬光大，达到“众神齐唱的祝福歌”的高度。那么，这位年轻作者肩负的特别使命到底要追求什么目标呢？就是唯美：

> 眼下，美是一匹脱缰的骏马。先前它被缰绳勒着，站在跑道上，浑身的肌肉微微颤动，在薄薄的晨雾中对着天空发出尖利的嘶鸣。唯在那时，马纯白洁净，优雅无比。现在它挣脱了缰绳，它打了个趔趄，重新站稳，向前飞奔。它不再纯净，浑身沾满泥巴。然而即使此时，有一个人会隐约看到一匹纯白无瑕的马。这正是我们祖先要找的人。渐渐地，他们会来造访他。

如所有的河流，憧憬之河也归入大海：大海充塞《鲜花盛开的森林》，并将充塞三岛的所有作品。它是一个象征，用来“可怕地充溢”憧憬的源头。在把自己塑造成一个继承者并继承了先祖对美的憧憬之后，故事叙述者提供取自家族史的三段插曲[①]，以“证明［他的］血脉与大海的亲近关系”。第一个插曲是一位信奉基督教的贵妇，站在丈夫城堡的护墙上，看见一个奇迹。满是鲜花的原野一直延伸到海边，鲜花丛中有一个女人的身影，穿着白色发亮的衣服，胸前有一件东西十分耀眼。贵妇知道这是圣母，她颈下金光闪闪的那团火，是她佩戴的十字架垂饰对太阳的反射。一瞬间，影像消失，贵妇昏厥，半年后，就去世了。叙述者解释：“这奇迹是贵妇自己高尚憧憬的结果。她所见到的是她憧憬在危急关头要采取的妙计之一。她体内的生命力承受了巨大的风险，因此她死了。”这里有几条明确的脉络，它们构成三岛的浪漫主义的基础。憧憬是被视为与生命力本身同一的，因而在存在之中居中心地位。憧憬创造并导向美，其精华就是欣快感，在这个插曲里就是宗教欣快感。最后，欣快感在死亡中得以实现。在写《鲜花盛开的森林》时，三岛已初步形成了一个美学模式，即，美、欣快感、死亡是同一的，它们共同构成了他个人的圣杯。

第二个插曲最贴近作者的心灵：略微不同的是这个插曲带着色情成分，并且揭示了作者在憧憬“大海”时固有的恐惧。故事发生在十一世纪的源氏时期，形式是“援引”女主人公的日记，并且采用十一世纪浪漫文学优美典雅的风格。（这本身凸显出文字技巧和才能，或可说是流利地用菲尔丁的风格来写作。）一位年轻的宫廷女侍，因受不了情人的冷漠，便和一个新

① 原文如此。——编注

近出家当了和尚的人一起逃离都城。他带她去了他叔叔的村子，村子正好在海边。但是女人害怕大海。她在屋里躺了三天，关紧门窗，不让涛声传进来。第四天早晨，她决心要面对这一恐怖：

> 为了不让人看到她的惊慌，女人在丈夫出门后独自去了海边。远远的大海像一条细细的缎带闪闪发光，但涛声如惊雷从远处传来。捂着脸，她向海滩奔去。海风轻柔曼妙，海浪狂暴咆哮。当她感觉到脚下干热的沙子时，身子不由得一颤，她把双手从脸上移开。
>
> 立刻，这常有鲸鱼出没的大海初次将自己的形象镌刻在女人的心坎上。疼痛鲜少如影随形地伴随剧烈的创伤，这女人此时的感受也与先前预感的恐惧迥然不同。在对她的胸部撞击的瞬间，海神占有了她。那一刻她沉浸在莫名的欣快之中，如同知道自己将被杀害而又目睹加害者施以致命一击时所感到的欣快。那一刻有明白无误的预感，但预感毫无现实意义，现实是完全孤立的，与世隔绝的真空。当欣快延续时，女人的样子、她的神态，是任由摆布，对毁灭毫不在乎，一切不顾，万事皆空。她在沙滩上的身影或可比作“母亲”的乳房。但几乎一刹那间，欣快感弃她而去，继之而来的是不堪忍受的重压和惧怕。

这些文字虽然有些矫揉造作，但也相当明确：这女子落入海神之手而得到的快感，是被性蹂躏致死所获得的快感。作者的命运指使他踏上“优雅”的旅程，而此刻正是他朝思暮想、非达到不可的旅程的终点。在《鲜花盛开的森林》里，以及在他的一生中，三岛所渴望的就是死亡的欣快。他十六岁就开始形成的美学观念，把死亡和最高形式的美等量齐观，其核心就是这情欲的渴望。

《鲜花盛开的森林》让平冈公威——从今往后的三岛由纪夫——成为清水同人圈的正式成员。小说从1941年9月到12月分四次在《文艺文化》上连载，获得成年编辑们的热烈赞赏。此后一直到1944年8月杂志停刊，三岛是固定的撰稿人，发表小说、诗歌和评论文章。他也受邀参加每月在清水家举办的同人聚会。

同时，家里情况则非常糟糕。梓从大阪回来以后就决心要阻止儿子成为作家。风波正愈演愈烈。公威选择用笔名写《鲜花盛开的森林》是因为他不想让父亲知道他在发表作品。后来他“解释”他那时用笔名是因为他担心学校当局可能不赞成学生在同人杂志发表作品。但是，当《鲜花盛开的森林》还在连载的时候，他于1941年12月19日写了一封信给东文彦，证实了正是梓使他害怕：

> 我被当作异教徒！我不得不向父亲保证不再写虚构作品，而且我还答应只读他推荐的书籍。我母亲对我最了解，她知道实情。但是对仍在大阪的父亲，关于我写作的事情则不能透露半点风声。

1941年2月22日，公威也曾写信给东文彦抱怨他的父亲：

他对我的写作设置重重困难和障碍。一言以蔽之，他是个顽固不化的官僚。他从未读过我写的东西，却信口批评。“从事文学，”他告诉我，“只适合堕落国家的人。”你可以想象，杂志连载、书评、专辑，等等，是不能在我父亲面前涉及的话题。他只弹一个调：纳粹、纳粹、纳粹。

梓自己的观点在从大阪寄给公威的信中有明确的表述，信大约写于 1941 年秋天：

我希望你多多告知你母亲的健康状况。听闻一些位高权重的作家说你是天才，或者早慧，或者是什么离经叛道，或者是讨人厌。我认为现在正是你要估量自己的时候。

你母亲为这一切跟我生气，说都是对你养育不周的错。但是谈论过往是没有意义的，要想想怎么样改善当下和未来。儿子，把文学丢开一阵子，用你有幸拥有的好脑袋，做点有益的事情，譬如物理，或者工程，或者化学。如果你能把用于文学的精力转移到上述的某一个领域，我知道你会成材的。希望你慎重考虑这件事。我和你母亲为你担心死了，你应该知道的。你能否自觉地改一改呢？……

谈论对你的养育如何不当是没有意义的，你难道不想成为正常的青年吗？当我看到一个年龄与你相仿，快乐、正直、诚实的年轻人时，我就伤心得说不出话来。写写你的想法，儿子。

三岛对这封信的答复可能是做出了一个他从未打算履行的承诺。然而当梓一回到涩谷家里时，秘密就保不住了。三岛每天晚上疯狂地写作直到黎明，梓发觉了情况的“严重性”，怒不可遏。以他自己的话说，“我立即采取对策，搜查并没收”。一周数次，他毫不讳言，“强行进入”公威的房间，把能找到的手稿当着公威的面全部销毁。倭文重说她无力调解：

> 他父亲离开后，我去他房间，看见他对着书桌发呆，眼里噙着泪水。我承认我憎恨丈夫，但我不能对公威说他父亲的不是。所以我只是给他端来茶水和点心，用我的手帕擦去他的眼泪，然后默不作声地离开他的房间。

据倭文重说，损失是惨重的：“我知道成篇成篇的小说被撕成碎片，公威常常难过得不想重写了，因而这些小说就永远地湮没了。”

尽管平冈家的情况即使放在日本的社会背景下也堪称极端，但也不像看上去那么毫无根源。与当时任何有良好教养的士绅一样，梓信奉儒家道德准则。根据儒学的观点，虚构作品只不过是谎言，是道德沦丧的体现。因而写作被认为是丢人的职业(今天的日本仍然普遍存在这一观点)。公威的克制至少部分源于同样的道德观，就是把“孝顺”看作有教养的第一美德。既然夏子痴迷于自己封建贵族的出身，必定会在他幼年时期灌输儒学价值观。

公威没有公开违抗父亲，但也没有停止写作。他最终把手稿带到学校或把手稿托付给妹妹的一个家住附近的同学。1942年到1944年底从学习院毕业，顶着梓毫不手软的高压，他得以完成八个中篇小说，三篇论述经典文学的长文，和一册薄薄的新诗集。如果说在家里只有母亲是读者，他肯定知道不管他写了什么，都会得到同人圈里成年人的大力赞扬。

在战争年代培养和保护着公威的成年人、同人圈里的四个正式成员，是学术界人士，正确地讲，并不是“握笔的骑士”。但是他们把自己归入一个由知名作家和评论家组成的群体，它被称为日本浪漫派。作为同人圈里的神童，公威那几年所受到的影响，主要正是来自这个“学派”。

日本浪漫派出现于二十世纪三十年代中期，正当日本法西斯主义赢得对无产阶级运动的决定性胜利的时候。学派的领袖如保田与重郎和林房雄（多年以后他给三岛介绍了一些年轻人，成为他的盾会的第一批“学员”）是变节的马克思主义者，他们把对马克思主义的信仰“转换”成对民族传统的信仰，从而为新的身份建立了基础。在写于1941年的一篇文章中，林房雄谈到自己的“转变”，像很多变节者一样，他的转变发生于他为共产主义活动而坐牢的时候。他简明扼要地写道：

> 马克思主义不可能成为日本精神的永久支柱，它只不过是基于十九世纪西方的阶级社会而随意拼凑的理论。它是一种意识形态，但绝不可能成为［日本］人民乐意为之牺牲的事业……民族精神的基础和支柱必须在人民中发掘。传统，这三千年文化的积淀，才是人民能够为之牺牲的唯一事业。

基于这个信念，日本浪漫派构建了一个极其复杂、确实令人费解的极端民族主义的美学模式，一切传统的东西都被提升组合进绝对的最高理想。自然，天皇的神圣是信条之一。以此类推，传统文学无与伦比的美也是信条之一。经典作品的美被看作反映和证实了天皇的神圣，神圣的天皇又反过来提供了一项事业——这是重点——"值得为之牺牲"。浪漫派的信徒不仅沉迷于纯洁和血统，而且怀有赴死的决心。战后，一个左翼评论者对这批人作了严厉但不失公允的刻画，说他们是"腋下夹着伟大的古典作品，急切想要奔赴前线以求战死的人"。

战后，三岛决心要褪去自身的"浪漫派"色彩。他屡屡讥讽浪漫派是"年轻人的最大弊病"，是"一剂貌似有益的毒药，对耽于青少年情感给予鼓励并称之为合乎情理"。可以推测，他所谓的"青少年情感"就是在《鲜花盛开的森林》里把个人命运升华等同于美和死。无疑这一倾向是受到日本浪漫派的"鼓励和首肯"的。比如，同人圈内最狂热的民族主义者、三十七岁的时评人莲田善明①，时常以难以评估的警句来赞美死亡，诸如"死亡意味着懂得文化"。

还有那迷恋死亡的诗人伊东静雄，同人圈推崇的英雄之一：

---

① 莲田善明是圈内最热情推崇三岛的人。在《鲜花盛开的森林》第一期连载之后他写了现在很出名的编后语，其中洋溢着他狂热的民族主义和称三岛为亲人的母爱情结：

> 作者年龄很小。我不愿透露他是什么样的一个人，因为我认为不透露为好。对那些坚持要了解的人，我只能说他是我们中的一员，是年轻型的我们。像这样的年轻人在日本涌现是一件语言难以形容的大喜事。他的崛起会让那些对我国民族文学了无信心的人感到非常惊讶。但是惊讶是没有理由的：事实是这个年轻人是不朽的日本历史的继承者。虽然远比我们年轻，但他十分老成。正是从我们中间他诞生了。（楷体系原文所用）

哦美丽高耸的山峰
我恳求你：
在我准备去死的那个美好的日子里
请不要融化你身披的白雪。
附着在八月的岩石之上
那堪怜的蝴蝶
现在已经命绝；
有谁，得知自己的命运以后，
还能苟活于夏天炎炎的
烈日之下？

整个战争时期，公威虔敬地阅读伊东。后来他把这些诗句概括为“鲜明地展现了尼采的命运之爱”，并说诗人是“［他］青少年时期的导师”。

然而浪漫派的影响不宜夸大：作为公威的“青少年情感”的基础，他对死亡的情色憧憬几乎是先天的。这当然是有证据的。在接触浪漫派之前，他已经开始把死亡或者相当于死亡的洪水猛兽之类的致命事件，看作特赋的命运，时时急不可耐地等待着。比如下面的这首诗，写于 1940 年 3 月：

天灾

一晚又一晚
伫立窗前我等待
事发，

飞沙走石的天灾
滚滚向我袭来
来自那城市五彩缤纷的街道之外。

还有他一见钟情的法国坏小子雷蒙·拉迪盖，他在十五岁生日后不久读了拉迪盖的小说《德·奥热尔伯爵的舞会》。那一年，1940年，三岛主要阅读的是日本古典作品、谷崎、里尔克、普鲁斯特和科克托。然而他发现了拉迪盖，可能是通过他的英雄和最爱科克托发现的。他一度忘记了其他所有读物。三岛后来描述他一遍又一遍地读《德·奥热尔伯爵的舞会》，刚读完最后一页又返回到第一页，“嫉妒得直咬牙”。《德·奥热尔伯爵的舞会》出自二十岁作者之手堪称是了不起的著作，但是三岛自己十分清楚，让他着迷的主要是作者，在二十岁写完这本书后就离世了，用三岛的话说，仿佛“他的生命被自己的才华光焰燃烧掉了”。后来他写了被看作那一时期的自画像的《写诗的少年》，三岛在其中描述了经过升华的理念，这肯定是导致他崇拜并希冀赶超拉迪盖的原因：

> 他喜欢奥斯卡·王尔德的小诗《济慈之墓》——“夭折于生命正旺爱情正火/最年少的殉道者于此安卧……”最年少的殉道者于此安卧，真是令人惊奇，灾难就像给予恩惠似的夺去这些诗人的生命。他笃信命运安排，诗人的生活轨迹由命运安排。他对此深信不疑，如同对自己的天分深信不疑。

> 想到他葬礼上那些冗长的悼词，想到他死后的英名和荣耀，他感到心满意足，但是一想起自己的尸体就心绪不宁。“让我活得像升空的火箭，让我把自己燃烧殆尽，使夜空获得瞬息光焰。”这少年一想再想，却想不出别的存活之道。但他排除了自杀，不用自己动手，命运安排会处置他的①。(楷体系作者所用)

《鲜花盛开的森林》所暗示的等式在此得到完整的阐述：命运（天分）等于美，而美又等于死。诗人相信他的死由命运安排注定，而同样的命运安排又赋予他天分，天分和死亡因而同时存在于他的命运之中。死亡是恩惠，因为死亡证明诗人的天分，并且作为他的命运，也是他生命的追求和目的。少年预料的死亡是升空火箭式的、灿烂的死亡：这就是美。

无疑，清水同人圈里的氛围与三岛在《写诗的少年》里再次提到的幻想是高度契合的，但是他战争年代的作品证明，起更决定性作用的，是现实战争本身所提供的“鼓励和合理性”。因为尽管他在1941年和1942年写的短篇小说都有死亡的影子，但是直到1943年年中，当战局突然不利于日本时，他才开始有意识地把他的命运定义为获取美丽的死亡。要点是到1943年底，死亡已成为所有日本年轻人难以逃避的现实。年轻诗人的

① 这段文字本身足够明了，但是如果把三岛引用的王尔德的诗补齐，就会凸显其意义：“夭折于生命正旺爱情正火/最年少的殉道者于此安卧，/如塞巴斯蒂安俊美，如塞巴斯蒂安早殁。”圣塞巴斯蒂安身中数箭的塑像是三岛施虐-受虐色情狂想的中心形象。

结论是“他想不出别的存活之道”，因而死亡是符合实际的。三岛绝不是现实主义者，但他把死亡转变成“恩惠”这种升华的幻想肯定是以战争现实为基础的。

他痛恨现实的战争。在1943年写给东文彦的信里，他始终哀叹父亲崇拜纳粹和日本皇军，称仗打得“一般”和“平庸”。但在他个人的幻想中，现实被美化了。后来他把战争岁月说成是“一个时期，在我经历的这个独一无二的时期里，死亡是仪式，是令人陶醉的幸事”。

1944年11月，三岛高中（十四年级）毕业，成绩居全年级之首，获天皇亲自颁发的传统银质手表。梓骄傲无比。甚至公威，虽然持强烈的怀疑态度，好像也被荣誉感和敬畏感所触动：多年后，面对满堂怀有敌意的左翼学生，他突然谈及他“个人”对天皇的“感激之情”，并回顾毕业典礼上天皇陛下的“风采”。

天皇颁发的银质手表是令人激动的奖赏，但是毕业那天的任何感觉都比不上一个月以后的激动心情，他的第一本书，一部短篇小说集出版了。后来回忆起来，他用一句话概括当时的心情：“现在我可以去死了。”

在1944年10月要出版书籍绝非易事，战火正开始蔓延至东京。首先要向政府申请用纸，三岛一开头写的是“为守护帝国的文学传统而尽绵薄之力”，申请获准。接下来得找出版商。三岛和清水的朋友富士正晴花了几个星期，穿梭于一些小出版商之间，最后找到一个愿意推出虚构类书的人。这是应该庆祝的事情，大家为三岛举行了一个小型聚会。倭文重说服梓提供了一些威士忌酒，那是他1938年去欧洲出差带回来的，但他执意不肯参加聚会。客人有清水和同人圈另外两位成员（狂热分子莲田去了伪满洲国），数位隶属于日本浪漫派的年轻作者，还有平冈家的代表倭文重：

> 看到公威坐在所有比他年长的先生们中间，穿着学生制服的身躯如此瘦削，却如此受到尊重，这是激动人心的一幕，我将永志不忘。其时你不知道什么时候会拉响防空警报，跨出屋外就像从梦里回到了现实。

可能因为它是一件美丽的替代品，让人们可以忘却充斥战火和死亡的现实，《鲜花盛开的森林》第一版两千册在出版后不久便销售一空。放在文学史的其他时期，这样的商业成功必定会引起文学界这个小圈子的权威反应。但是在 1944 年，没有文学奖活动，甚至没有书评出现。《鲜花盛开的森林》只是扶持三岛的同人圈内的大事，却不是他正式成为作家的首次亮相。

书出版后一周，三岛进帝国大学就读，成为攻读德国法律的一年级学生。这是梓的决定。所有认识三岛的人都劝他读文学，当然他自己也这么想，但是梓固执己见：

> 我家大部分男人，包括我，都上大学学习法律。不管你怎么努力去查找，家族史上没一个从事表演或写作的。这有利于我的决定。我迫使公威学习法律，并要求学最正统的法律门类——德国法律，因为我急于要彻底堵死他的文学之路。

虽然三岛是按父命行事，但是看来他没有因此感到特别苦恼。首先，他期待，真正地希望，去死。况且，也没有功课来干扰他的写作。学期刚刚开始，全班同学就被“动员”并分配到东京郊区的飞机工厂去了。三岛设法弄了不宜体力劳动的医生证明——他一向看上去病病歪歪的——被分配了一个很轻松的办公室里的工作。每天中午以后就没事了，他把空出来的时间都用于写作。1945 年 2 月，他完成了篇幅较长的中篇小说《中世》。主人公，明显的是他自己，是十五世纪的贵族将军，他风度翩翩，热心扶持艺术，二十四岁时就英勇战死疆场。

正是在飞机工厂的这几个月，当他写着自称为“最后的小说”的书，等待着征兵通知的时候，三岛好像被美丽、死亡、命运幻想三部曲完完全全迷住了。如他后来回想，作出了有时让人吃惊的准确描述：

> 处于青少年和成人之间的人生阶段，自我陶醉可以为达到目的而不择手段，甚至不惜毁灭世界。二十岁时，我能够把自己随意幻想成任何人或物。譬如，一个注定会夭折的天才、日本传统美的最后的继承者、颓废派中最颓废的人、颓废年代的末代皇帝，甚至那唯美的神风特攻队！

1945 年 2 月，这种战时的幻想一度被战争现实所遏抑：三岛接到了征兵通知，因为是血红色的而被称为“红色文件”。这色调含着不祥的巧合。在 1945 年，征兵通知等于帝国发出的赴死命令。

倭文重为此心神不宁。其时她卧病在床，当公威和父亲上路时，她走到家门口送行。据当时十五岁的千之说："她穿着长睡衣，头发散乱，哭哭啼啼地走过门厅，像个着了魔的女人、一个世外来的疯女人。我从没见过她这么心慌意乱，尤其在他们离开以后。她跪倒在［佛］龛前，开始祈祷，像在说呓语，疯疯癫癫。她的样子让我害怕得想逃离。"

公威的新兵入伍站在志方村，平冈家族的老家所在地。前一年5月，梓把他送到那里去登记，觉得公威在农村乡镇被征入伍的机会比在东京要低。他被归为2B类，即，有病史，但符合服兵役条件，健康尚可。

平冈父子在公威报到前一天晚上抵达志方村。（这是三岛最后一次回老家。）公威得了感冒，伴有轻度发烧。夜深时，他开始咳嗽，体温骤升，请来的医生给他打针并在他头上敷冰袋降温。早上病情仍不见好。梓帮他穿上衣服，带他去新兵入伍站。这个从东京来的脸色灰白的青年，在排着队的农人的儿子们中间引起一阵骚动。"东京！"甚至"学习院！"的轻声惊叹此起彼伏。终于轮到公威接受体检，这是"光荣地签署"文件、把自己的生命签出去之前的例行程序。但是医生听过他的胸音后摇摇头，在他的体检表上写下"不符合入伍条件，立即返回疗养"。他对梓解释说："严重Rassel［德语：肺喘］，可能是重度肺结核。"当公威回东京复诊时，"正规医生"发现那是误诊，他得的是"重度支气管炎"。千之认为军医有意对病症误判："我认为医生看一眼我哥哥，就知道他太虚弱，在军营里活不了几天。我想他是可怜他才不让他入伍。他那时候苍白得像死人，又那么瘦，只有魔鬼才会让他入伍。”

穿上衣服，公威和其他不合格者被赶进一间房间听训导，要求他们不要忘了为帝国牺牲的义务，要像在前线作战的人一样忠心耿耿。与此同时，梓在外面紧张地等候着，恨不得马上离开。训导一结束，他带上公威快步走出军营。用他自己的话说：“我们一出来，就觉得天空又高又亮，使人目眩。刚跨出大门，我就抓住公威的手飞奔起来。好一阵狂奔！我不记得奔了多远，但肯定是相当长一段距离。在这个过程中，我不断回头看，因为我怀疑一个军人正在边追边喊‘搞错了，恭喜你合格了！’这种可能性使我害怕得要命……回到家，我们进了客厅，喝着绿茶，我仍记得茶的味道好极了。我内人还拿着公威临行前悄悄放在她屋里的遗嘱和剪下的指甲［传统的纪念物］。逐渐冷静下来之后，大家都感到很快乐。

“内人在房子里踱来踱去，好像高兴得难以停步。公威的弟弟和妹妹兴高采烈，有各种欢喜的表达。可是我无论如何想不起公威的表情。我知道他不可能不高兴。然而我不记得他做出过任何代表他真实想法的明确反应。我记得后来的结论是他可能只是被高烧和匆忙的旅行压垮了。”

梓宣称公威“不可能不高兴”无疑是对的，但也不可能他就高兴。更大的可能是他对死里逃生感到非常迷茫。几乎可以确定，当时在他头脑里打转的问题，类似他后来写的《假面自白》里的主人公的问题：

我在对军医说谎时为什么看上去如此真诚？为什么我

要说我发低烧超过半年、肩膀疼痛僵直、吐血，甚至就在昨晚睡衣被盗汗湿透？（这正好是事实，但考虑到我吃下那么多阿司匹林也就不足为奇了。）为什么被判回家的同一天喜悦的笑意禁不住浮现在嘴角？为什么出了军营大门我这么狂奔不止？

我非常明确地意识到自己将来的人生不可能创造丰功伟绩，能给我足够的理由逃避从军赴死，因而我不能理解那驱使我迅速奔离军营大门的力量的源头，以及那使我气喘吁吁地跑向防空掩体的完全自发的反应——除了求生的欲望还能是什么？

这些问题其实有一个完美显明的答案。叙述者（以及三岛）所渴望的“自然本能的自杀”、由命运安排所注定的美丽死亡是幻想中的死亡。但皇军是彻头彻尾的现实，因此当兵而死就是现实中的死亡，是横死，平常、无可争辩的平庸是可憎可怖的。三岛是否真的对军医说谎已无从知晓，但是确实他有可能这么做，出于对现实死亡的威胁的“完全自发的反应”。

现实以征兵通知的形式所作的侵扰可能一度使三岛停止幻想，但是战争仍然在疯狂地进行，事实上，对东京最猛烈的空袭于 1945 年 3 月才刚刚开始。这些空袭对三岛的想象起了火上浇油的作用，使他再一次将死亡升华为辉煌的、特殊的命运。在《假面自白》里，叙述者于 1945 年 2 月“意识”到他不想死。可是到 5 月份，他虚幻世界的力量再次把他与现实死亡的威胁隔离开来：

谣传敌人有可能很快在S湾登陆，军火库所在地区将不保。再一次，而且比前次更甚，我发觉自己深深地沉浸在对死亡的渴望中，正是在死亡中我发现了真正的“人生目标”。……

我希望——不，比希望更加强烈，那是走火入魔的笃信——在那个月，美国人必定会登陆S湾，而我们将全部被编入学生军去送死，无一生还……

1945年5月，三岛他们班被重新分配到座间的海军弹药库，在东京西南三十英里处。这些学法律的学生住在海军宿舍，干维修保养工作。三岛由于健康不良——不完全是假的——再一次免于体力劳动，被安排管理“图书馆”。这是弹药库角落里的一间小屋，学校在这里放了一些书供学生“保持”法律研读。事实上，自1944年10月入学以来，学校仅开过三个星期的课，所以没有人使用图书馆。三岛自由自在地阅读和写作。在5月份写的明信片里，三岛告诉导师清水文雄他在阅读十一世纪的宫廷日志，确立天皇神权的古代创世记神话，十四世纪的小说以及浪漫主义小说家泉镜花（夏子的最爱）。他还说他正在用古典的书信体翻译叶芝未命名的独幕话剧。多年以后他回忆，“不容易想象叶芝怎么会与战争的最后一年相勾连。不是我力图要把不相干的事情凑在一起。我决意要把当时的现实抽象化，全神贯注于自己封闭的美妙世界，把这个世界压缩得越小越好。遥远的都市遭受的空袭，在我从弹药库的掩体里看来，是美丽的。火焰呈现彩虹般的五颜六色：仿佛看的是远处的篝火，那里正在举行盛大豪华的毁灭和死亡的宴会”。

就在三岛住进弹药库的宿舍的同时，倭文重和孩子们也搬到相对安全的亲戚家居住，这个叫豪德寺的地方是近郊的住宅区，周围是水田和原野。大多数有能力的家庭都疏散得越往北越好，但是梓坚持认为豪德寺够安全了。他自己选择独自留在涩谷的家里以保护房子不被人破坏。

从5月到8月，每次重大空袭以后，弹药库总会放“一天假”，三岛每有假就去豪德寺的家。倭文重记得他总是先确认大家都安然无恙，紧接着便骄傲地给她看上次回家以来又写了多少。战时的最后几个月，他写得异常勤奋。

8月15日，日本无条件投降，天皇亲自上电台命令他的臣民放下武器。此前一周，三岛又发高烧，被送回家疗养，使他得以和家人一起在豪德寺的房子里收听广播。天皇结束讲话后，屋子里一片沉寂。梓转身对三岛说：“现在我们进入了文化时代，所以如果你真想当作家，去圆你的梦吧。”后来他后悔自己的轻率，收回了这句话。

很难有把握地说三岛听到天皇宣布战争结束时是什么心情。容易接受的假设是他感到丧失了自我和使命，这种存在危机使他害怕得发抖。诚然，这种假设是他在战后写的文章和小说里一再鼓吹的：

> 战争结束了。当听到帝国命令宣告投降时，我满脑袋都是金阁寺，我和它之间的纽带被割断了。我想，现在我须得回归……回到的状态是，我居于此岸而美丽居于彼岸。

只要这个世界继续存在下去，这种状态就永远不会改变。

割断并瓦解：作为“令人陶醉的祝福和仪式”的死亡现在永远遥不可及。

但是三岛当时对新的现实的认识不太可能像这么一语中的。毫无疑问，投降对他是打击，但好像这打击来自某种难以捉摸的预感的力量。

证据就在他战争结束时写的短篇小说《天涯故事》里。故事讲述一个十一岁的少年，夏天随母亲到海滨学游泳。他没学会游泳，却在海里发现，

> 某种长期吸引着我、却又不知道它在何处的东西的源头。它吓唬我、排斥我，但正因为此，我更加强烈地被吸引……面对大海时，我感觉到海面有东西在向我召唤，在我看来，听从这种召唤是极其美妙的事情，但没人必须这么做。

一天少年独自外出闲逛，遇见“一位美人，一个不到二十岁的姑娘”，和她的情人。姑娘邀请少年一起沿悬崖散步，少年乐不可支：“那种纯真的欢乐难以言表。”突然姑娘提议一起玩捉迷藏。我捂住自己的眼睛，尽量缓慢地数起来，“这是我起码能为这位美人所做的事情，我已对她产生了未曾有过的爱慕之情”。数数时，他听到脚步“盈盈”地离他而去。接着，“难道是我的想象？我觉得听见一声呼喊，庄严而动听，绝不是尖叫，更像是神的笑声”。少年睁开眼睛，在悬崖上搜寻年轻的情侣，却没

能找到他们。怀着一丝惊恐，他向悬崖的边缘走去：

仿佛磁力在把我吸向美丽的深渊、滔滔的大海，我竭力后退几步，然后匍匐在地上，待心跳平复后，朝深渊望去。我这次看见了什么？或许什么也没看见；因为我看到的与先前毫无二致。松树沐浴着阳光、岩石、狭小的海湾、永远泛着白沫的浪涛。所见就是海岸，恒定静谧，令人难以置信。那呼喊，这么像神的笑声，究竟意味着什么，我对此思忖了片刻。但我意识到这个问题太重大，超出了我当时的理解能力。（楷体系引文所用。）

诚然，少年认为自己听到的呼喊，像诸神讪笑的呼喊，是他的预感，他感到自己现在将被剥夺实现憧憬的可能性。“美丽的姑娘”和男青年双双殉情。他们听从了大海的召唤，做了“美妙但没人必须这么做”的事情。在他们，对“美丽和死亡”的憧憬得以实现和满足。但是少年被留下了，而且他意识到再也没有可能追随他们而去了。这是唯一的解释，说明他为什么在看到世界好像“依然如故”时感到疑惑。他的存在错乱的感觉引导他期待现实世界的明显变化。事实上，他多少知道有变化，但是不能发现它。

在 1955 年写的简要回忆中，三岛再次提到战争结束时的不安情绪，原因是同样的，就是坚信现实世界必将改变：

夏日的草原在我面前延伸，远处可以看见军营，树林上空静静地飘浮着夏天的云朵。如果战争真的已经结束，那么这景色突然就改变了意义。也许我不能确定它是怎么改变的，但是这草原、那些树林和云朵，现在必定是我没有经历过的世界的一部分。那一刻，我感到我瞥见了一个有着不同感觉成分的世界。

三岛瞥见的世界，《天涯故事》里的少年期待发现并感觉一定在那但不能“确定”的世界，是一个存在于美丽、死亡、命运本身之外的世界。这个世界不可能诞生于梦想，尽管战争使梦想变得可能而真实。然而这是一个真实的世界，是对梦想的实实在在的否定。在 1945 年 8 月，三岛对此是了解的，尽管是依稀的了解。但是他一度选择回避它。战争停止了，可三岛由纪夫的梦仍在继续。

第三章

1946—1949

三岛在 1945 年 8 月并不知道要适应战后现实比登天还难，在 1949 年之前，他也没有意识到自身携带着危及生存的因子，但是至少有一个重要情况是确定无疑的，三岛日后在写作中也经常提及，那就是随着战争结束而“突如其来的闷闷不乐的情绪”。当东京处于一片火海时，他能够感觉个人的内心世界与外部现实是相通的：“这是一个少有的时期［1944—1945］，我个人的虚无主义和时代的，乃至整个社会的虚无主义完全吻合。”可是如今战火熄灭，死亡不再司空见惯，那让他相信自己是时代的象征的幻梦消失了，随之而去的是他对自己天分的自信。后来当他的名声达到顶峰，至少对自己这方面的历史毋庸讳言时，他回忆说：“我发现的一个挥之不去、令人困惑的事实是我在二十岁时就已经是一个不合时宜的人。我所钟爱的拉迪盖、王尔德、叶芝和日本经典作品——我所重视的一切现在突然都和时代的口味相抵牾……战时天才般活跃在小团体中的少年现在成了没人重视的、无助的学生。”

1945 年 11 月，三岛揣着《鲜花盛开的森林》《中世》《天涯故事》以及另外五篇作品的手稿，来到出版社筑摩书房仅一间屋子的“编辑部”。和其他所有的出版商一样，筑摩书房正在准备推出一份新的文学杂志。评论家、福楼拜的译者中村光夫被指定为新杂志的“顾问”。他后来成为三岛的朋友，但当时则是文学界的评论家“大佬”。三岛从没见过中村，中村也没听说过三岛。这个二十岁的作者选择把作品递交给中村，只是因为他听说出版过他的第一部短篇小说集的小公司被大公司筑摩书房并购了。

三岛没其他地方可去。战时最热情支持他的狂热分子莲田善明自我了结了生命，其他扶持和保护他的成年人都和日本浪漫派有瓜葛，成为最先遭到清洗的一批人，先是新近获得自由的左翼作家团体，而后是驻日盟军总司令部（GHQ）对其进行清算。10 月，一个左翼作家和评论家委员会拟就一份“文化战犯”的名单，高居榜首的有三岛在 1943 年拜访过的评论家兼思想家保田与重郎、1944 年与三岛有来往的诗人兼小说家佐藤春夫以及 1945 年 2 月给三岛初次约稿的作家兼出版商中河与一。到 11 月下旬，所有这些人都遭到驻日盟军总司令部的清算，列入黑名单，被强制退居与外界隔离的生活。诗人伊东静雄因为迅速转投自由主义而免遭清算（其他很多人也如此），于 1946 年 5 月创办了一份不久便停刊的杂志。三岛在这份杂志上发表过两首诗。但是伊东静雄好像属于不喜欢三岛的为人以及他的艺术品味的人，三岛肯定有所察觉，所以很快就和这位年长的诗人分道扬镳。

值得一问的是，三岛回避战时曾赞助他的人，是因为这些人不再有能力帮助他，还是因为日本浪漫派已名誉扫地？有些知情人至今仍谴责他出于冷酷的算计而断绝与浪漫派的来往。其中一个是偶尔写写诗的儿科医生林富士马，他第一次见到三岛是在 1943 年末，当时他是日本浪漫派的重量级人物诗人伊东和诗人佐藤的学生。据林所说，在 1944 年和 1945 年，三岛在他家度过无数个夜晚，讨论文学、吃饭、逗他孩子玩，而在 1945 年 11 月，他突然接信不回，其后每次不期而遇时，表现得“难以想象的冷若冰霜”。林解释道：“在任何交往中三岛总是率先提出分手的人。他觉得我再没有利用价值，他已经超越了我，所以他就和我断绝来往。而主要原因是他想远离浪漫派。”作为证据，林提到三岛的“突然换师”，从佐藤春夫转投到川端康成门下，川端是日本第一个获得诺贝尔文学奖的小说家。他说 1945 年冬天三岛请求佐藤接纳自己为门徒，佐藤同意了他的请求。这只是林的一面之词。不过有案可稽的是三岛在 1946 年元旦拜访了没有遭到清算的川端，从而开启了两个人并不简单的交往史，川端正式成为三岛的导师，直到三岛辞世。

无疑三岛会因为任何原因遽然与人断绝关系，他一生中有长长的一串“朋友”对他态度的骤变感到困惑，林富士马只是其中之一。就此事而论，林声称三岛出于要脱离浪漫派的目的而采取行动是不能确认的。事实上，他在 1946 年 11 月参加悼念莲田善明的集会是一个有力的反证。莲田是为自己狂热的思想而死的。战争结束时，他驻扎在伪满洲国，日本投降后第三天，他用枪打死自己的长官后自尽。此前，被打死的长官表达观点说现在天皇与平民百姓不再有高低贵贱之分。莲田自杀后手里紧攥着遗书，在遗书中他谴责长官是间谍。“他叛徒的血管里流淌着高丽人的血，”最后他写道，“为了帝国，我甘愿成为一颗弹射出去的石弹，我感到荣幸。”莲田自杀的消息最终传回日本本岛，他的朋友们聚集在一起悼念他。出席活动的有《文艺文化》同人圈的三位学者，遭清算的“红色人士追剿者”出版商中河与一，以及三岛由纪夫。大家为此次活动写的诗都收集在一本小册子里，并请栋方志功画了插图。如果三岛一心想远离日本浪漫派的话，恐怕就不会参与其事。

三岛甩掉林富士马更像他甩掉坊城和其他人，是因为他确定林是“平庸之辈”，三岛眼中难以容忍的失败者。如果他选择不向浪漫派的作家寻求帮助，很可能是因为他判断——相当冷静地判断，这些人不再有能力帮助他。无论如何，在 1945 年 11 月，任何他想投稿的对象都不可能特别欢迎他，甚至不可能认识他。

整整四个星期，三岛忐忑不安地等待着决定他小说命运的消息。最终稿件未被采用，全部退了回来。三岛当时并不知道，直到多年后成了中村的朋友以后才得知，这位评论家给他八篇小说的总评分是“负一百二十分”。中村的评价足以代表人们在整个 1946 年、1947 年以及 1948 年的大部分时间里对三岛作品的反应。鉴于他不着边际的幻想与时代关注点之间存在的鸿沟，这种结果就不足为奇了。

战后的最初几年，左派在思想和文学领域占据支配地位。驻日盟军总司令部在1945年10月开始采取的步骤包括，释放政治犯、废除秘密警察、撤销文宣省和审查委员会（占领当局实行自己的一套审查制度）。在战争的最后几年，许多日本的马克思主义知识分子和作家，要么被投入监狱，要么东躲西藏，如今这些指令对他们不啻获得了新生。获释出狱，并且自三十年代初以来第一次不再有被捕之虞，他们从全国各地涌入遍地瓦砾的东京，找回老关系，创办新杂志，开始以十年困苦和噤声中迸发出来的激情来写作。

得到解放的不仅仅是共产党人。1943年的审查制度如此严格、纸张如此匮乏，以至于政治上比较温和的作者也被迫默不作声，他们包括文学界所谓的“元老级政治家”如志贺直哉、正宗白鸟、谷崎润一郎和永井荷风。战争时期的刊物总会给资深作家一席之地，只要他们在作品中为战备点缀一些像样的热情。大多数知名作家（其实，几乎是所有知名作家，荷风是个例外，他在整个战争期间缄默不语，而在日记里对战争始终持批判态度）都在写作中支持帝国战争，有的是见机行事，其他人则是出于真正的信念。然而除少数人外，他们都对文宣部门望而却步。可以有把握地说，战争年代里没有什么影响深远的作品付梓问世，尽管有些重要著作是秘密完成的。谷崎的《细雪》是一个好的例子，故事篇幅宏大、色调灰暗，描绘的是三十年代中期和末期传统家庭伦理道德的崩溃。书的一部分在1943年1月和3月连载时，被宣布为“不合时宜”的作品而停止连载。当时五十六岁的谷崎自行避入乡村，继续该书的写作直至战争结束。1944 年 7 月，他私自出版了第一册，供朋友们传阅。1947 年初，他重新开始连载，并于 1948 年 12 月最终出齐全书。

被占领当局解放的文学力量的洪流和全国被压抑的对出版读物的饥渴在 1946 年 1 月引发了新刊物如雨后春笋般的涌现。仅仅那一个月就有十三份重要的文学和文化月刊问世，到 1946 年底，超过六十份杂志登场①。竞争自然是激烈的。从 1945 年到 1946 年，再进入 1947 年，大家都在争抢老一辈的资深作家。许多新刊物出了一两期便销声匿迹，原因就是不能吸引老作家来投稿；所有新刊物都不得不小心翼翼，不愿腾出太多版面给大声疾呼的新作者。这就导致盘踞 1946 年文坛的尽是五六十岁的人。如左翼评论家本多秋五所说："从投降日开始，我们大家都想要歌唱，当然不是唱战歌。但是没有新歌可唱，于是长时间里我们就唱老歌。"

但是到 1946 年夏天，新的呼声开始引起评论界的关注。1947 年底，四五个年轻作者组成的群体被冠以"战后派"的称号。自然，对过往的解释和对未来的筹划五花八门，但对 1946 年和 1947 年的当下有一种盛行的观点，这观点当然是偏左的，

---

① 自十九世纪的最后几十年起，月刊一直是日本文学和批评（而且实际上是整个知识界的文章）的主要园地，1946 年如此，今天也是如此：根本就没有第一本书这一说，所有的初次亮相都离不开杂志。直到 1957 年，甚至今天多多少少还是，很少有长篇小说循约稿、写作、出版的路径。大家都采用连载，评论界对每期的连载详加审阅。及至作品装订成册，不管是长篇小说、短篇小说，还是评论集，对它的评价已有定论。因此，刊物界发生的事情过去是、现在依然是文学界的事情。

但也波及“自由派”阵营。1946 年 2 月，左翼评论家荒正人在题为《第二次青春》的文章里对此作了非常到位的概括：

> 当我初次读到陀思妥耶夫斯基被判处死刑，然后在行刑前一刻才被赦免时，我的心充满了几近绝望的嫉妒。与其说我嫉妒他的天赋，不如说我嫉妒他不同寻常的经历，那是一千个人甚或十万个人中都不会有一个的经历……然而，我们刚刚经历的战败，其创伤深刻的程度，绝不亚于那位伟大的俄国作家所经历的。在天皇宣布无条件投降前，日本的男男女女都准备集体自杀。遭受空袭时，他们把自己宝贵的生命托付给那连垃圾桶都不如的防空掩体的一角。多年来他们不得不为一纸红色文件［即征兵通知］而舍弃爱情和亲情，并视之为最高荣誉……对那些不能像奴隶一样对天皇陛下高呼万岁，然后结束自己生命的人，过去的一千天可以毫不夸张地说是人间地狱。
>
> 回顾往事，过去一年里发生的翻天覆地的事件历历在目。我们看见了地狱，我们见识了天堂，我们闻听了最后的审判，见证了众神的垮台，亲眼目睹了天和地的创立。我们累积的难以置信的经历，甚至超过了陀斯妥耶夫斯基的经历。

对于在战后年代即将成为文坛主力的新作者，广岛和长崎的蘑菇云以及无条件投降是审判日，同时又是创世的第一天。这个日子的见闻不可能不使他们感到绝望——而且事实上以后的很多日子都是如此。像日本所有主要城市，东京就是一个垃圾场，最显眼的城市景观就是金属保险箱，那是家家户户唯一没有被战火烧毁的财物，以及公共澡堂高高的烟囱，美国轰炸机以为那是小工厂。1946年严冬以及1947年的冬季，生活在公园里的数千人被冻死。那些有家的人没有足够的食物，在1946年5月的东京，总是不够及时、不够充足的大米配给被"相当热量"、难以下咽的甘薯和大豆取代。直到1948年年中，报纸上充斥国民被饿死的故事，这些人拒绝光顾黑市，企图依靠每周的配给活下去。1946年冬天，可怕的通货膨胀席卷全国，生活费指数是1937年的四十倍，而且没有工作机会。有家底的人家靠变卖度日，像剥洋葱似的一层层"剥离"，在日本叫剥竹笋，这就是有名的"竹笋生存法"。

严重的经济困难最终导致社会动乱。在1946年和1947年，仅东京一地就涌入遭遣返的八十万天皇陛下的皇军官兵。这些不快活的人受到的是冷遇：东京不能忍受这种时时让人想起战争的人。他们很多受伤致残，穿着破旧的军服在街上行乞。身体健全的人发现自己受歧视而找不到工作，不得不加入操纵黑市的帮伙。东京的每个街口都站着这些团伙成员，腰间缠着广告布幅，耳朵上挂着美分硬币，"兜售"食品和衣物（1948年之前，日本没有制鞋业，一双美国生产的鞋子在商店卖六十美元，街上只卖五美元）、手纸（政府配给每个家庭一周十二张），还有威士忌酒。这是家庭度日维艰、社会动荡不安的时期，也是奇耻大辱的时期。日本人的膳食含糖量如此之低，以至于嗅一嗅包装口香糖的锡纸就能够使人晕眩：从吉普车里抛到街上的几块口香糖足以引起一场小规模的骚乱。在许多社区，美国大兵，包括黑人（大多数日本人对他们心存恐惧），用丝袜和口红等所谓的“仅仅”就赢得了当地姑娘的芳心，与他们过夜。这些姑娘在街上一眼就能认出来，她们用化妆品竭力把自己打扮得像“西方人”——浓妆艳抹、衣衫邋遢。火车站的扩音喇叭高声播放着美国的布吉伍吉舞曲。

这个时期无论怎么看都像是噩梦一场，这一时期的作品也是色调阴暗，带有严重的创伤感。然而不管现实在表面上和实质上是多么糟糕，战后派的年轻作者与评论家荒正人持同样不可动摇的信念，认为生命是宝贵的，应当予以肯定。这个团体——野间宏、梅崎春生、椎名麟三，这几个是主要人物——全部都是三十岁刚出头的人，战前还是学生，受过“马克思主义的洗礼”。而且他们全都在皇军中参加过战斗。对他们而言，死亡不仅仅是升华为幻想的概念，他们是注定要死的，只是像陀思妥耶夫斯基，奇迹使他们得以生还。他们的作品绝对称不上乐观。譬如，野间宏的《脸上的红月亮》（1946 年 4 月），表达了他的恐惧，战争经历使他的人性所剩无几，他担心自己不再有能力关心他人。主人公在战斗中为救自己而牺牲了战友。他遇见一位在战争中失去丈夫的年轻女子，她凄楚可怜的美让他怦然心动，他想用自己来填充她生活的空虚，结果发现他除了空虚以外别无他物可以提供给她。他在战斗中牺牲战友的情形不断地来嘲笑他行善的冲动。经历过战争的人不再有爱情可言，这是结论，令人沮丧、令人绝望。因其表达了关爱的意志和欲恢复正常的热切期盼，故事获得了活力，它是战后作品的代表。

就三岛由纪夫而言，投降绝非撤销死刑，而是被判无期徒刑。1944年8月，他写了《中世某杀人惯犯留下的哲学日记摘抄》，对小说中的杀人惯犯即艺术家而言，“疾病比康复对其更有用处，他蔑视为康复所做的努力”。他用这些文字表达了很多意思，但主要意思是，在年轻艺术家看来，死亡比存活更美丽、更可贵。这并不是说他想要的死亡是任何常规意义上的死亡：1944年，当他终于面对现实的死亡时，他拔腿尽速逃离。然而他迷恋于对死亡的浪漫憧憬，那是一种美学理想，起源于他的情欲天性、他个人的性取向。外部现实的改变既不能让他摆脱他的憧憬，也不能改变其性质：天皇宣布了日本投降，可是死亡仍然是他“生活的目的”。

从1946年到1948年，三岛仍沉浸在自己的世界里。不同的是他现在不由自主地认识到自己所热衷的与战后年代的关切是背道而驰的。战时现实让他感到如鱼得水，它向他提供可资抽象概括的素材、滋养他的兴趣爱好，使他得以和外界“沟通”。然而新的世界是陌生的、难以对付的，令他心生畏惧。像“写诗的少年”，他“以冷眼视之，认为它毫无诗意”。于是他毅然决然地转过身，满怀激情地表现自我世界。后来他不止一次地把这些年概括为“惨烈的抒情时期”：

> 夏天再度来临。当我顶着炙灼的、令人目眩的烈日行走时，战后初期的情形奇迹般栩栩如生地再现于我的脑海。颓废随着毁坏而来，怪异的生活紧接死亡而至——在我看

来，这就是夏天。熠熠发光的腐烂物体，新生命诞生的季节，这就是夏天。我的感觉是仲夏季节毫不间断地在延续，从 1945 年到 1947 年，再跨入 1948 年。对我来说，这是一个最剧烈、最严酷的抒情时期……那些年，鉴于我的年龄，应该是我最有活力的时候，可我实际上却最接近死亡……我感觉无论如何我得证实自己的一切乃至生命。

面对现实，为了证实自我，三岛做了“剧烈的抒情”努力，最好的例证就是他的第一部长篇小说《盗贼》，讲述的是一对年轻男女，在结婚的当天晚上即殉情，但是他们自杀却并不是为了相互的爱。三岛于 1946 年 1 月开始写作此书，并于当年 6 月完成了初稿的大部分，接着他好像遇到难题而陷于停顿。1947 年，他续写完成，经过修改，没按章节次序刊载于几种小型杂志上。全书于 1948 年 11 月问世，尽管三岛的新导师川端康成为其写了热情洋溢的序言，书仍然未获关注。这是必然的，因为《盗贼》是一本极其个性化的书，而时代却要求社会视角。如一位评论者所说：“在那个社会动荡时期，紧要的工作是为新建筑打基础。当大家都在关心到哪里去选一块空地破土动工的时候，没人愿意费心考虑窗帘花边的质量。”

《盗贼》的主人公肯定是三岛在 1946 年认定的自我形象。藤村明秀是学习院校友，新近毕业于帝国大学，贵族的儿子，极度痴迷“梦想”，以至于“丧失了衡量当下现实的标尺”。他还具有近乎超人的能力，把真情实感隐藏起来，以蒙蔽他人和自己。至此，这种自我定位不无讽刺，但是在开头几页里，小说的叙述者声称正是明秀蒙骗自己，不管面对任何现实仍沉浸在幻想中的能力，使他具备独一无二的资格成为现代悲剧的主角。这种现代悲剧不同于“经典悲剧产生于外部事件，而是源于内心的成长”。如此这般，三岛将自己不能面对现实的缺陷升华为悲剧的先决条件。

与母亲在时尚的度假胜地避暑时，明秀对初入社交圈的美丽少女美子产生了“极大的爱慕之情”。他们发展了恋情，双方父母也知道了。夏天过完，明秀家便向美子家提亲，美子拒绝这门婚事。极善自欺的明秀，初时并没有因为遭到拒绝而感觉痛楚。然而有一天站在海边，他“顿悟自己对美子的爱慕已然升格为对死亡的憧憬”。明秀不是因为被拒绝而选择死。如果是这个原因的话，当事情出现转圜的可能时，他就会打消死的念头。但是转圜显然不是他所想要的：

> 突然，明秀想把自己和美子之间发生的一切向朋友倾诉。最易动感情的新仓听完之后，与明秀一起泪流满面，紧紧握了握他的手，然后一跃而起，贸然去找从未谋面的美子，把听来的话转述一遍。美子感动了，前来看他，伤心痛哭！
>
> 此时，明秀恢复了理智。他怎么会干出这样的蠢事！他不知道自己还会不会再犯糊涂。这想法使他心里充满恐惧。

明秀想要的是“死亡”，

> 它像一枝花，早已经忘记了自己还是地面上一粒花籽儿的时候，它挣脱了因果关系的桎梏，自成闪光的实体，独立而完满。

当他放眼海面，面对“作为闪光实体的死亡”——面对终极本身——明秀决心去死，这决心让他兴奋：

> 明秀能够听见命运轻柔的步履，一切自然现象都悄悄伸出手来，彬彬有礼地向他推荐死亡。自豪感蓦然而起，仿佛他成了命运的宠儿。

如三岛战时的书写，这里死亡再次被升华为命运。所不同的是现在自欺成了感知和实现命运的要件：

> 上次见她时，他肯定意识到自己正强烈渴望死亡。他难道不是一直在就这一渴望欺骗自己，为的是尽量悄悄地来坚定决心，不透露半点风声！不正是他的自欺现在使他敏锐地感觉决心的坚定、亲切、不可阻挡！……

当东京处于一片火海时，现实可以用来强化幻觉。但是如今战火熄灭，要视死亡为个人的命运，只能靠自我欺骗，坚决摒弃现实、肯定幻想。

在小说的后半部，明秀和另一位姑娘签署了“情人契约”。姑娘叫清子，在被情人抛弃之后，也自发地决定去死。两个人结合，既是因为他们共同怀有求死的决心，也是因为他们发觉两个人互为对方的镜子，从中可以看到抛弃他们的情人的幻影。关键词是幻影：明秀和这位姑娘都知道他们在对方身上见到的形象是幻影、是对旧日情人毫无意义的美化，他们陶醉其中。令人费解、看似矛盾的是，只有不顾现实，维持幻觉，求死的目的才能达到。通过维持幻想的共同努力，这对“情人”得以保持了求死的愿望，并且在新婚之夜终究达到目的，双双（殉情）自杀。

《盗贼》可以被看作嘲讽爱情的文字。确实，三岛在小说的字里行间时不时对主人公予以讽刺：

> 其他年轻男子毫无疑问会考虑的激烈方法——譬如，守候在姑娘必经之路，待她终于出现时，截住她，向她倾诉衷肠——在明秀看来就像是梦中人在做梦，我怎么能做这类不真实的事情——像小说中的人物！他自己的所作所为，却无不蒙上幻想的影子，人们日常所做的事情，在他反而被看作只不过是梦想而已。

然而嘲讽只是偶尔为之的冲动。三岛写作《盗贼》的初始目的就是要为固执于幻想的男女主角（以及他自己）正名。如果说这一目的在小说的主体中常常含混不清，那么在简短的尾声中则明白无误。“情人”死后，小说中的两位反角，抛弃明秀和清子的“漂亮女孩”和“没良心的男孩”，在参加平安夜聚会时不期而遇，他们并不知道自己和对方之间有某种关系：

“这是佐伯先生。”

“这是原田小姐。”

“你好。”

“幸会。”

美子抬起双眼，开始细细端详这位特别帅气的小伙子。在旁人看来，他们对视的眼睛里脉脉含情。但是就在那一刻，仿佛在对方脸上发现了旁人难以察觉的可怕创伤，两个人都竭力试图回避对方的视线……因为恐惧而动弹不得，呆呆地站立着。是美子率先离开，身体还在不停地颤抖。

同时，两个人都产生一种冲动，要想对别人诉说这可怕的发现。他们的发现是自己拥有的真正的美丽和持久的青春已经被手段极其高明的盗贼洗劫一空。

这里没有一丁点的嘲讽。小说宣示年轻男女主角通过死亡获得了“持久的青春和真正的美丽”，从而肯定了他们摈弃现实拥抱幻想的努力。当然，小说传递的另一个信息是三岛正全身心地沉浸在自己的虚幻世界，在1946年和1947年，当格格不入的现实对其张牙舞爪的时候，他亟需对自己的世界予以肯定。

在1955年的回忆文字里，他写到他“最接近死亡”的那些年，在同一篇文字里，三岛把自己“惨烈的抒情”归因于个人生活中发生的两件事情。他回忆说这两件事“肯定是我在此后数年保持文学热情的动力”。第一件事就是1945年10月妹妹美津子的死：

日本战败并不是令我特别沮丧的事情，远比战败伤心的事情是几个月后我妹妹美津子的死。我爱妹妹，我爱她的程度难以言表。当时她是圣心女子学院的学生。一天她和同学们一起帮助把图书馆疏散在外的书籍搬回去，就在那天，她突然开始发烧。医生说是流感，但是体温居高不下，她病得不想吃东西。被送到庆应医院后不久她便进入休克状态。一俟确诊为伤寒症，她即被转移到一所专治传染病的小医院［庆应的传染病分院已被烧毁］。

我和母亲轮流看护她，但她开始肠道出血，很快就死了。死前数小时，她神志不清，可我清清楚楚听到她说："哥哥，谢谢你。"我失声痛哭。

倭文重证实了这一关于美津子之死的描述。她说正在大学里听讲座的三岛直奔医院，搬了一把椅子坐到妹妹床前，整整一夜没离开，目不转睛地看着她，擦拭她的额头、用汤匙喂她糖水。显然，美津子转去的这所位于大久保的医院缺少人手，环境也阴暗邋遢。看着妹妹死在这样的地方，无疑使得他在战后年代本已日渐严重的灰暗病态心理更加灰暗病态。

另一件事情，从长远看对他更有决定性影响。谈到这件事，三岛比较隐晦："在我战后的私生活中还有一件事情。有一位姑娘，我在战时就与之保持联系，并准备不久提出订婚。可是由于我的犹豫不决，她嫁给了别人。"这位姑娘无疑是真实的，只是我没能打听到她的真名实姓。那些知道她的人，如倭文重，还有那位介绍三岛认识他夫人的女子，都拒绝提供这姑娘的姓名或者任何其他信息，只是说她是三岛妹妹的同学。因此，唯一可用的资料就是上面引用的文章中三岛的简短陈述，以及《假面自白》，其中三岛用了最后三分之一的篇幅描述他与园子的关系。园子是三岛虚构的名字。

当我追问事情的详细经过时，倭文重只是说实情与三岛在《自白》中的描述无异。小说里，主人公于 1944 年年末认识园子。在战争行将结束的几个月里，他苦苦地企图培养想与她发生肌肤之亲的欲望，以证明自己是个正常人，但屡屡失败。他营造“正常”爱情的努力在终于鼓足勇气亲吻园子时告终，他感觉索然。园子对此一无所知，还以为他像自己一样兴奋。她开始暗示婚嫁之事。日本投降前夕，主人公收到园子兄弟的来信，催促他选一个订婚的日期。读着信，一个念头使他心里喜滋滋的，他“成了这样的人，甚至在不爱一个女人的时候，能够勾引她，等她情窦大开时，又毫不犹豫地抛弃她”。

主人公知道说不爱园子是在欺骗自己，但是恐惧驱使他保持这种假象。他对着窗外院子里正在侍弄花草的母亲大声呼喊。小说的场景设在豪德寺，就是倭文重和孩子们为避难在 1945 年春天搬入的那所郊区的房子。倭文重仍记得这次谈话，并说内容与三岛的描述毫无二致。主人公告诉母亲来信内容，然后吞吞吐吐地说，鉴于前景不明朗，现在不是谈婚论嫁的时候。在母亲细细盘问下，他“承认”不能确定自己是否爱园子。自然，母亲劝他推掉这门婚事。当晚，主人公写了“一封婉言拒绝的信，措辞甚至在我自己听起来都是虚假的”。

在《假面自白》里，园子的故事并没有到此为止。战后一年有余，在1947年春天，主人公在街上与园子邂逅，感觉仍爱着她："对我来说，她仿佛象征着我热爱正常、热爱有灵魂的事物、热爱永恒的事物。"直到1948年夏天，他每隔几个月就和园子约会一次，平平淡淡地度过一两个小时，假装维持那"像空气一样似有还无的爱情"，那种信之则有、不信则无的爱情。他极力想要相信它，可事实上却从未做到。终于到了园子也开始产生怀疑的时候。小说最后的精彩场景设在1948年9月炎热的一天（实际上三岛其时正开始写作《假面自白》）。那天，他们闲逛到一家低档廉价的舞厅。他看见一个年轻的莽夫，上身赤裸，胸脯上有一朵刺青牡丹，他一下子怔住了，完全沉浸于自己的"血腥、惨烈的幻觉"之中，只是当园子伤心地尖声叫他时，他才意识到自己把她的存在忘得一干二净。这里的含义既可怖又明白无误：

> 此刻，我体内某种东西被强力撕成两半，犹如一道雷电从天而降，把树木活生生地劈开，我听见自己迄今拼尽全力一砖一瓦垒起的建筑，可悲地轰然坍塌。

把《假面自白》当作自传体资料来使用的风险在于三岛对自己的经历设置了一套解释体系，基本上剔除了困惑和矛盾心理中占主导地位的模糊成分，从而把每件事情都描绘成惊人的顿悟。譬如，不太可能在他第一眼看到园子时心里就充满"即将做坏事时的自责"，主人公这里的意思是他当即就知道自己必定会用虚情假意去勾引她。同样不太可能的是仅仅一次亲吻就让“他明白了一切”。可惜的是现在已无从得知三岛在战后是否继续跟园子“玩火”，但是即使假设他继续在玩，也不太可能，特别是晚至1948年秋天、小说的最后场景发生的时候，一道决定性的雷电就剥去了他伪装正常的外衣。无论如何，没有理由假设三岛夸大了园子的婚事对自己的影响，但是他也许在《假面自白》中把这件事情的意义强调过头了。一次倭文重作为题外话透露，“公威”在得知“她的”婚事的那天，生平第一次也是唯一的一次，喝得酩酊大醉。

或许，关于“园子的”婚事对三岛的直接影响，更符合实际的描述隐隐地存在于《盗贼》之中。（就如在读《盗贼》时所感到的暗示，有可能正是三岛遭到拒婚。但不管是哪种情况，分手的终极意义是相同的，即他不能与女人维持“正常”关系。）在《盗贼》中，主人公得知姑娘拒绝了他的求婚，

> 自从初识美子，他就一直害怕追不到她，如今这一失败的事实难以置信地摆在了他面前，初时没有任何征兆的隐痛让他感到莫名其妙。（楷体系作者所用）

除此之外，主人公之后“发觉”他对女孩的爱慕已经变为对死亡的憧憬，这两者或许重构了“园子的”婚事对三岛的直接影响。很可能这件事在他心中造成“隐痛”，对此他当时既无法解释，又不想寻根究底。这种焦虑促使他进一步遁入“惨烈的抒情”，从而成为他那些年书写的标志。

在《盗贼》写作的整个过程中，三岛得益于川端康成的鼓

励。三岛于1946年元旦第一次去拜访川端，地点是这位作家位于镰仓的寓所，在东京南面三十英里处。后来他“不能记起”到底是什么事情让他鼓起勇气去拜访这位长者，也没人夸耀引荐过他。无论事情的原委如何，三岛选择川端做他的新导师是再合适不过了。1945年11月，这位四十六岁的小说家在一篇短文中宣布自己不愿意继续生活在这个战后世界里：

> 我强烈的、挥之不去的感觉是，我的生命已经到了尽头，我只能孑然一身回归到往日的山水之间。从此，作为一个已死的人，我只想就日本可怜的自然美景而书写，只字不提其他。

假设三岛读到这段文字（这种可能性是存在的），他必定会从中获得亟需的信心，主动把刚刚从中村光夫那里退回来的手稿拿去给川端看。

不出意料，川端读了三岛的小说，很喜欢，极力推荐给一家叫《人间》的新杂志要求发表。这份杂志是川端和一群同样住在镰仓的作家共同创办的，事实上，创办杂志的是一家叫镰仓文库的小公司（起初是由当地作家在战时共同资助的出借书籍的机构）。川端是公司副总裁，因而他的推荐具有决定性作用。数周以后，三岛得知他的一则短篇小说已被《人间》杂志列入刊载计划，喜不自胜。他弟弟千之回忆这好像是“上帝之手，这上帝当然是川端，突然从天而降，把他托举于掌心之中”。

事情的结果，是三岛的欢喜一再落空：这篇带有敏感的同性恋色彩、回忆他早年在文学社经历的小说《烟草》，为了给较资深作者让路，屡屡在最后一刻被推迟发表。月复一月，三岛飞奔出门去买新一期的《人间》杂志，却发现自己的小说再一次被“延期”。当《烟草》最终在《人间》的6月号刊出后，没有任何重要评论者予以关注：三岛在战后文学界的初次正式亮相成了悄无声息的过场。11月，经川端安排，《天涯故事》得以在重要的文学月刊《群像》上发表，结果同样是无人关注。

1947年整整一年，三岛没有获得评论界较好的关照，实际上，没有任何关照。4月，他在《群像》上发表了一个新的短篇《轻王子与衣通姬》，是对日本有史以来最早的殉情故事的华丽而古朴的讴歌。在8月份，而后在12月份，他又在《人间》先后发表了中篇小说。前一篇叫《夜间有备》，是对上流社会在战争的最后几个月中的行为进行“心理分析”；后一篇《春子》，对一个同性恋女人作了令人印象深刻的详细刻画。在书写这两个中篇故事的过程中，三岛得到向他约稿的杂志编辑木村德三的帮助。木村和三岛逐字逐句地讨论他的手稿，向他说明冗长和矫揉造作始终是他的缺点。木村令三岛信服得当场进行修改。以《夜间有备》为例，在与木村一个下午的讨论中，他把一百页的手稿删得剩下八十页，后来他说那些年他所有的小说实际上都是“合作的产物”。毫无疑问，木村的指导使三岛的写作风格不再像以前那样过于恣肆，结构也显得更加紧凑，《夜间有备》至今仍是他最成熟的作品。但是除了明摆着的川端和其他极少数几个人，没有什么重要人物对他有印象。11月，一个小出版商推出了三岛的第二本短篇小说集《天涯故事》，没有人出来写书评。直到 1947 年底，三岛基本上仍然是默默无闻。

在战后最初那些年中，三岛只在晚间才是作者。事实上，只在晚间他才是三岛由纪夫，白天他是平冈公威，帝国大学法律系的学生。从 1945 年 10 月复课，到 1947 年 11 月毕业，三岛总是穿一身学习院的旧校服，老老实实地去上课听讲。“我太专注于写作，以致没能全身心地投入法律学习，”他后来写道，“我变得如此异端，竟然发觉法律课可以当作文学课来听。我喜欢刑法，我喜欢刑事诉讼和民事诉讼。此前我痴迷于浪漫派（那种最坏的青年病），现在却前所未有地被枯燥乏味的东西所吸引。”

在学校，三岛喜欢自己独处。一天的课上完，他就直接回家，和家人一起吃饭，然后上楼到自己的房间，写作直至夜深。星期六晚上是例外，他的活动似乎不合乎他的性格，令人好奇：他八点钟离开家，有时带着弟弟千之，和一群富有的年轻贵族汇合，先参加一轮“舞会”，然后去军营夜总会。

尽管平冈家的境况比大多数东京人好（涩谷的房子没有在空袭中受损，梓的存款又足够家庭开销，不用两个男孩打零工帮衬），但是三岛远非富有，他搭上的这帮人是他当年在学习院的旧关系。这是一个非常难加入的小团体，他们有限的活动场所如一座孤岛，被团团包围在东京遍地瓦砾的大海之中。有若干家军营夜总会（统共不过五六家），主要为占领军的军官们服务。最为著名的是拉丁坊，至今在赤坂的原址还能找到它。在 1947 年，它只是一座军营，内有一方舞池、一支日本小乐队演奏美国乐曲、一个酒吧提供黑市威士忌。虽然日本青年只要有钱也能出入其间，但是显然美国军人和他们的“女伴”是上宾——穿着燕尾服、在门口恭候的日本人，面对同胞也只用英语迓迎：“Good evening，sir.”（晚上好，先生。）

三岛这伙人每周聚会，地点不是在拉丁坊，就是在轻井泽的私人宅第。轻井泽是高档度假胜地，在东京北面，驱车数小时，战时从未遭到过空袭。他们酗酒，并且学美国人的样，乱交。那时候三岛烟酒不沾，当然也不乱交（他还没有乱交，他从未在这种场合乱交）。但是在 1946 年夏天，他随大家一起参加舞蹈训练班。或许如三岛一向声称，他确实喜欢跳舞。或许早在 1946 年他就开始表现对舞蹈的“狂热”，作为他早年伪装正常人的诸种幌子之一。我曾经在 1960 年代中期目睹三岛“忘情地”跳猴舞或瓦图西舞，觉得他就像在刻意模仿。他看上去总是令人吃惊地清醒，尽管他明显地想用动作和表情来营造自我陶醉的效果。不管怎么看，他都是个糟糕的舞者，舞步凌乱，显然毫无节奏感。在 1946 年和 1947 年，当他还是个苍白瘦弱的青年时，他的吉特巴舞肯定是一道稀奇古怪的风景。

这些年，在三岛这帮快乐的朋友中，没人有理由想象，他甚至在跟他们一起疯狂跳舞时会感觉“最接近死亡”。可能他本人也没有完全了解自己在个人世界里陷得有多深，但是不管他对自己“惨烈的抒情”的性质多么地不甚了了，他也不至于长时间地认为自己真正是他们中的一员，即使他能表现得和他们一样。他在朋友中间感觉不自在、对他们的生活方式不认同的最明显标志，就是 1947 年夏天与他们的匆匆分手。那时候，他还在法学院读书，离毕业还有五个月，梓向他提出一个新的要求，就是参加“高级公务员考试”。这种考试的设计，让一般人望而生畏，只有最聪明、最富进取心的人才敢于报名参加。只要是东京帝国大学的毕业生，都可以稳稳地在官僚体系中谋得一个好职位，但是要想攀上官僚阶层的顶峰，譬如要成为内阁大臣，还得参加并通过这项“高级考试”。以他一贯的风格，梓决心要看到公威出人头地，所以要求他准备参加这项考试。出乎梓的意料，三岛毫无怨言地答应了。可能是他因写作没有获得认可而心灰意冷，此刻正在认真考虑改走仕途。也可能只是他不能或者不情愿违拗父亲的又一例证。不管是哪种原因，反正他表态同意了，并且紧接着就在一次聚会上与朋友们告别。当时千之也在场，他记得哥哥同一对对男女依次握手，声称自己必须“暂时”退出社交活动，准备考试。尽管根据需要他和这些人重新有些联系，但再也没有参加过他们任何固定的活动。

这项繁难的“高级考试”，三岛毫不费力就通过了。接着在1947年11月，他从帝国大学法学系毕业（从1947年10月起，帝国大学正式更名为东京大学）。他如今具备了进入精英政府部门工作所需的一切资格证书，于是立即向大藏省递交了求职申请。选择供职单位也是梓的决定。显然，梓在政府工作的经历，使他体会到大藏省尤其是其预算厅的威权，且对这种威权心怀不满。他正是要把儿子引向这权力的源头。

毫无疑问，大藏省是精英们的首选，因而最难进入。再一次屈从父亲的决定，三岛着手准备并通过了求职考试，于1947年圣诞前夕正式获得第一个（也是唯一的）政府任命，成为大藏省银行厅国民储蓄课的官员。

从 1948 年 1 月到 9 月中旬，三岛在政府里工作了将近九个月。这段时间，他靠每晚三四个小时的睡眠撑下来了。每天八点半上班，晚上无例外地写作至凌晨三点。据一位同僚说，他因为困乏而抄错数字，不止一次受到课长的“警告”。但是如他一生所扮演的许多角色，总的来说他好像实际上和表面上都是胜任的：还是这位同僚，记得他的形象是“西装笔挺、眼睛亮闪闪的年轻官员”。有一部分同僚当时就知道平冈便是作家三岛由纪夫。有一次他甚至被要求为大臣起草讲稿。课长批回时，上面布满用红笔修改的文字，还附了一张字条说“实在太花哨”。

九个月后三岛辞职是得到父亲同意的。九月的一个早晨，天下着雨，他出门去上班不久便折回来，告诉父母，他在涩谷车站昏昏沉沉地等火车时，从站台上滑下去，跌倒在铁轨上，所幸有人帮忙，才及时爬回站台。也许这事确实发生了，也许这只是三岛的计谋，用以成功地说服了梓。考虑到他离职的决心，即使最终违抗父命，他也是会辞职的，但是事情没有发展到这一步。梓听闻此事后，对儿子说：“那就辞职吧，去做个小说家，一定要做全国最好的小说家。”据说三岛的回答只是：“好，我会的。”翌日，他递交了辞职书。他对共用办公桌的朋友解释说，他本希望“像许多法国小说家一样”，在写小说难以糊口的情况下做点其他事情来养活自己，可是发觉眼下这份工作难以使“两条河同时流淌”。1948 年 9 月 13 日，他的辞职获准。从那天起，平冈公威成了只在签合同时才使用的法律意义上的姓名。

鉴于三岛的背景、家庭对常规成就的注重，以及他在获取资格证书上所花的时间，他辞去精英官僚职位去当小说家是一步险棋，尤其是因为在1948年9月他还不是一个被广泛认可的作者。在大藏省工作的九个月里，他得以发表整整十二个短篇小说，其中有一些发表在重要的文学期刊上。他已知他的第一部长篇小说《盗贼》将在11月刊出，而他的第三个短篇小说集《夜间有备》也将于12月由川端的出版社镰仓文库出版。可是由于他在1948年发表的小说只有两篇在原刊载杂志上获得评论，他没有理由期待这些新书会给他带来好评。尽管他才华横溢、勤奋多产，但是他那些特殊的关注点使他失去了普遍的认可。

无疑在辞职的时候他对自己未来的前景是担忧的：他有，并且始终有他实际的一面，甚至工于心计的一面。然而他的辞职既是大胆之举，也是无奈之举，是由他个人的危机感促成的。去职时，自传体小说《假面自白》已酝酿许久，这是他为自己开出的治病药方，三岛确信这是一本为了活命而必须写的书，为了活命并非夸张的言辞。

现在无从知晓究竟是什么原因促使三岛在1948年秋天着手写作《假面自白》，书本身就是非常之举。可能如小说所暗示的，与“园子”情缘的了结使他睁眼看到了他的虚幻世界正在把自己引向何方。但是这只是三岛的一面之词，是三岛的解释。可能并没有任何独立具体的力量在起作用，三岛的意识的自然演变有可能使他认识到自己持有的关于死亡和毁灭的美学观构成了对自身的威胁。

然而如果有任何单一的事件可能导致三岛的觉醒，不是觉醒于他的幻想，而是觉醒于这些幻想的意义，那就是 1948 年 6 月小说家太宰治的自杀。太宰才华出众、情感丰富，最主要特点是从写作生涯一开始他就耽于自戕而不能自拔。他绝望的人生观根深蒂固，使得他在生活中放荡不羁。他沉湎于酒色和毒品，对自己的弱点一味放纵。他痛恨自己只顾享乐，没有节制的能力，因而屡屡下结论说自己已失去了人性，并且把他的最后一本书取名为《人间失格》。他的第一部作品发表于 1930 年代中期，写的是与一个东京酒吧女郎的恋情以及共同实施殉情的过程，结果女的死了，太宰却没死成，让家人蒙羞、让自己抱恨。他的主题和方法就是情真意切地记录自己的绝望。对于数百万正在经历家破人亡煎熬的忠实读者而言，太宰比任何其他作者更称得上是时代的代言人，是受人欢迎、不断与命运抗争的英雄，尽管他对自己的看法总是悲观失望的。1948 年 6 月，太宰终于做了他书中所有主人公想做或者认真考虑要做的事情：他用一条和服的腰带把自己和情人绑在一起，于玉川上水投水自尽，身后留下妻子和三个孩子。

三岛与太宰只见过一面，是在 1947 年 1 月。这次见面现在是日本文学史上的著名事件。一群刚刚崭露头角的作者说服了太宰在一个下午参加他们的酒叙。那时通常能得到的只是从米酒糟蒸馏出来的劣质威士忌酒，而群里一位年轻的诗人到手几瓶半加仑装的米酒（清酒），这就成了吸引太宰的东西。太宰来到诗人的陋室，陪同前来的是随笔作者亀井胜一郎（最先受到清洗的作家之一）。三岛和年轻的剧作家、太宰的狂热崇拜者矢代静一一同前往。酒瓶子你一口、他一口地传来传去，太宰很快便喝得醉醺醺的，其他人也跟着渐渐有了醉意。三岛没有喝酒，他端坐一旁默默地看着。突然，趁着大家一时酒醉无语，他起身走到太宰面前，紧盯着他的眼睛，面带微笑地说："我不喜欢你的写作。"据三岛十六年后对这次见面的描述："太宰瞪眼看着我的脸，接着身体往后稍稍挪了一点，看上去好像猝不及防的样子。不过他马上回过神来，半转过身朝向龟井，喃喃自语，'但是他来这里了，不是吗，所以他肯定认为我很棒。他肯定喜欢我的作品，不然他不会来这里。'"

剧作家矢代说确实发生了这样的互动，或类似这样的互动。他记得三岛旋即离去，隔了几天，他来告诉他，和"那样的人"交往只能给他带来伤害。

三岛就此事写道，他特意去看太宰就是要当面对他说不喜欢他，三岛还描绘自己去时"在［他的］袍子里藏了一柄短刀，像个恐怖分子"。具体来说，他憎恶太宰"毫不留情的自我讽刺"、满纸"隐约可见假装基督的嘴脸"以及他"自以为代表时代弊病的自傲"，简而言之，就是太宰对"绝望的美化"。但是三岛不止于罗列他难以容忍的太宰的种种特质，他还要寻求解释这些特质令他憎恶的原因：

> 我自然承认太宰的杰出才能，然而我没见过任何其他作者会像他那样，在初次接触时就引起我在生理上对他这么强烈的憎恶。可能……原因是我立刻意识到作家太宰勠力揭示的东西，在我正是极力想要遮掩的。

这段文字所暗示的——很可能是事实——就是三岛在自身中开始发觉了他在太宰身上同样看到的自戕冲动，他于是把这种自我觉醒所引起的恐慌转变为对太宰的憎恨。三岛宣称他憎恨太宰是因为他美化自己的弱点、陶醉于毁灭而不能自拔的弱点。三岛所醉心的幻想，其昭然若揭的目标就是死亡，如果《盗贼》不是对这些幻想的美化，那还能是什么！如果事实上他甚至在太宰自杀前就已经开始发觉两个人的相似之处的话，那么他也必定接近于领悟自己的幻想及其含义。在一篇题为《重症者的凶器》的文章中，有证据证明这一说。文章是三岛在1948年3月写的，比太宰的死仅仅早了三个月。他的目的是要"证明"自杀于他这一代人是不可能的。他一开头就写了被他称之为他这代人所独有的新"逻辑"：

> 苦难能杀死人吗？——不能！
>
> 思想上的苦恼能杀死人吗？——不能！
>
> 悲伤能杀死人吗？——不能！
>
> 无论东方还是西方，从始至终，除了**死亡**，没有任何东西能杀死人。
>
> 归根结底，这将使生命成为非常简单明了的概念。我愿毕生信奉之。

坚持只有死亡能够格杀就是断然排除主动为某种原因而死的可能性。这一"健康逻辑"是三岛的创造，用以引出以下的结论：

> 战争没有伤及我们的精神，却强壮了我们的肌肤。我们完好无损的灵魂现在安顿在愈发强壮的肌肤里。我们实质上是刀枪不入的，像村镇集市上的杂耍演员，尽管胸膛和双手双脚被刀剑刺入，我们也不流血。那些被针扎一下就见血的人骂我们是冷血，但是他们没有想过一个实质上长生不死而又不能自杀者的困境。

"实质上长生不死而又不能自杀者"！这就是三岛在1948年3月要告诉我们和他自己的。当然这是令人不安的断语，三个月后太宰的殉情自杀对他当然也是可怕的警示。此后这么快他便着手进行旨在医治自己的工作，很难说这是巧合。

在1948年9月离开大藏省的时候，三岛就明白他的下一本书必须驱除幻想而绝不能沉浸其中。在1948年11月2日写的便条中，他向他的新编辑吐露自己的想法：

> 这将是我的第一本"自传体小说"。我不是说这是我们习以为常的私小说。我那把心理分析的手术刀，在众多虚构人物身上已屡试不爽，现在我要把它移到自己身上，我要活活地解剖我自己，力图达到符合科学标准的精确度，借波德莱尔的话说，就是要既当死囚，又当行刑者。这需要决心，我绝不畏缩地会写下去。

三岛不只是说说而已：在《假面自白》里，他确实活活地解剖了自己。他希冀找出使他迷恋死亡的原因，用他自己的话说，

“［他的］不顾一切的虚无主义美学观的根源”。他所发现的是他同性恋的秉性。

通过第一人称主人公，三岛在《假面自白》中重新审视了自己的人生轨迹，无情地逼迫自己承认他是一个隐性的同性恋者，更有甚者，是一个没有七情六欲，甚至没有存活意识的人，除非在充满血腥和死亡的施虐-被虐幻想中。这一性觉醒的过程毫无戏剧色彩：主人公在故事的开头已然知道故事的结局。在小说的第十四页，他向读者作了如许交代：

> 自孩提时代起，我对人生的观念从没有丝毫偏离过奥古斯丁的宿命论……在我幼小还不能读懂的时候，手里便被塞入了一份可称之为详尽菜单的东西，我一生将要品尝的一切酸甜苦辣赫然在列。我能做的就是摊开餐巾，面对餐桌。甚至我正在写这本稀奇古怪的书这件事也凿凿地记在菜单上，从一开始就应该呈现在我的眼前了。

三岛决心从他的过去推导出自己不正常的证据，这一点在《假面自白》中是显而易见的。困难的是理解他希望达到的目的。答案由他在书中的方法即披露他的过去的真相的方式所暗示。看看那一段，主人公告白说在十二岁时看到圭多·雷尼画的《圣塞巴斯蒂安》的复制品，受到刺激而初次射精（ejaculatio是三岛的用语）。他开始先描述那幅画——“一支支箭扎进散发着香气、年轻光滑的肌肤里，并且以极度痛苦和欣快的火舌，从体内来销蚀他的身体。”——于是他兴奋得手淫起来。接着他插入长长的一段关于希尔施费尔德心理观察的文字，放在圆括号里：

> （希尔施费尔德把“圣塞巴斯蒂安的画像”列入最能使同性恋者得到特别快感的艺术品，真是有趣的巧合。希尔施费尔德这一发现很容易使人推测在绝大多数同性恋案例中，特别是在先天的同性恋案例中，同性恋冲动和施虐冲动像一团乱麻纠缠在一起。）

紧接着是一篇“未完成的关于圣塞巴斯蒂安的散文诗”，据主人公说是他在十五岁时写的。提供这篇散文诗是要证明［他］“本人在面对插图即那幅画像时感到的狂喜”，是具有“强烈色情意识的事情”：

> 这就是塞巴斯蒂安，古罗马禁卫军的年轻队长。英俊如他难道不是注定要死的尤物吗？难道不是罗马矫健的女人们……在他还不知情的时候，就很快察觉他悲剧的命运并因此爱上他？他的血液在白皙的肌肤里以超乎寻常的速度循环流动，为的是在肌肤被撕裂时寻到豁口奔涌而出。这些女人怎么会没有听到如此狂躁的血液的呼声？
>
> 他的命运不是可怜的，那绝不是可怜的命运。相反，那是可歌可泣的，甚至可称为光芒四射的命运。
>
> 观察仔细的话，好像很多时候，甚至在他甜蜜接吻的当口，死亡的预感引起他一丝短暂的痛苦，令他眉头紧蹙。

由此看来，他必定已经预知，即使依稀朦胧，摆在面前的唯有殉道一途，别无选择，而得自命运的这一印记，正是他有别于世上一切凡夫俗子的标志。

三岛是重复自己的大师：这些文字几乎可以出现在《假面自白》之前的所有作品中。鲜血和大海，主人公的专美注定了必死的命运、他的“光芒四射的命运”——三岛美学观的所有构件都拼装在这里。只是有一个关键的不同点。此前，他对美与死的这种膜拜是他艺术的主体，但在《假面自白》的语境中则变为客体，作为临床病例提供给读者，由堪称权威的“希尔施费尔德”解释为仅仅是“同性恋者”常有的施虐-受虐癖。就这样，此前一直令三岛困惑和害怕的对“殉道”的色情幻想得到了合理的解释，而这种“合理解释”在书中俯拾皆是，或可认为是作者匠心独运使然，看似三岛希望通过解释他的“美学观”来逃避或者至少去除其害处。数年以后，在描绘自己写作此书的思想状态时，他正是暗示了这一点：

我已经悄悄地写下诗句，譬如，“再扔一颗核弹与否对我个人毫无意义，我关心的是地球的形状是否会因此变得比现在略为美丽”。我知道我不能一味沉浸在这样的情绪里。我觉得迟早我得全面分析一下我的这种绝望虚无的美学观的根源。

三岛常常说，只有得出结论以后，才有可能进行分析。在

《自白》开首，他即给出原发性同性恋的结论——或可称为假设——而后让主人公依此行事。因此，这一告白的“假面”并不是通常意义上的假面，用来遮盖说话人的脸，不让听者看见。恰恰相反，这具性反常的假面是听者自己戴上，为的是认识自己的真面目。

写这本书的困难不在于如何煞尾，而在于如何充实预定的结论。在把自己的往事引进书里时，三岛不得不将它们一一进行包装以符合这个结论。这并不是说他捏造了他的同性恋天性，或者严格地说，他的隐性的同性恋天性：可以证明他这一天性的资料在他过去复杂的生活里比比皆是。可是直到写作《假面自白》时，他的过去，像任何人的过去一样，是混沌一片的——至少可以说，是没有定论的。当他写完《自白》时，他不仅仅只是有一个过去，他还有了关于自己的历史。

接近小说的末尾，主人公勉为其难地来到妓院，称心满意地（读者并不）证明了自己面对异性时的性无能，他感觉到

> 暂时的宽慰，如同一个惴惴于绝症的人，终于得到确诊并得知病名时的感觉。他当然知道这宽慰只是暂时的，他内心等待着更加难以逃避、更加无望，因而更加持久的宽慰。我可能也期待着更加难以抵挡的打击，或，换言之，更加难以逃避的宽慰感觉。

那么，无望的宽慰是主人公从不能与异性发生性关系而获得的（!）。言外之意，在小说的结尾，当他“承认”伪装再无可

能时，他就获得了完全难以逃避、绝对无望的持久宽慰：

> 此刻，我体内某种东西被强力撕成两半，犹如一道雷电从天而降，把树木活生生地劈开，我听见自己迄今拼尽全力一砖一瓦垒起的建筑，可悲地轰然坍塌。

三岛写《假面自白》的目的不是要承认而是要证实性反常。他所思所想的是一个定义，一个不管多么无望的诊断，使他能够，不带夸张地说，自觉地活下去。不是任何诊断都管用的。为能“合理解释”导致他处于死亡边缘的“虚无审美观”，就必须得出性反常的结论。

艺术上，《自白》是成功的：它是三岛最出色的小说之一。然而在紧要的个人层面，它是惨重的失败。在《假面自白》的注解里，三岛写道，“这本书是我在离开迄今居住的、死神大行其道的世界之前留下的最后的话”。他一向称这本书为“结束”自己的陈年“旧账”。事实不然，因为三岛证实关于自己的假设的过程也是自我认知的过程，从而开立了新的账户。自三岛所假设的假面中诞生的自白，与其说是总结了过去，不如说是预言了未来。

第四章

1950—1956

《假面自白》奠定了三岛的明星地位。精装本售出两万册，在 1949 年可算得上是畅销书了，而且经夏历秋，所有报纸和文学月刊都在讨论这本书。三岛的直言不讳使许多书评人感到震惊或者甚至憎恶①。但是，那些举足轻重的人一致承认——有些人是不由自主地承认——这是一部绽放异彩的重要作品。有几位评论家坦承此前低估了三岛，中村光夫就是其中之一。川端康成说出了文学界的心声，他在 12 月发表的一篇短文的标题是

① 评论家本多秋五的反应颇具代表性：

这本书充斥着我不能理解的插曲。譬如，主人公的初次射精，是在看到年轻的圣塞巴斯蒂安身中数箭的时候。还有，当看到年龄稍长、行为不端的朋友露出浓黑的腋毛时，他便春心荡漾，以至于阴茎勃起。当我读到他坐在大海的礁石上，看着自己的腋窝而产生了性欲冲动，做起他常做的“坏事”时——我只得投子认输……他勒死朋友，将尸体放在西式大盘子上，然后用刀去切割他的心脏，诸如此类的插曲即使是想象游戏，也过于乖戾，不能引起我的兴趣。

"三岛：1950 年的希望"。

通过《假面自白》，三岛在给自己下定义方面迈出了一大步，但是要接受这个定义绝非易事。1949 年秋天，他请求他的第一任编辑木村德三推荐一位精神科医生。他告诉木村，困扰他的除了胃痉挛，还有那"睡也做、不睡也做"的噩梦。显然，他指的是《自白》中无所不在的施虐-受虐幻想。木村确实介绍了一位精神科大夫，可是三岛只去看了一两次。

三岛在 1950 年写的作品证实了这是他深受困扰的年份。特别是他的短篇小说，没来由地阴森可怖，像是痛苦的叫喊被憋在喉咙口。《果实》就是一个例子，讲述一对同性恋女人决定领养一个孩子来组成真正的家庭。有人给了她们一个不想要的婴孩。她们发现是女孩子，就爱得她受不了。三岛描绘她们对婴孩的关照的文字是他所写的最可怕的文字之一：一个女人用自己心爱的香水喷洒婴儿"难闻"的尿布，接着两个女人满怀爱意地用嘴唇轻抚婴儿，直到"她小小的胸脯"布满"鲜红的唇膏"。很快婴孩得病死了，"家长"悲痛得把自己关在屋里。隔了几天，邻居破门进入她们房间，发现她们已经自杀身亡。这个小故事的结语是："像留在暖房里的果实自行成熟腐烂，她们的尸体已经开始溃烂，夏天强烈的太阳光，透过天窗，加速了这一过程。"

另一个例子就是《礼拜天》，说的是一对非常普通的青年夫妇，在同一个办公室工作。他们的绰号叫"礼拜天"，因为他们工休日也总是在一起。三岛的笔触跟随他们到乡下去旅行，不放过任何机会对他们循规蹈矩的举止加以蔑视。一天的郊游结束了，夫妻俩在拥挤的站台上等火车回城。突然后面的人群把他们推落到正有火车开来的铁轨上：

> 因为他们手挽着手，所以保证了他们死也不会分开。男的倒下去，女的也被拽着跟他一起倒下去。倒下后，他们又一次得到优待，两个人的脖子正好并排搁在同一条铁轨上，被车轮齐刷刷地碾过。接着，火车开始倒退，倒退时，把夫妻俩的人头整整齐齐紧挨着置放在两条铁轨之间的砾石上。所有在场的人都被这一技法打动了，不由得称赞火车司机的奇异本领。

就这样完成了对规规矩矩的庸人的针砭，短小而有效。

三岛在 1950 年写的重要长篇小说《爱的饥渴》，就病态而言，是不亚于他的短篇小说的。女主人公悦子是个渴望被疼爱的女人。她丈夫被伤寒症夺去了生命，她便成了年迈的公公的情人。同时，她又对木头人似的雇工三郎产生了感情。当三郎“像发情的动物傻傻地”围着庄园里一个村姑转的时候，悦子开始吃醋并陷入极度的痛苦之中，这状态好像是支撑她活下去所需要的。她逼迫三郎深夜到果园和她见面，问他的真爱是谁之类让他摸不着头脑的问题，最终惹得他来搂抱她。他的身体重重地压在她身上，她感到一阵欢愉，接着便大喊大叫起来。老头手里提着锄头跑过来，看看这个，看看那个，站着“不知所措”。悦子一把抓过锄头，对准雇工的脖子砍下去。这当然是小说急于要呈现的时刻，它使人想起 1948 年 12 月三岛在写《自白》时所作的陈述："我极想杀人，我想看鲜红的血浆。一个作者写爱情故事是因为他得不到女人的爱。我开始写小说，这样我就不会因杀人而落得被判死刑的下场……"①

《爱的饥渴》的女主角绝不会成为鲜活的人物，因为她根本不是真正的女人，只是傀儡，使三岛得以聚焦那个雇工小伙子、女主角爱的人——也是三岛所爱。同时她又是一件工具，用来实施那些令人着迷的冲动（包括杀人），而塑造她的作者自己只能在幻想中这么做。这一点在节日庙会的情节中得到最好的体现。府上所有人一起去村里看"狂欢的场面"，一百个几近全裸的年轻小伙子如痴如醉地跳节日舞蹈。只有三郎激起悦子（还有三岛）的钦羡，因为他在冲动与行动之间没有理性把关，他独自扑进狂舞的人群，和他们一模一样地欢跳起来。悦子满怀嫉妒地看着，接着她"放弃"大脑对腿脚的一切支配权，一个箭步汇入跳舞的行列。她发现了三郎，把他裸露的后背看作自己渴望投入的深不见底的海洋。人群推着她来到他身后，"使她的指甲得以抠进他的后背。他一点都没感觉……悦子感觉血顺着指缝滴下来"。就这样，三岛"放弃"了理智的支配，通过悦子，融入疯狂的、被禁止的舞蹈，这是儿时就一直向往、今后还将继续向往的舞蹈。

在写《爱的饥渴》的同时，三岛还生平第一次写连载长篇

---

① 在《午后曳航》里，三岛描绘了活体解剖猫的临床细节。1964 年我正在翻译这本书，某日，他告诉我，在描绘这一情节之前，他确实活杀并解剖了一只猫（同一个曾经学医的作家朋友一起）。他补充说："我不可能写没有亲眼看到的事情，问题是我想要亲手杀个人！"说完，他哈哈大笑。我记得当时明显感觉他只是半开玩笑。

小说。《纯白的夜》是十七部连载长篇小说（二十年内）的第一部，他把它们称为“次要作品”①。实质上它们都是混稿费的作品，最多不过是被当钻石一样精工琢磨抛光的没有价值的石头。三岛自己对这些作品不屑一顾，写完后对有关评论不闻不问。他把它们写得易读好卖，并以此为目的调整风格，避免复杂的结构，甚至减少用词量，尽管在同时代的作家中他拥有最丰富的词汇量。令人惊叹的是在写这些书的同时，他还在写需要他全神贯注的长篇小说。到他写作生涯的末期，他向朋友和编辑们诉苦说，他不得不停下手头重要的小说，把自己关在旅馆房间里，花十来天时间完成一个待连载的长篇小说。但是很多时候，他是将夜晚工作时间一分为二，最初数小时一页接一页快速写大众作品，然后慢慢写较重要作品直至黎明。

《纯白的夜》如此成功，以至于刚刚面世即被拍成电影，是三岛十五部拍成电影的小说的第一部；《爱的饥渴》销量巨大，达到七万册，为三岛在 1950 年挣得大笔收入（大约一百四十万日元，相当于四千美元）。他现在已然成为全家经济上的顶梁柱。当年 8 月，书出版后三个月，他把全家搬迁到涩谷西南面住宅区绿丘的一幢较大的房子。平冈家在这幢宽敞的日式两层楼房里住了八年。直到三岛结婚，他才把父母和新娘搬到他自己设计建造的房子里。

---

① 《夏子的冒险》（1951），《日本制》（1953），《恋都》（1954），《女神》（1955），《幸福号起航》（1956），《永恒的春天》（1957），《不道德教育讲座》（1959），《续不道德教育讲座》（1960），《小姐》（1960），《爱的奔跑》（1963），《肉体学校》（1964），《音乐》（1965），《反贞女大学》（1966），《复杂的他》（1967），《晚礼服》（1967），《性命出售》（1968）。

绿丘的岁月好像是三岛家庭生活中最平静的一段时光。尽管梓把《假面自白》的内容称之为“一派荒唐言”，并因此感到震惊，但是这本书以及《爱的饥渴》所获得的成功使他不仅仅原谅了三岛的择业，而且现在为有这个出名的儿子变得盛气凌人，行事作风就像他自己是小说家似的。搬入新居以后，他甚至开始充当起三岛的经纪人。倭文重也为缓和家庭的紧张气氛起了积极的作用，愿意继续同梓一起生活，不再提战后一度经常挂嘴边的离婚话题。现在平冈家的生活虽不能说圆满幸福，却也称得上和睦相处。

在1950年夏末，三岛开始频繁出入战后如雨后春笋般出现于东京的同性恋酒吧和咖啡厅。（战前日本没有“同性恋”酒吧，它们后来突然出现，得归因于庞大的外国人同性恋群体，包括占领期间驻扎在东京、为数可观的军人。）他特别喜欢的去处是位于银座的一家“同性恋”咖啡馆，叫布伦斯威克。这是一家咖啡屋，又是酒吧，雇用的侍者都是惹眼的小伙子。顾客是一批相当奇怪地混杂在一起的人，有年岁较大、生活富足的日本商人和外国商人，有美国大兵，还有在其中以牵线谋利的日本人。夜晚，侍者们还在布伦斯威克著名的娱乐节目中参加表演。其中之一是当时还不出名的“同性恋小伙”丸山明宏，后来成了男扮女装的“夜总会女歌手”，常常被称为日本的伊迪丝·琵雅芙，再后来成了“女演员”，在三岛的剧作《黑蜥蜴》中担任主角。他在回忆早年的三岛时说：“他苍白得像死人，皮肤白得发紫。他的躯体仿佛悬浮在衣服里。然而他是一个自恋的人，那是显而易见的。他能够一眼识别真正美的事物。问题是在那些日子里，他还没有开始做健美之类的事情，而他用那双能够真正识别美的眼睛时时打量自己，心里只能充满厌恶。”

凡是在1950年和1951年与三岛有来往的人都曾应邀陪他去逛一圈同性恋酒吧，最后无一例外会到布伦斯威克。表面上，他是在为新作《禁色》收集背景资料，而且坚称他不敢独自一人前往这类场所。入场以后，他表现得像个旁观者。他认识这里的常客，对此他并不企图掩饰，但是他绝不流露他是这个世界的参与者的迹象，他只是在随身携带的记录卡片上写写画画。显然朋友们没一个对他产生怀疑。

没有证据证明三岛在1952年初次前往西方旅行之前已经是活跃的同性恋者。但是显然，写作《禁色》使他得以涉足这个从前不敢这么深深进入的同性恋者的世界。他发现同性恋是普遍存在的现象。《假面自白》的主人公确信自己是世上唯一“反常”的人，《禁色》所展现的是几乎所有人都反常。在典型的情节中，一个外国老人和他的男秘书来到“鲁顿斯”（布伦斯威克），挑选与主人公同桌就座。秘书使出主动勾搭的手段，很可能是为他的雇主，在桌下用双脚圈住主人公的脚踝。书中不知怎地充满这类洋洋得意的发现，然而如果说书里存在某种欣喜的话，它同时也表达了深深的忧虑。主人公本人是个头脑相当简单的年轻人，他既是有家室的人，又是同性恋者，这种两面人的生活并没有或多或少使他感到内疚。但是贯穿全书的警钟不断出现，暗示着作者不祥的预感，还有叙述者不止一次地表达恐惧。有一个段落好像是三岛从书页上面对读者在说话，他称同性恋世界为“感情的丛林”，不管一个男人如何挣扎，它的藤蔓总死死地缠绕着他：

在同类中感到的湿润亲昵，没有人能够决然舍弃。曾有无数次出逃的尝试，但最终只有回归，为的是你我湿漉漉的手紧握在一起，为的是直勾勾的两双眼睛互相对视。这样的男人基本上是不能成家的，他们只在对方阴郁的眼睛里隐约看到如同炉火的东西，仿佛在说“你，也是我们中的一员”。

三岛的《禁色》的编辑是一位年轻的女人，名叫松本道子。实际上，她不是西方人概念中的编辑：在日本，资深作家的稿件，除了最基本的技术性处理，很少被编辑改动。她作为负责人的工作就是在三岛约定的时间，每个月上门一次，去取当月即将连载的稿件①。在《禁色》连载时，从 1951 年 1 月到 11 月，她至少一个月见三岛一次，最先引起她注意的是他与母亲的亲密关系。无论何时她上门取稿，倭文重总在场，围着公威转，“过分保护”他。哪怕当着倭文重的面，三岛对她的习惯称呼不是“我老妈”（*o-fukuro*）或简单的“母亲”（*haha*），而是“母亲大人”（*o-kaa-sama*），一个相当女性化且过于彬彬有礼的称谓，意思大约是 chère maman②。（在上演三岛第一出“近代

① 这项工作不像听起来那样简单，只是传递稿件，如果作者感觉在需要时不能和“负责人”一起讨论自己的作品，或者总体上对负责人不满意，他就会考虑为下一本书另找出版人。负责人因此必须获得作者的信任，同时确保他按时完成写作——绝非易事。松本完成得非常出色：后来三岛说她是日本最懂文学的女人。

② 法语：亲爱的妈妈。——编注

能剧”的文学座剧团，年轻演员背后都称呼他“亲爱的母亲”。）松本记得当时暗自思忖，将来嫁给三岛的女人在这样的家庭里日子不会过得舒心。

她还有一个印象是三岛从来不“耍作家脾气”。从一开始，他就严守交稿时间。资深作者——1951年三岛称得上是资深作者——往往在临近截稿日期时通知他们的“编辑”说本周写得不顺利，或者说前一天晚上什么什么人坚持要“再喝一巡”。三岛在其整个写作生涯中从不错过截稿日期。松本只是第一个出来证实这一点的人，她说三岛常常提前数周甚至数月，确定某日某时交稿，到了那一刻，用松本的话说，“不管生病与否，就是累死”，也会准时交出完整的稿件。通常，三岛在一个月内要赶数个截稿日期。不稀奇的是多家出版机构的“编辑”会一齐聚在他门前，女佣把三岛预先为各人准备好的信件一一分发给他们。稿件不仅永远准时，而且无例外的整洁。日本著名作家有个惯例，就是字迹潦草难以辨认。事实上，某些作家的字迹实在无法辨认，大的出版社只得雇用专家来解读他们送来的手稿。很明显，三岛甚至不用誊抄他的稿件，他的编辑们一致认为他几乎从不修改：他在头脑里先完成书稿，然后以工整的笔迹书写到纸上。

三岛与众不同之处不仅仅在于遵守截稿日期和保持稿件整洁。除了整晚工作和正午才吃早饭的习惯之外，他的日常生活与其说像个小说家，不如说像个银行家。他很少抽烟喝酒，自始至终拒绝光顾东京的资深作家惯常出入的“作家酒吧”。有一次，松本对他好像把生活安排得如此井然有序表示惊讶，三岛回答说：“大部分作家头脑完全正常，只是行为像狂人。我是行为正常但是内心有病。”

尽管这话伴随着熟悉的放声大笑，但是无疑这是三岛的心里话。通过《假面自白》，他希冀把血腥、黑夜、死亡的世界留在身后，可是这个世界仍然继续缠着他。至少他感觉自己在《禁色》中进入的“感情的丛林”让他越陷越深。

1951 年底，他再度试图解放自己，这次不是以一本书，而是以前往西方的初次旅行。在出发前几个礼拜，他写了一篇短文，暗示这次旅行与其说是应得的休假——他将近二十六岁，刚刚发表了第六部长篇小说和第二十二个短篇集——不如说是对健康的执着追求：

> 这个月［12 月］25 日，我将出国旅行……迄今我作品所表现的敏感性实在太高，或者说我迄今毫无节制地沉浸于自己的敏感之中。这次出国旅行我将只带少量的钱，但是希望把我的敏感大量花在那里，然后再回来。

多年以后在写作中提及这次旅行时，三岛使用了同样的比喻来说明他决心要“像踏破鞋子似的去消磨掉［自己的］敏感”。这是一个奇怪的目标，无疑他的意思是希望使自己“不再敏感”于正在把他拖下去的“感情的泥沼”。

在 1951 年，不管是什么理由，日本国民要出国可不是一件容易的事情。当时日本还没有护照，只有麦克阿瑟亲自签署的旅行许可证。要得到这种旅行证的可能性微乎其微。幸好梓的一个老朋友在《朝日新闻》任出版部部长，他让三岛获得“特派记者”的身份。即使有了这个身份，他还得在东京的圣卢克医院接受严格的体检，并且在驻日盟军总司令部接受长时间的约谈，然后他才得到了旅行许可。1951 年圣诞节前一天，他登上“威尔逊总统号”轮船，从横滨港启程。送行的有五年前给他评了负一百二十分的评论家中村光夫。据他说，当轮船启航时，三岛戴上墨镜遮住泪水，在甲板上频频挥手。

三岛把他的旅行日记称为《阿波罗之杯》，在前往旧金山的轮船上，他写下了日志的开篇，表明要成为一个新人的决心：

> 太阳！太阳！完美的太阳！我感觉那些我尚未谋面、即将访问的国家，没一个能够与此奇观媲美的……今天我没有看日落。痴情地看了一整天太阳，我已没心思看她处于苍老虚弱状态的容颜。
>
> 在我童年的时候，我也觉得日落是太阳存在的唯一理由。今天当我全身心投入太阳的怀抱时，一种从过于敏感执拗的青年期解脱出来的喜悦油然遍布全身……

在旧金山和洛杉矶各待了一天以后，三岛前往纽约待了十天。其中部分时间是由美国文化自由委员会的克鲁格太太充当导游（是一位共同的朋友把三岛的日程通知她的）。她陪他去了帝国大厦的顶层，还有无线电城音乐厅。她还试图劝他信仰社会主义，但没有成功。三岛独自参观了现代艺术博物馆，看了戏剧《风流贵妇》《南太平洋》《蓝月亮》。他还看了施特劳斯的歌剧《莎乐美》，在日记里写下好几页赞美的文字。然而城市本身好像并没有让他兴奋，倒是让他意兴阑珊。十天以后他的结论是“纽约就是五百年后的东京”。

纽约的下一站是里约。他在这里逗留了一个月，等待2月底开始的狂欢节。他的向导是《朝日新闻》的记者，叫茂木。在茂木的记忆里，三岛非常年轻，脸色苍白，彬彬有礼，花钱随意任性。他“极善于察言观色，随机应变”。茂木的又一个印象是这个年轻人一心想用粗犷的举止来掩盖自己的脆弱。当三岛仰起脖子，对着巴西的天空放声大笑时，茂木惊异于面容如此虚弱的人竟能发出如此高亢的笑声。天气炎热，这对三岛有所影响。他白天大体上都在旅店客房里睡觉，但是即使到了晚上他还是不出去，常常闭门工作。有时候他和茂木一起外出散步，中途即告辞回旅店写作。茂木觉得“他总是在工作”。一周以后，他感觉三岛生活单调乏味，便邀请他去看赛马，但是三岛拒绝了。他对吃喝也没有兴趣，他们在一起吃饭时，他无例外地点清炖牛舌头。

然而最出乎意料的是三岛“肆无忌惮的同性恋嗜好”。据茂木说，他经常在下午把十七岁上下的男孩——“那种在公园里闲逛的男孩”，带到他下榻的旅店。既然他不藏不掖，茂木便问他怎么找到这些男孩的，三岛解释说，在“那个世界”，互相了解不用语言。他告诉茂木他对求爱过程和女性心理抱有兴趣，但是对“最后的欢爱”则毫无兴趣。他这话后来得到了证实。一天下午，他打电话给茂木，说一个日本女人（日侨的妻子）正在使劲向他求欢，请他赶紧到旅店给他解围。

在等待狂欢节的时候，三岛去圣保罗待了一个礼拜。他得到一群因种植咖啡发了财的日裔农场主的盛情款待。1945 年以来，这群人为一个问题而分成两派——令人难以置信——即日本战胜了还是战败了！所谓的“胜利派”身处巴西闭塞的环境，坚称日本帝国打赢了——三岛接触的正是这批粗陋狂热的有钱人。住在他们庄园里的时候，他为他们自办的报纸写文章，而他们则为获得他的关注而争论不休。

狂欢节开始于 2 月 23 日。三岛在日记中喜滋滋地写道：“我三个晚上都是一直跳到天明。”事实上，茂木说他只在最后一晚才鼓起勇气投身到狂欢的人群里。一旦开始，他便“放弃理智”，和其他人一样半裸着身子狂舞起来。茂木觉得这是他在巴西“最开心的时候”。在关于狂欢节的长篇报道中，他描绘了扭动的腰肢，释放的激情，并推测受孕怀胎的数量。他提到歌德也曾着迷于［罗马的］狂欢节。最后他写道：“在手舞足蹈的过程中，我也领略了陶醉的滋味。要获得陶醉，不能只是旁观，你得参与。”

3 月 3 日，三岛从里约飞抵巴黎，入住大饭店，准备待一个礼拜。第二天，在香榭丽舍大街上，有人提出用五百法郎兑一美元的汇率跟他换美元，当时官价是三百五十法郎。三岛随这人来到一家咖啡馆的后屋，掏出二千五百美元的旅行支票，准备兑换几百美元。此时突然有哨子吹起来，那人示意有危险，抓起支票，奔出屋子。三岛跟着出来，发现那人已无影无踪，里外都找不到他了。三岛把失窃经过报告了日本公使馆（当时还没有大使馆），启动了支票止付程序。但是这笔钱要一个月才能返还给他，而此时他在巴黎已身无分文。幸好公使馆介绍了一家日本人开的提供膳宿的小饭店，他才得以赊账住下来。饭店叫牡丹屋，开在莫扎特大街，大剧院对面。这里还有一个寄宿者，是电影导演木下惠介。通过他，三岛认识了当时正住在巴黎的作曲家黛敏郎，两个人成了好朋友。认识不久，三岛请黛带他去“为鸡奸者开的酒吧”。木下和他们一起去了一个叫布兰奇咖啡馆的地方。黛说男孩们全都围着他，因为他讲法语，三岛很生气。

这种情况下三岛讨厌巴黎是不足为奇的。他大部分时间都在房间里写他的第一部四幕剧《夜间向日葵》。写作间隙望向窗外，好像街上只有孩子和老人。他把自己的观察告诉黛说：“巴黎这地方，人们直接从孩童进入老年，中间没有青年期。”在日记里，他把“巴黎的美貌”比作“丑女人的浓妆”。

4 月 18 日，三岛终于离开巴黎飞往伦敦，下榻于“美国风格”的皇家山酒店。在伦敦的五天时间里，他去海德公园散步，到牛津街购物，看歌剧《比利·巴德》和莎剧《无事生非》，还花一天时间访问了萨里郡的吉尔福德镇。所见所闻好像使他感到满意，可是从他的日记里可以明显看出他已急不可耐地要动身离去。他的下一个目的地是希腊，全世界他最想看的国家。他在 4 月 24 日抵达雅典，逗留了一个礼拜，包括两天去特尔斐的时间。从日记判断，他发现“他梦想的国度”完完全全如他所期待的那样令人激动。在希腊第一天的日记充满激情，而这激情在访问期间毫不衰减：“我已身处希腊，我陶醉于无上的幸福之中……我要让手中的笔在我所到之处飞舞。今天我终于看到了雅典卫城！我看到了帕提农神庙！我看到了宙斯神庙！”

三岛想从希腊得到的是治愈他“浪漫”症的解药。他寻求的不仅是古典主义的理性、规则和方法，他想要以充满阳光的身心来取代黑暗，以绚丽的外表取代幽深的内景。他想达到心智和肉体的平衡，不受“精灵”、道义和诗意遐想的干扰。自然，他找到了这一切，甚至更多，因为他坚信这些东西应该存在，在废墟遗迹上，在狄俄尼索斯剧场上演的希腊悲剧里，而首要的，那些证明希腊人相信“永恒的美丽”、礼赞青春的大理石雕塑，那被称为“最后的、未受洗礼的希腊之花”的安东尼厄斯雕塑，以及那“不居功自傲”的特尔斐年轻的战车驾车手的塑像，无不展现了这些东西的存在。当他在“炙热的强光下”凝视这些雕塑时，他喜不自胜，“希腊人相信外观，那是高雅的哲学”。他从观看中获得的感悟正是他所需要的，是使他如释重负的感悟：“美和道德规范是合而为一的”，“创作一件美丽的艺术品与自身成为美好的人原则上是同一的”。三岛回日本时已然成为一个“古典主义者”。关于这次旅行特别是希腊，他宣称，“好像从我身上卸掉了某种东西，某种病患被治愈了”。他当然是指旅行一开始就准备大量花销的“敏感”。在别处他同样乐观地写道：“希腊治愈了我的自咎感和孤独感，在我身上唤醒了尼采所谓的追求健康的意志。”

1952 年 5 月回日本后不久，三岛即在母校东京大学注册了一门希腊语课程。同时他开始“约会”一名大学女生，一个富有的实业家的女儿。她的名字叫英子，是三岛 7 月份在轻井泽的一个上流社会的聚会上认识的。当听到介绍说她是学习院的二年级学生时，他只是说，学校的创立者、已故的乃木将军如果得知现在学校招收女生，肯定会不高兴的。过了一个礼拜，三岛从东京打电话约她外出，英子感到不悦和吃惊。初次约会，他捧着鲜花，还带着香水礼品，并且坚持在门厅里等她，使得一向不拘礼节的富家小姐更惊讶不已。三岛和英子基本上有规律的约会持续到 1954 年 3 月她从学习院毕业（她声称三岛为她写了有关法国大革命的毕业论文）。毫无疑问他们的关系是柏拉图式的。英子暗示，三岛过于羞怯，从未有过进一步加深关系的表示。三岛好像喜欢和她在一起，特别是因为她愿意参与她称之为他“热衷的假想游戏”。譬如，他曾打电话约她在东京大学正门口见面，要求她穿朴素的衣服，不要化妆打扮。见面时，他自己穿着以前学生时候穿的制服，告诉她要模仿学生约会。他然后带她去希腊语课堂。上完课，他们一起到学生常去的一个“沉闷邋遢”的地方喝茶、吃“咖喱饭”。别的时候他会指导她穿戴以符合要去的场合，提前告诉她穿和服去歌舞伎剧院，或“黑礼服”去法国大剧院的巡演。

英子说，在他们的交往中始终有倭文重的身影。三岛邀请英子看芭蕾演出，倭文重也会来。看完演出，他向英子提出去跳舞，倭文重会“语含嫉妒”地说：“你是一位多么幸运的姑娘啊。”英子说她喜欢并尊重三岛，但是因为倭文重以及他对母亲的依赖，她从没想过要嫁给他。三岛对英子的想法无从得知，但是很快他出于自己复杂的理由开始考虑结婚。如果她没有在 1955 年成婚的话，很有可能成为他的候选对象。

从五十年代初开始，三岛的社交活动就一直广泛而复杂。首先是文学圈。5 月回日本以后，他即受邀加入一个由少数作家组成的同人团体，他们自称为盆景会。成员包括评论家中村光夫，伦敦留学归来、生性好斗的小说家吉田健一（前首相的儿子），评论家、导演、莎士比亚翻译家福田恒存，与三岛同时出名的小说家大冈升平（著有《野火》），还有艺术史家吉川逸次。他们一个月一次，在某个成员家里聚会，边喝酒边讨论文学。自1958年起，他们还编辑一份名为《声》的杂志。三岛参加这个团体的活动达十年之久。1961年，因为与吉田健一闹了不愉快，也因为福田的某些原因，他退出了盆景会。中村说三岛最年轻，比别人至少小十岁，因而在圈内并不真正感到轻松自如，中村的原话是他“在气质上不能和大家一起犯傻瞎玩”。在其他圈子里，三岛老爱插科打诨是出了名的。显然，对于文学，他只能一本正经。

三岛的另一个圈子是他在写作《禁色》时发现的同性恋人群。这些朋友，有日本人，有外国人，带着缠绵的感情，通常聚集在一位早已经是东京居民、很有钱的美国商人家里。三岛是这里的常客，直到1958年他结婚前不久。不再参加聚会的同时，他也断绝了与年轻日本情人的关系，这个人好像是他唯一保持长期关系的情人。

三岛还有戏剧界的朋友。1953年说起剧本，他把它们比作“情人”（相对比作“妻子”的小说而言），说他每年至少需要一个①。那年6月，文学座剧团上演了他的第一部四幕戏《夜间向

① 从1953年起，他确实每年写一个大型剧本，直至离世，不包括无数独幕剧和改编作品。通常他写剧本都是在帝国饭店的客房里——“帝国监狱”，他用英语这么说——用连着的两个月的最后三天。他开始先写最后一幕的落幕台词，一旦得到这句台词，其他部分他写得飞快，三天写两幕，六天完成一个四幕剧。考虑到他总是强调落幕前的最后一句台词，就不会惊讶他为什么每每要求剧院以手工快速降下帷幕。

日葵》。这家剧团是五家主要演出“现代剧”的专业剧团之一。在 1950 年和 1952 年，该剧团曾分别上演过他的两个独幕“近代能剧”，那是他在戏剧方面最出色的贡献。从 1953 年开始，三岛主要是为文学座剧团写当代剧，他自然和剧团的许多年轻演职人员交上了朋友。和他关系最密切的是一位当时有志成为导演的演员芥川比吕志，他是文学界著名的自杀身亡的作家芥川龙之介（《罗生门》的作者）的儿子。还有一个不出名的演员叫松浦竹夫，他最终成为三岛所有重要剧作的导演，也是他终身的朋友。正是这个松浦，在 1953 年和 1954 年试图教三岛学会纯正的东京狂饮术，他是第一个承认没有成功的人。不仅三岛始终保持清醒，在总是随身携带的卡片上记下观察到的东京夜况，而且松浦发现，有三岛在场，自己也难以一醉方休。一到十一点，三岛无例外地要告别回他的书房，他的告别辞总是，“整晚在外喝酒的人终将一事无成”。等他的车开出视线，松浦便返回酒吧，“从头再来”。

三岛戏剧界的朋友还包括一些歌舞伎剧团的演员。1953 年 12 月，歌舞伎剧院上演了三岛的第一个歌舞伎剧本，改编自芥川的短篇小说《地狱变》。故事讲述的是一位艺术家，为了创作一幅美丽少女步入地狱的画，不惜将自己的女儿活活烧死在马车里。三岛把女儿写成主角：他想保证这个角色有足够的戏份，可以让他极为赞赏的、著名的歌舞伎男扮女装演员右太卫门扮演。右太卫门确实接了这个角色，三岛得以和他交了朋友。整个五十年代，他经常去看这位“大牌女演员”的表演，并频繁撰写赞美“她”的评论，最终在 1958 年还编辑了豪华的剧照回顾展览。

到1953年夏天，三岛差不多步入了名人的行列。因此，7月份小偷潜入三岛绿谷的家，卷走“十二套西服”，他则瑟缩着避入邻居家的事情，被所有六家主要报纸作为要闻予以报道。同样在7月份，他以二十八岁的年龄，出版了自己的“选集”(共六卷)，成为日本最年轻的出选集的作家。然而，三岛的名声，或确切地说，他的怪名，并不仅仅来自他的作品。他已经展示了独特的个性，似乎刻意要引起人们的好奇和反感。在他写作生涯刚起步的这些早年岁月里，他的风格掺杂了好莱坞的时尚和罗马的闲散。他穿花哨的运动衫，常常是花花的夏威夷衫，黑色的“陀螺型”长裤，黑色的尖头鞋。他的衣衫前襟半开到腰部，露出作为日本人可算是毛茸茸的胸部。脖子上挂一根金项链，还有他在意大利和希腊买的各种圆雕饰。他总戴着墨镜。比这些更惹眼的是他的平头发式，在1953年的日本被认为是“好莱坞的最新时尚”。以这身装束，三岛喜欢大白天在银座闲逛，或者晚上在六本木的夜总会与文学座剧团的年轻女演员跳“乡村摇滚舞”，直到他自定必须回家的十一点钟。他的这些小伎俩给人的印象体现在《朝日新闻》1953年6月22日刊载的一幅漫画里——三岛留着平头，穿着时髦的衣服，洋洋得意地坐在希腊语课堂的前排，标题是：“乖戾又傲慢，要喜欢他真难，不过人家才气有一点。”

三岛的“希腊狂热”在1954年达到高潮，从《达佛尼斯和克洛伊》的故事获得灵感，他写了长篇小说《潮骚》。帅气的打鱼少年新治遇见了采珠姑娘初江，她是新近来到歌岛这个小岛的，于是爱情的种子发芽开花。书中最有名的情节是在一个山洞里，赤身裸体的少男少女隔着篝火对望，新治跃过篝火来到初江一侧，两个人相拥为对方献上初吻。接着他们羞怯地脱离接触，一致答应要等到新婚之夜。他们的好事面临种种障碍，都被新治一一克服，在最后的磨难中，他不畏波涛汹涌的海浪而游到目的地，有情人终成眷属。

三岛于 1953 年春天萌生了写这本充满阳光的书的念头。用他自己的话说，那时“［他］举目四望都是希腊”。通过梓在渔业厅的关系，他得以找到一座理想的岛屿作为书中小岛的模型。小岛在伊豆近海，叫神岛。初夏，他在岛上盘桓了十天，黎明随渔人出海，还跟灯塔管理人交了朋友。他于秋天开始书写，次年 4 月完稿。书在 6 月间由新潮出版社推出，立即成为迄今三岛最畅销的长篇小说，而且还打破战后所有的记录，精装本销售达十万六千册（平装本每年销量十万册）。7 月，各大电影公司争抢电影版权。8 月，东宝电影公司租下整个神岛，花三个礼拜在岛上拍片。这部由黛敏郎配乐的电影在 10 月底发行上映，即刻引起轰动。11 月，三岛获得第一届新潮小说奖。

《潮骚》是三岛写的唯一既没有性反常又不带嘲弄口吻的爱情故事。除了在一两个段落里，他在帅气的渔人身上比在少女身上更多地花费怜爱的笔墨，这本书即使以最传统的眼光来看，也是恪守常规的。事实上，这是三岛著作中最健康积极的作品，他为此是下了苦功的。新治的世界“是他与周围包罗万象的自然界和谐相处”的世界。更令人惊讶的是，“他压根没有想过死亡之类的事情”！就此而言，他在三岛塑造的所有人物中是独一无二的。

日后，三岛常常把《潮骚》称之为“那个嘲弄公众的玩笑”。他甚至因为小说这么成功而流露些微懊恼，在1963年写道，小说“广受欢迎”，是“对［他的］希腊狂热当头浇了一盆冷水”。但是他当时不可能有意识地去戏弄公众（譬如像埃里奇·西格尔在写《爱情故事》时可能做的事情）。恰恰相反，他几乎肯定是认真地、毅然决然地要向自己证明，他不仅能够创造一个与他幻想的世界完全不同的世界，而且要证明他在其中占有一席之地。如他在多年以后所写：“大约在这个时候，我的愿望是，要把自己，甚至我的现实生活完全颠倒过来。自然我不能确定我是否确实创造了自己的对立面，或者只是自身中以前被忽视的一部分。”

《潮骚》源自三岛的决心，他要把自己改造成“他的对立面”，不仅在肉体上而且在精神上一个细胞一个细胞地重新塑造自己。这是一种志在必得的决心，事实上这种决心驱使他屡次声称他进行的“自我改造”已经完成，如1955年的这则日记所说：

> 我只是在成人以后才获得强健的体格，我们这种人与生来健康的人有着不同的心理状态。在最终获得健康以后，我们觉得有权利对生活琐事不要大惊小怪，我们训练自己不要那么做。我……对于思考死亡产生了难以形容的蔑视……我用蔓藤将我关于死亡的冥想紧紧地捆绑，犹如蔓藤缠绕着被遗弃的古老的庄园宅邸。

可是在没那么自信的时候，三岛比任何人都清楚，这种已获得身心健康的断言是没有事实根据的。1955 年 1 月 14 日三十岁生日，他邀请两位朋友到家里喝酒，一位是评论家奥野健男，另一位是研究日本文学的青年学子维格里尔莫[①]。他对他们说，自己现在已过了壮美赴死的年龄，三十岁以后自杀就“跟太宰治一样不体面”。让朋友大为震惊的是他给他们看一张名片，上面的名字与“三岛由纪夫”同音，却写成了“魅死魔幽鬼尾”[②]，意思是“死神附体的魔鬼，神秘的魔鬼尾巴”。“把名字这么写觉得好奇怪。”三岛放声大笑。紧接着他脸色阴沉地说：“这就是我的名字的正确写法。”奥野说，随之是一阵尴尬的沉默。

然而这些真实情况并不能动摇三岛要改造自己的决心。希腊刚回来，他就写道，这次旅行“治愈”了他总认为他的境况是命运使然的毛病。到 1955 年，他“意识到［他的］境况是［他的］决心使然”，这种意识成了规范他生活的原则。《自白》中那个宿命论者，确认“［他］在幼小还不能读懂的时候，手里便被塞入一份详尽菜单，他一生将要品尝的酸甜苦辣赫然在列”。这个人现在已经消失得无影无踪，代替他的是在 1955 年的日记里评论太宰治的人，“他性格的诸多缺陷，其中好大一半，本来是可以治好的，方法是冷水搓洗、体能锻炼和有规律

---

① 维格里尔莫（Valdo H. Viglielmo，1926—2016），美国日本文学与哲学学者、翻译家。——编注

② “魅死魔幽鬼尾”与“三岛由纪夫”日语发音相同。“魅（*mi*）死（*shi*）魔（*ma*）”对应姓氏“三岛（*mishima*）”，“幽（*yu*）鬼（*ki*）尾（*o*）”对应名字“由纪夫（*yukio*）”。这六个字组合在一起并不像一个人名，只是把几个阴森、不吉利的字凑在一起。——编注

的生活……以看似矛盾的话说，一个不想康复的病人不能算是真正的病人”。这里清清楚楚地表明，三岛视自己为病人，以及他想要康复的决心。这则日记写于 1955 年 6 月，7 月他即开始练习举重，这项运动从此成为他余生主要的健身活动。

欧洲归来，三岛一步一步地发展到开始举重。1952 年夏天，他最先开始的体育活动是游泳。自从有了那年夏天随母亲第一次去海边学游泳的沮丧经历，他再没有尝试过。这次他也学得很艰苦，因为他身体的协调能力不好，黛敏郎记得他“一跳进水里，就像石头一样沉入池底”。但他绝不气馁，完全凭借意志，他学会了游泳。像对待其他不畏艰难而学会的运动项目一样，他学会游泳后异常骄傲。小说家北杜夫讲了一个和三岛在 1950 年代末期一起游泳的有趣故事。在东京一家旅馆的游泳池，三岛先入水向远远的另一头游去，用的是他引以为傲的蛙式。北杜夫跟着他跳下去，用自由式很快便追上并超过他，在另一头等着三岛游过来。他说：“我想他至少会说‘你游得比我想象的快’。可是他一句话没说，甚至也没笑一笑，爬出泳池，看也不看我，径直去了旁边的酒吧。”

游泳之后，三岛又开始学拳击。在 1953 年和 1954 年，他每周一次在一家拳击馆上课，经常一个人练习挥拳。他还给文学座剧团的年轻人每人送一条红色运动裤，鼓励他们学习拳击。他是个没有前途的拳击手。事实上，他在训练中屡遭严重打击，以至于他的朋友们开始担忧起来，最终说服他放弃了这项运动。1958 年，他又短时间地重拾这项运动，再次饱尝每个练习对手的拳头的滋味。有可能他喜欢被这么捶打。尽管 1959 年以后再没有从事这项运动，他始终对其保持着浓厚的兴趣，还资助了一些拳击手，颇像诺曼·梅勒[1]资助何塞·托雷斯[2]。

从1955年7月开始练习举重，三岛就坚持一周锻炼三次的日程安排，十五年雷打不动。出国旅行，每到一个城市，他首先就是寻找离下榻酒店最近的健身场所。在东京，他的锻炼地点是后乐园健身馆，哪怕是生病发烧，或者连续写作二十四小时以后，也非去不可。甚至朋友也不容干扰。1956年夏天，唐纳德·基恩[3]来东京，料想三岛会到机场接他，结果接他的却是一位编辑。这位编辑解释说，三岛先生不能前来，因为要"健身"。

显然他没有很快获得效果：1958年，他练举重已有三年，一位举重运动员久保对他的印象还是"脸无血色，不宜继续练下去"。但是他的身体渐渐显现出他要求的效果。据一则已发表的日记判断，三岛个人认为，经过长期的努力，到1959年1月5日，他已经取得了显著的效果：

> 今天出版的《读卖周刊》有一篇报道，说传言我已开始学习剑道，并配有一幅上身裸露的照片，不知道他们从

---

① 诺曼·梅勒（Norman Mailer，1923—2007），美国著名作家、记者，也是政客和社会活动家。两度获得普利策奖。——编注

② 何塞·托雷斯（José Torres，1936—2009），波多黎各职业拳击手。——编注

③ 唐纳德·基恩（Donald Keene，1922—2019），日籍美裔日本学学者、作家、日本文学翻译家。著有《明治天皇：1852—1912》《日本文学史》等。译作包括兼好法师的《徒然草》、松尾芭蕉的《奥州小路》，以及三岛由纪夫、川端康成、太宰治、安部公房等人的作品。——编注

哪里弄来的。照片摄于三年之前，那时我健身才一个礼拜。令人恼火的是，人们会认为我至今仍然这么瘦弱无力，如果他们据此认定我现在就是这个样子，那我岂不是成了空口说大话的人了。我想控告他们诽谤，但是考虑到这是个吉祥的日子［新年节日］，我就忍了吧。

1963年，新版百科全书（小学馆）请三岛拍一幅照片放在“健身”词条旁边。三岛告诉朋友久保，这是他平生最幸福的时刻之一。他和久保一起去摄影师那里，请他就灯光和正确的姿势提出建议，以期取得哪怕比实际好一点点的效果。问题是他训练时只注重手臂、胸部和腹部，忽视了腿部，所以他的腿仍然细瘦，像两根火柴杆撑着满是肌肉的躯干。在往后的岁月里，凡是举重的照片，他都只同意拍到腰部以上。

三岛在下午三四点钟步入后乐园健身馆，此时他神情举止的变化甚是好看。他走路大摇大摆，一副趾高气扬的派头，说话，甚至思路，也跟和他在一起锻炼的专业健美人士一模一样。自然，他们也把他完全当作自己人。他被称为“老师”，一个相当于“sir”的尊称，但是在健身馆保持仰卧推举记录的送货少年也被这么称呼。

首先他换上白色运动裤，宽宽的黑皮带和白色的运动衫。随后他从更衣室出来，踏上到处有人的木地板，脱去运动衫，停在一面镜子前凝视，仿佛丢失了胳膊和肩膀，希望在镜子里找到它们似的。审视自己的时候，他的脸毫无表情，就像在健美肌肉海滩看到的那种。他满意地离开镜子，在一张木凳上躺下。当他正要从地板上提起哑铃时，他旁边刚完成一个仰卧起坐的人向他发问：“今天你的金项链哪去了，老师?”三岛不失时机地说：“那是个累赘，老兄，它总碍我的事。我练背阔肌的时候从来不戴它。”

三岛热衷于举重的最简单原因是他决心要增强体质。1955年冬天，黛敏郎和三岛碰巧下榻于热海市的同一家酒店。他们各自有自己的工作，但是晚上吃饭在一起，然后就各忙各的。有一个晚上，黛敏郎听到隔壁三岛的房间传来“痛苦的呻吟声”，他急忙冲进他的房间，发现三岛因胃痉挛而痛得在床上打滚。三岛指了指桌上的注射器，等黛敏郎递给他后，便给自己打了一针。疼痛很快平息了。三岛解释说他从小到大一直受“疼痛折磨”，痉挛越来越严重，通常在晚上发作，因此影响工作。他说要采取措施治好这个病。他还要黛敏郎发誓不把这事传出去。此后不久，他开始练习举重。

然而有大量证据表明三岛自己心里清楚，他连年用杠铃苦练举重，不仅是为了身体康复，或者为了虚荣出风头，尽管这个因素肯定存在。他在接近生命尽头时写了长篇自传体文章《太阳与铁》，其中的结论是，他苦苦练习举重，使自己健美，其实是在追求他所谓的“要最终获得存在感”。如他在《太阳与铁》中对自己生命轨迹的领悟，当“写诗的少年”发觉文字再也不足以替代现实时，这一追求便成为当务之急。有一个时期，估计是五十年代中期，他开始对自己是否真正存在、是否确实活着产生了怀疑。他确定这是语言（艺术）造成的，它在他还没来得及体验现实的时候，就将其“一口吞掉了”。正是在那个时候，他开始有意识地寻找某种“对抗文字”的东西，这东西非肌肉莫属，肌肉是“肉体的语言”。

如《自白》以及三岛后来所有重要的自我定位的作品，《太阳与铁》（1968）过于精致、过于程式化，不可能揭示扑朔迷离的真相。但是有更早的迹象表明，他从这个时候开始，确实经历了失去存活感的困扰，也确实在此同时，他想到了肌肉无可争辩地具有证明存在的作用。例如，就在开始举重前几个礼拜，他在1955年7月5日写的日记中第一次承认感情麻木，担心自己得了精神分裂症：

> 令人吃惊的是，这些天，外部世界怎么会停止了对我的威胁……会不会是我已经驯服了它？这不可能。克雷奇默写道：“精神分裂症的病情是分阶段加重的，直到最严重时的冰冷麻木。在这个阶段，病人被包裹在坚硬如冰的东西里面（或者僵硬如皮革），渐渐地所有强烈的感情都会变弱直至消失。”“僵硬如皮革”，说得多好，他怎么知道的！

还有他1958年的小说《镜子之家》中那个自恋的演员舟木收。收是个自恋者，因为他向来不能确信自己的存在：“他同女人睡觉，从而短暂证实自己的存在，女人往往会被他英俊的外表打动。然而还有更加忠贞的被打动者——镜子。”收时时需要证实自己的存在，这导致他在小说中早早地就开始练习举重！至少一时间，当他的身上长出层层叠叠漂亮的肌肉时，他的问题好像得到了解决，尽管镜子仍然是不可或缺的：

现在镜子里的他，活生生地存在着。先前那个沮丧颓唐的青年不见了。这里只有健美的肌肉，明确无误那是存在的证据，因为他现在看到的，是他亲手创造出来的东西，而且这东西就是他自己。

不应该有疑问的是，三岛当初开始举重时所怀有的动机，与他后来加给自恋者收的动机是完全一样的。面对镜子，发现自己活生生地存在着，收为获得重生而感到喜悦。三岛开始健美一整年后，在 1956 年 8 月一个炎热的节日里，也感到类似的喜悦。那天，他和当地的商人一起肩扛一座可移动的神龛走在大街上。这神龛，当地称神舆，是一座有好几层的木建筑，雕刻油漆得华美绚丽，重量接近两千磅。它的底座两边各有一根长长的木棍，需要四十到六十个年轻人肩扛着木棍才能把它抬起来。社区的节日游行一开始，这些青年人扛起沉重的神龛，开始在街上移动，有节奏地呼喊着以保持步调一致。神龛忽上忽下，颤巍巍地左右摇摆，他们抬着神龛，逐渐加快脚步，最后以几乎奔跑的速度在街上穿行。他们健步如飞，汗流浃背，嘴上还不停地竭力呼喊。那座木房子虽然左摇右摆，却始终在他们的肩上安然不倒。

三岛小时候对神舆的场面好像既着迷又害怕。实际上，他在《自白》描述儿童生活那一章的结尾写了自己对一个节日的早年回忆。那天，当地的青年发疯似的离开街道，踏上平冈家的花园，肩上的神舆可怕地倾斜着。他在 1949 年写《自白》时回顾了这一刻（倭文重说他是如实描述），三岛写道：

整个过程只有一件事至今记忆犹新，令我恐惧难受，心里充满痛苦。那就是抬神龛的年轻人脸上的表情——那是世界上最无顾忌、最忘乎所以的陶醉表情……

在三岛的想象中，这种陶醉当时是、后来也一直是与存在的欣快感等同的。多年以来，他感觉被“悲惨地”排除在这种陶醉之外（尽管它使他害怕），因而被“悲惨地”排除在生活本身之外。现在，在健身馆练习杠铃一年以后，他觉得自己有能力参与其事了。1956 年 8 月 19 日，他围上新漂洗的遮羞布和棉腰带，穿上紧包臀部的白色裤子和为节日特制的上装，缠上统一的裹头布条，卷起上装的袖子并用淡黄色的绳子扎紧以免碍事。以这身装束，他和自由之丘商会的年轻人共同抬起了高大的神舆。这一经历使他彻悟。就在第二天，他写了一篇文章论陶醉，表达自己的喜悦甚至欣喜若狂的心情。三岛解释说他看到了别人所看到的“神圣的蓝天”，他成了神舆的一部分、抬神舆的群体的一部分，“那一刻”，他和别人一起“陶醉于生活”！他后来写道：“我参与了存在之悲剧。”

自从他坐下来写《假面自白》，他为这一刻苦苦准备了七年。那天最后拍的照片证实他的欣喜是真实的。1956 年 8 月的那个下午，在自由之丘商会的年轻人中间，他汗流浃背，筋疲力尽，新增的肌肉令人惬意地微微酸疼，三岛无疑获得了存活感。可是这种感觉没有维持很久。

第五章

1957—1959

1956 年，三十一岁的三岛几乎达到了名利的巅峰。那一年，他同时连载两部迥然不同的小说。一部是《金阁寺》，讲述一位禅宗侍僧，为了摆脱自己对美的痴迷，纵火把他所在的寺庙夷为平地。《金阁寺》的文笔生动流丽，情节反映了三岛最精巧的构思，人物虽说扭曲，但个个令人难忘。此外，它比《潮骚》更为成功：推出两个月以后，出版商在已售出十五万五千册的基础上，又发行了二百本限量版，定价两千五百日元，相当于七美元，这么高的价格在当时是闻所未闻的。另一部小说《我的思春期》，也同样成功。因为是投女性所好的爱情故事，所以就放在一份叫《妇女俱乐部》的杂志上连载。这本小说也达到了十五万册的巨量销售。三岛 1956 年的剧作也引起轰动，是迄今最受欢迎的，确实是前所未有的。剧本叫《鹿鸣馆》，取自政府在十九世纪八十年代建立的舞馆的名字。政府建馆的目的，是要向西方外交使节证明，日本的上层精英在西方式的舞会上可以做到坦然自若。剧本不仅把故事设在以鹿鸣馆时代著称的十九世纪八十年代，而且最后两幕的场景就设置在这座舞馆的大型舞会上。这个时期特有的奢华和贵族气息，正是契合三岛特长的最佳素材。他制作了一台关于爱情与偷情的豪华大戏，连续上演了几个月，先是在东京，然后在日本各地，最后又回到东京。这大体辉煌的一年，最后在 9 月里又有锦上添花的事情发生。阿尔弗雷德・A. 克诺夫出版社推出了《潮骚》的英文版，“这个看似简单的爱情故事”获得了非常好的关注。①

次年春天，三岛写了最受欢迎的小说《美德的动摇》，故事讲述一个年轻的有夫之妇与一个更年轻的单身汉之间的两性关系。三岛本人把这个通奸故事看作“次要作品”，严格来说确实是。可是书写得非常非常有技巧，令人读起来津津有味。从书的第一句开始——“人们往往对不得体的话题羞于启齿，但事实上仓越太太天生是一个调情高手，尽管她年仅二十八岁”——三岛为全书设定了一个高雅不俗的基调，使得这个绯闻故事在日本人中间特别有吸引力。确实有吸引力，其程度甚至超出了出版社的预期：到当年年底，精装本售出三十万册

---

① 翻译者梅雷迪思・韦瑟比（Meredith Weatherby，1915—1997）是居住在日本、为占领当局服务的一批军队情报官之一。1950 年代初，在三岛混迹于布伦斯威克的日子里，他们开始互相熟识。他翻译的第一本书不是《潮骚》，而是《假面自白》。《自白》1954 年初即已翻译完成。《潮骚》率先发表，因为克诺夫出版社不愿意用一部“同性恋小说”来向西方介绍三岛。《自白》直到 1958 年才由新方向出版社出版。

（不用说还有限量版一千册），而且日本人对“奸妇”的标准措词从此变为“失足夫人”[1]。毫不夸张地说，三岛也成了家喻户晓的名字。

1957年7月，克诺夫出版社出版了唐纳德·基恩翻译的《近代能乐集》。经他在克诺夫的编辑哈罗德·斯特劳斯的邀请，三岛前往纽约帮助推广（克诺夫的策略是在淡季发行日本虚构作品，因为担心旺季会分散读者的注意力）。行前，为提升英语能力，他在书房里用录音机苦练。途中，他在密歇根大学用英语发表题为《日本文坛的现状》的演讲。7月初在纽约，他参加了一系列常规的推广聚会和访谈活动，常常由基恩陪同。他很快发觉自己在曼哈顿还不是家喻户晓的名字。当他坐下来接受《纽约时报》路易斯·尼科尔斯访谈时，尼科尔斯看一眼手中的备忘笔记问道：“你说你写剧本，你又说你写小说，你究竟是什么样的人？”三岛很沮丧，出来走在街上时，他转身问唐纳德·基恩：“在这个城市要出名你得做什么？”基恩安慰他的朋友，向他保证说：“即使福克纳和海明威手挽手走在这条街上，也不会有人注意的。”

但是撇开路易斯·尼科尔斯不说，这本书正在获得好评，三岛对美国文学界给予他的关注感到高兴。从他后来发表的日记判断，使他印象特别深刻的有两件事情。一件是在詹姆斯·梅里尔[2]康州的家里度周末，梅里尔带他去参加游艇聚会。另一

---

① 《美德的动摇》日语原名《美徳のよろめき》。“よろめき”原意是“踉跄”，“よろめき夫人”即“失足夫人”，在《美德的动摇》出版后引申出了“被他人诱惑出轨的妻子”之意。——编注

② 詹姆斯·梅里尔（James Merrill，1926—1995），美国诗人。1977年普利策诗歌奖得主。他是位公开的同性恋者，历任伴侣有诗人、作家和艺术家等。——编注

件是在纽约珀切斯的克诺夫庄园与阿尔弗雷德·克诺夫本人共度的一个晚上。在描述8月15日那个晚上时，三岛提到一片片漂亮的草坪、绿树以及克诺夫的管家。尽管他事先被告知克诺夫有穿奇装异服的习惯，但三岛承认见到他时仍不免大吃一惊。老人穿着运动服和抢眼的粉红色裤子，在他看来“像小歌剧里或威士忌酒商标上的国王”。喝过酒以后，一行六人（克诺夫、克诺夫侄子及夫人、哈罗德·斯特劳斯夫妇和三岛）前往附近的世纪乡村俱乐部用晚餐。那里环境“无处不在的典雅”促使三岛在日记里表达了一个愿望，即日本尽快建立这样的俱乐部：“高尔夫俱乐部如兔子一般生生不息，但是没理由让我们这些不玩高尔夫的人无处可去。”晚餐时，克诺夫告诉三岛，他的公司只出版了三种关于能剧的书籍，“芬诺洛萨[1]的、韦利勋爵[2]的和你的”。

8月尽是好日子。三岛会晤了克里斯托弗·伊舍伍德[3]、安格斯·威尔逊[4]、田纳西·威廉斯[5]以及他们的朋友。他还观赏了八部[6]百老汇音乐剧（《西城故事》《城里新来的女孩》《小艾

---

① 芬诺洛萨（Ernest F. Fenollosa，1853—1908），美籍日本艺术史学家。曾在东京帝国大学任教。为保存日本传统艺术作出极大贡献。——编注

② 阿瑟·韦利（Arthur Waley，1889—1966），英籍东方学家、汉学家。著有许多重要的中文和日语诗歌的英文译作。——编注

③ 克里斯托弗·伊舍伍德（Christopher Isherwood，1904—1986），英裔美籍小说家。他是位同性恋者，常将自己的生活写入故事，作品多以同性恋为题材，著有《告别柏林》《独身男人》等。——编注

④ 安格斯·威尔逊（Angus Wilson，1913—1991），英国小说家、文学评论家。英国最早出柜的同性恋作家之一。代表作有《艾略特夫人的中年》等。——编注

⑤ 田纳西·威廉斯（Tennessee Williams，1911—1983），美国剧作家，20世纪最重要的戏剧家之一。主要作品有《欲望号街车》《玻璃动物园》等。他本人是一位同性恋者，在当时同性恋被压制的环境中以自己的作品为同性恋团体发声。——编注

⑥ 原文如此。——编注

布纳》《窈窕淑女》《最幸福的人》《南太平洋》《千里姻缘》《牙买加》《三分钱歌剧》），并数次观看纽约市芭蕾舞团的演出。最令人激动的是他为把自己的作品搬上百老汇舞台而签署了一份合同。

由于三岛既没有文学事务也没有戏剧事务的经纪人（后来田纳西·威廉斯的经纪人奥德丽·伍德代理了他的戏剧事务，但他从未聘请过文学事务经纪人，直到离世都是委托哈罗德·斯特劳斯代理），因此《近代能乐集》的克诺夫版本附有一则启事，指定唐纳德·基恩为联系人，经手一切关于舞台剧制作的询问。在所有向基恩提出制作申请的人当中，三岛最为中意的是两个没有经验的年轻人。基思·博茨福德偶尔写写小说，查尔斯·舒尔茨以前是普林斯顿大学的橄榄球明星，他显然有资金渠道。博茨福德的主意是把三个短剧合而为一，加上过渡台词使它们连为一体。三岛同意了。8 月底，在三大道一家古董店楼上博茨福德的寓所，三岛坐下来写台词，将《卒塔婆小町》的诗人、《葵上》的源氏人物、《班女》的吉夫联系起来，基恩随即把新添台词翻成英文。博茨福德读后对这个“新剧本”充满信心。他和舒尔茨准备这出戏在圣诞节前上演，剧中三个主要女角要请多洛雷斯·德尔里奥一人担纲。

8 月 27 日，三岛离开纽约去旅行，行程包括波多黎各、海地、多米尼加共和国、墨西哥城和尤卡坦州。他预计，10 月初回纽约时，这出戏应该正在彩排。旅行途中，他总急切地寻找《纽约时报》，翻看该剧制作的消息，但始终未见片言只语。10 月 2 日，他一回到纽约，入住公园大道上的格拉德斯通酒店，即打电话给基恩，询问进展情况，基恩一无所知。三岛离开的日子里，博茨福德没有给他透露过任何消息。

此后的三个月是三岛生活中暗淡的一章。基恩已经知道博茨福德和舒尔茨除了能稳住三岛之外，其他事情都一筹莫展，但他不忍心把真相告诉仍然满怀希望的朋友。多洛雷斯·德尔里奥受邀担纲，但是她拒绝了，说自己水平不够。寻求资金的努力也没什么结果。直到10月底，甚至连合适的年轻导演还没找到。

11月初，两个制作人在《演艺界》登了公开招聘演员广告。有一百多名年轻演员前来应聘。三岛在日记中兴奋地写道："这些女孩个个都这么漂亮，在日本的话即刻就会成为明星。特别是还有一个小伙子，活像詹姆斯·迪恩。"事实上这次选拔活动是失败的，至少部分原因是因为三岛坚持要参加，并且总是中途打断已经很紧张的女演员，要求她们，"请投入感情再试一下"。博茨福德和他的同事们很恼火，当场对三岛说他是不受欢迎的人。三岛怏怏不乐地返回公园大道的酒店。

整个11月，麻烦一个接一个。到月底，制作工作仍止步不前。原打算10月初回家的三岛，此时手里的钱已经不多了，他估算再住不起格拉德斯通酒店，于是在12月2日搬到下城的格林尼治村。他先去的那家旅馆让他看了一个房间，使他联想到电影《金臂人》里面吸毒上瘾的人住的房间，他气冲冲地扭头就走，"我还没打算要成为瘾君子"。他住进范伦塞勒旅馆，一个房间每天花四美元（他此前每天付十六美元）。此外他开始精打细算日常开销，他甚至学会了乘坐地铁。唐纳德·基恩记得，三岛有一次试着坐跨区捷运公司的地铁，突然来到他在哥伦比亚大学附近的公寓，得意地宣布这是他独自一路摸过来的。

但是在纽约逗留的最后一个月，三岛大部分时间都是独处。无论去哪，人们首先问他戏什么时候上演，这种“折磨”使他忍无可忍。“于是，”他在日记中写道，“我独自散步的日子开始了……有的日子天降大雨，我只能待在破旧的旅馆房间里，因为我只有一件大衣，所以不能让它淋湿了。”

搬到下城去的时候，他就决心不再去找制作人，除非他们来和他联系。可是显然他们不打算来见他，最后还是他去找他们。从舒尔茨嘴里他得知，斯普特尼克号[①]使得市场不景气，投资者变得谨小慎微（“甚至人造卫星也和我作对”，他在日记中写道）。不知什么原因，所有他们中意的女星都拒绝出演这个角色：看来情况严重。但是三岛只是心不在焉地听着，他在等待博茨福德向他表示歉意。博茨福德没有道歉。三岛回到下城的旅馆，感到既伤心又愤懑。

新年前一天，没有和任何人打招呼，他登上飞往马德里的飞机。“我受够了手头拮据的日子，”他写道，“也受够了自找的烦恼……我把所有的飞机票都改成头等舱，并且预订了最好的旅馆。”他在马德里逗留了几天，又在罗马盘桓了数日。在罗马时，他去孔多蒂街买了“无数条领带”来安慰自己。然后他取道雅典飞返日本。到达的日期是 1 月 14 日，正好赶上他轰动一时的《鹿鸣馆》在东京第二轮巡演的最后一场演出。

---

① 1957 年 10 月 4 日苏联成功发射的人类第一颗人造地球卫星。——编注

回日本不久，三岛开始物色结婚对象。还在他去纽约之前，他父母就一直催他结婚。梓着急有两个原因：千之结婚已有三年，而大儿子仍然单身是不妥当的。更重要的是，他听到三岛是同性恋的传言。他不可能把这些传言当真，但也不允许它们继续流传。他想三岛结婚的话，传言就会不攻自破。倭文重几乎肯定知道公威的同性恋癖好，但她似乎有自己的想法，也急切希望他成婚。可能她希望正常的婚姻会“治愈”他。不无可能的是，她希望有一个正常的新娘作掩护，她宠爱公威就可以少一些顾忌。

三岛一向尊重父母，去纽约前许诺回来后即认真找对象，现在梓要求他履行自己的诺言。1 月底，梓告诉学习院校友会，公威正在找合适的结婚对象。自然，家里收到大批申请信（推荐信注明女孩的家庭背景、学历、特长，并附照片）。尽管不乏背景合适的申请人，但三岛仅凭照片就立即将大多数人排除了，显然他对新娘的相貌有非常具体的要求。但是其中一位好像特别让他动心。她是学习院的毕业生，而且正巧又是三岛音乐家朋友黛敏郎的崇拜者。得知这一层关系，梓立即请黛敏郎去征求姑娘的意见（女子们不一定知道自己被推为候选人）。黛敏郎把女孩找来，问她是否乐意。她回答说她讨厌三岛，宁死也不嫁这样的人。黛敏郎如实向平冈家反馈了信息，但是三岛不死心。他与黛敏郎商量在东京的凯特尔之家餐馆安排一次同这位姑娘的“不期而遇”。黛敏郎回忆说，三岛始终在考虑这次见面的方案，不停地修改关键细节。直到见面前的晚上，三岛又对方案作了最后的改动，半夜打电话给黛敏郎，说原先安排他一个人来凯特尔之家，不如由一位编辑陪同“更自然”。见面那天，一切按计划进行。黛敏郎介绍了三岛，大家未征求女孩的意见，便决定一起先去吃晚饭，然后再去拉丁坊。女孩一下子明白了底细，冷冷地坐着，一声不吭。黛敏郎感到“非常尴尬”，那位编辑一有机会便抽身告辞了，但是三岛自始至终表现得殷勤周到，甚至坚持雇了高级轿车，亲自送女孩回家。不用说，黛敏郎没有再去和这女孩联系。顺便说一下，这个年轻女人对三岛的反感是有代表性的。1958 年 6 月，一家周刊趁三岛和皇储正巧都选在这个月结婚，在全国年轻妇女中展开调查，问她们：“如果皇储和三岛由纪夫是世上仅存的男人，你选择嫁给谁?”有超过半数的答复者说她们宁可自杀！这些年轻女士所表达出来的厌恶主要是在相貌方面：三岛现在满是肌肉的躯干和火柴杆似的双腿，只留极短头发的大脑袋，紧抿着的、女子气的薄嘴唇，令人难受的刻薄举止——因为他经常展示自己而为人熟知——都是让大部分青年女子局促不安的因素。有一些“文学处女”，那些逐字逐句阅读三岛作品、远远地仰慕他的女孩，在察觉他某些病态的举止后更加仰慕他，但是三岛对她们毫无兴趣。从一开始他就明确告诉父母，他不想和一个对他工作感兴趣的女人有瓜葛。

3 月的一天，平冈家的老朋友给三岛介绍了一位十九岁的大学二年级学生，叫杉山瑶子。瑶子的父亲是杉山宁，日本最著名的传统画家之一。这可能是瑶子被介绍给三岛的原因，因为他一生总觉得自己对艺术一窍不通，好像这是他文化上的致命弱点。当然他也觉得瑶子是个漂亮的女子，或者至少不难看。

尽管人们会猜测他偏爱有男孩气的女人，但是杉山瑶子一点也没有男孩子气。她是个矮小的女人，但体形丰满，有一张漂亮的圆脸，在当年的照片里，脸上透着天真和柔弱。不管怎么说，瑶子当得是年轻漂亮的女子，一个在公众面前形象姣好的年轻女子，尤其是和三岛一起出现在公众面前的时候（譬如，她比他矮）。毫无疑问，这是重要的考量。“为了澄清［他的］读者脑子里的一些简单的问题”，他在 7 月份发表了一篇题为《作家与婚姻》的文章，三岛写道，妻子持家无方他不在乎，只要她在公众面前的举止符合作家夫人的身份：“关于她在外面世界的行为举止，我不会对她宽宏大量。世人将拭目以待。”

在同一篇文章中，三岛告诉读者他已经开始寻找“一位成熟稳重的年轻女子，她既要符合我的品味，又要同意我附加在婚姻上的种种苛刻条件”。根据上下文，这些条件好像指的是，他坚持他的工作永远高于一切。但是无疑还有其他条件，是关于他的隐私权的。现在无从得知三岛是如何跟瑶子谈自己的同性恋问题的。结婚前一天，他把日记全部付之一炬。这事她当然知道，因为后来她提起过这件事。此外，三岛在 1960 年代中期认识一位青年诗人，并与他保持密切关系直至他生命的最后一年。据这位诗人说，在 1968 年，有人企图讹诈三岛，威胁他如果不付一大笔钱的话，就把所有真相告诉瑶子。三岛拒绝付钱，旋即上路前往柬埔寨和印度进行第二次访问。回日本后，瑶子告诉他，讹诈者说到做到了。这位诗人声称三岛对他说了这件事，他看上去“生气烦闷但不慌乱”。如果这事属实，应该没有理由怀疑这位诗人，那么瑶子确实知道三岛的同性恋生活。

对我，她只提过一次同性恋话题。那时我们正在讨论周刊杂志不负责任的言论，尤其是事件发生后出的有关三岛的“专刊”。突然，她以举例的方式说：“有些杂志甚至说三岛是同性恋!”接下来是长时间的沉默。瑶子看着我，等我点头同意。我当然点了点头。我当时想，有没有可能她被蒙在鼓里？后来感觉她好像只是要告诉我，我们之间不要谈三岛的同性恋问题。

但是她当然是知道的，从一开始就知道。三岛不太可能让她坐下来，然后明明白白告诉她自己是同性恋。他不是会对别人敞开心扉的人，当然对妻子也不会。“我相信作家是决不会被妻子理解的人，我能够接受这一点。”他在《作家与婚姻》中写道。但是他也不可能蒙骗瑶子和他结婚。即使他的谨慎允许他这么做，这样的冒险也不符合他的性格。我猜想他会明确告诉瑶子，他有自己的私生活，她不得干涉，然后由她自己去得出结论。瑶子应该会明白：她也许缺乏经验，但并不幼稚。很可能三岛向她保证，不管他在私生活中做什么，他都不允许家庭的名誉受到玷污，不会有任何丑闻发生。他遵守了他的诺言。

不容易想象为什么瑶子会接受三岛附加在婚姻上的“苛刻条件”。也许，深深吸引她的，是他的名气、他的魅力、他的不可否认但令人不安的性感。或许还有一个原因。传统上，“日本人”对同性恋所持的态度不是西方人以憎恶为主的态度。蓬勃发展于十七到十九世纪的江户时代，是一个庶民与武士同乐的社会，他们的价值观念在当今的日本仍依稀可见，那时风月场中最风流倜傥的人物往往是有名的双性恋情人。作为有特殊背景的日本女人——瑶子母亲的上辈有当艺妓的——三岛瑶子在得知丈夫是同性恋的时候，可能因此比西方女子有更多的思想准备。

三岛选择瑶子的原因比较容易理解。他觉得她好看。至少同样重要的是，他感到她会学着扮演他希望自己的妻子扮演的角色。他为什么选择这个时候结婚——或者说为什么要结婚——就不那么清楚了。一个决定性的因素可能是他母亲的健康情况。1958 年 3 月，倭文重被医院检查诊断得了晚期癌症。一个月后发现是误诊，倭文重出院回家。就是在这个 3 月里，当倭文重在医院等死的时候，两家把婚事安排好了。据倭文重说，公威甚至没有征求她意见，就匆匆安排了一切，为的是保证在她死之前结婚成家。

但是孝顺不可能是全部原因。也许另一个重要因素是三岛需要保持在公众眼里受尊重的形象。在日本，一个成功人士，不管他是银行家还是小说家（三岛在很多方面更像个银行家），都应该娶妻生子。三岛不怕引起世人震惊甚至厌恶，他千方百计去这么做，婚后更是变本加厉。但是不管他的行为多么荒诞不经，世人对他的看法始终是他不容忽视的关切：这种关切——称之为虚荣也好，称之为未能免俗也罢——规定了他一定要牢固地处在受尊重的位置。

出于各自的种种想法，三岛和瑶子立刻确定了互为婚姻对象的关系。然而在日本，婚姻是由两个家庭张罗而不是由个人作主，而平冈家和杉山家闹起了矛盾。从一开始，杉山宁的态度就是，把女儿嫁到平冈家是给了他们面子。梓的态度是，平冈家基于夏子背景的贵族身份远比财富和名气更有价值。此外，他儿子是全国最优秀的小说家：梓要杉山家明白他不在乎一个暴发户画家的女儿。最初，当杉山家要求允许瑶子读完大学时，谈判就险些破裂。梓全然不听：如果瑶子嫁给三岛由纪夫，她就必须是全职的三岛由纪夫太太，不能还是个学生。据说在相持不下的时候，瑶子含着泪去告诉妈妈，如果不能与三岛结为夫妇的话，她就自杀。杉山家最终妥协，谈判告成。5月9日，梓和三岛登门拜访，给杉山家送来传统的彩礼，这是两家商定的金额，无疑相当可观。

婚礼于5月30日举行。下午的婚宴设在国际饭店。除了一个很漂亮的花园外，这个饭店很简朴，主要是接待来日本访问的外国学者，但是日本上层社会中那些有海外关系，特别是学术关系的人也爱光顾这里。三岛选这个场所举行婚礼是有趣的，完全不符合他的风格，因为在国际饭店，奢华，或任何形式的炫耀都是办不到的。另一方面，它当时是、现在依然是有着非常明确的“学习院”氛围，这可能就是它强烈吸引三岛和他父母的原因。

婚礼几乎不能说是成功的：平冈夫妇和杉山夫妇互相不说一句话。最为受累的人是川端康成，他既担任作为“中间人”的司仪角色，又是婚宴的正式主持人。一些三岛的朋友回忆，川端“发疯似的”周旋，企图把一方亲家正式介绍给另一方亲家。

次日早上，6月1日，三岛携瑶子离开东京，踏上短暂的蜜月之旅。他们先去箱根的温泉，然后去京都和神户，从神户坐船去别府。在京都，他们访问了大映制片厂，看市川昆拍摄改编自三岛小说《金阁寺》的电影①。他们所到之处，都有新闻记者随行。他的婚事引起全国轰动，三岛显然喜欢这种群情鼎沸的状态。他的蜜月日记充满如下记载：

> 当我们走在二楼过道里的时候，一个［旅馆里的］美发厅的女孩，拿起过道里的电话，向另一头的人报告我们的一举一动。她说话声音很大，我们不听也得听。当电梯门徐徐关闭时，我们听到她说："他们刚刚迈入电梯。"在客房里，每当一个女孩来清扫或送东西，总有两三个人陪着，出门时还要好好看我们一眼。瑶子向客房服务员要一杯奶油苏打，我也要了一杯，这女孩说："你们喝同样的饮料！这就是爱情！"令我错愕。

6月15日，新人从别府飞返东京。在机场等候的，除了新闻记者和几个出版公司派来的熟面孔以外，还有千之和他夫人。他们结束了四年外务省委派的工作，刚刚从里约热内卢返回日本。一家人回到绿丘的住宅，庆祝新婚和家庭团聚。

三岛从未认真谈过他的家庭情况，瑶子可能听从丈夫的话，也缄口不提与三岛的生活，因而难以了解他们婚姻生活的真面目。和别人在一起的时候，三岛夫妇总是给人以情投意合的印象。瑶子的举止从来不是怯生生的，不像人们至今仍习见的日本妻子，三岛好像也不指望她是那个样子。事实上，他想方设

---

① 三岛特别关心这部电影，因为三岛的强烈推荐，市川选用了青年演员市川雷藏。雷藏的表演非常出色。《炎上》是由三岛小说改编的电影中最好的一部。

法让她参与社交活动，毫不顾忌日本人的习惯。瑶子经常和他一起出游，陪同他招待那些希望在聚会上见到他妻子的外国友人（很多日本人和大多数作家，甚至对外国人的这种要求都难以满足）。不仅如此，三岛总是引导瑶子参与谈话，征求聆听她的意见，基本表现出对她的尊重。也许他在公共场合对妻子的态度是出于他决心要展现自己西化形象的需要，但是我一贯的印象是三岛真正喜欢瑶子的陪伴。我记得深夜坐在他书房里讨论工作，三岛建议来一杯白兰地，并且招呼瑶子一同参加。这件事听起来微不足道，但我从没有见过这样的事情发生在其他任何日本作家身上，也不能想象会发生在他们身上。

自然，三岛夫妇并不像他们总是展示的那样完完全全和睦相处。大体上，对三岛不想让她知道的事情，瑶子好像睁一眼闭一眼不加过问，但是有时候她会干预。1960 年代初，三岛一度经常在家里组织健美聚会，邀请在健身房一起举重的朋友来喝酒，聊“健身”，然后脱光上身，抹上油，摆出各种姿势，让三岛聘请的摄影师拍照。瑶子对此表示反对，没有争吵，他们从不争吵，但是据一位年轻的健身者说，终于有一天，三岛尴尬地告诉朋友们今后不再组织这类聚会。1963 年，三岛为一个摄影构思当裸体模特，拍了一组照片，结果装订成册，取名《蔷薇刑》。这是一本精美但令人不安的裸体写真集，瑶子不喜欢它是可以理解的。虽然她不能阻止书的出版，但她从此对摄影师细江英公冷若冰霜。1965 年，瑶子引发了更严重的危机，她在家里宣布她想投入赛车运动。尽管三岛不是日本人通常说的家庭暴君，但他绝不允许这种事情发生，因为显然这意味着瑶子对家庭生活不完全满意，而且媒体也一定会对此大做文章。这件事以瑶子让步而告终，但是一个无辜的人却受牵连失去了他们的友谊。1964 年和 1965 年，三岛夫妇和一位年轻的商人及其妻子经常来往，他们的孩子和三岛家的女儿在学习院幼儿园是同班同学。1966 年夏天，瑶子请朋友帮她查查赛车运动的情况，这对小夫妻出于好意查到了申请执照的要求。8 月，三岛邀请他们到下田度假一个礼拜。一天下午，他们一起坐在沙滩上，这个商人朋友就把了解到的情况告诉瑶子。三岛默默地听着。晚饭以后，他把那人叫到一边，提出分手，这位吃惊的朋友被告知的唯一理由就是，他干涉了三岛的家事。第二天早上，这对夫妇即回了东京，此后三岛夫妇再没同他们联系。

最为相持不下的家庭纠纷源自瑶子和倭文重的对立，一直解决不了。倭文重以她无声的、坚持不懈的方式，像夏子一样牢牢地控制着三岛。很可能不管他娶谁，倭文重都会找出不喜欢的理由。当然对于最终没有成为他妻子的女人，她则一味夸奖。有好多次，她满面笑容、慈祥地点着头告诉我，公威的初恋，应该指的是“园子”，是他接触过的最好的女子。有一次她不经意地说，那个介绍瑶子进她家的朋友，适合做公威的新娘，与他“般配”。每当提到瑶子，她表面的客套掩不住她拐弯抹角的数落。她从不称媳妇“女儿”（*musume*），总是称“新娘”（*yome*），这种日语措词所显示的冷淡态度相当于英语中的同类措词。

然而，如果说倭文重以她的方式像夏子一样要求苛刻的话，瑶子在跨进婆家时却绝不是一个未经风雨的小姑娘，她至少像婆婆一样行事坚决果断，一点也不差。从一开始她就明确表示，她对三岛过去的朋友没有兴趣，不欢迎他们到家里来。在大多数日本夫妻之间，妻子干涉丈夫的朋友圈是不可想象的。但是事实是，三岛再没有把瑶子不喜欢的朋友带到家里来，而他过去的朋友她大都不喜欢。她还明确表示不能容忍倭文重干涉他们的私生活，她的这个要求好像基本上得到了满足。

三岛被夹在中间，情况与他童年时颇为相似。不同的是，他现在有能力以各种方法改善他的处境，而他却选择听之任之。从他对朋友不经意间说的话分析，他好像经常要安慰瑶子，平息她对倭文重的不满，还要请求她适应他对母亲的关照。很多事实表明，以任何常规标准来衡量，他一生都是妈妈的孩子。譬如，全家住在他 1959 年建的房子里达十一年之久，他始终先到父母的住处说说话、道晚安，然后再回自己的住处，瑶子不得不忍受很多这样的轻视。直到生命的最后一年，他还保持老习惯，请倭文重读他的手稿并提意见。但是也有证据，就是那些零星的片言只语，表明倭文重的一些要求令他难以应付。无疑他心里是矛盾的，显然这种家庭氛围对他造成非常大的精神压力。那么，既然他现在有能力把两个女人分开，从而改善这种情况，他为什么不行动呢？有可能是他的受虐心理迫使他寻求童年经历过的那种冲突、那种痛苦。

婚后最初十一个月，三岛夫妇与家中长辈居住在一起，关系极其紧张。1959 年 1 月，瑶子初次怀孕，三岛宣布要为全家盖一所房子，包括专门给梓和倭文重住的厢房。那些了解情况的人，尤其是千之，试图劝阻他，但他执意不听。

如他所创作的一切，三岛的房子也完全是按他自己的逻辑建造的。他解释说，如果他想要一栋日本式房屋，就会照搬著名的京都桂离宫，因为那是日本建筑的最佳样板。但是代表日本建筑最高成就的简朴原则，忽视了居住要舒适的理念。只有在西方，舒适是房屋设计的主要考量，所以他一定要建一栋典型的西式房屋，“与那些多少有点像禅宗寺庙的房子迥异”。对三岛来说，西方建筑的精髓就是晚期的巴罗克风格，色彩浓艳炫目，装饰夸张华丽，甚至帕提农神庙的墙壁都涂满颜色。他对吃惊的建筑师解释说：“我想穿着李维斯牛仔裤和夏威夷花衬衫，坐在洛可可式的椅子上：这就是我理想的生活方式。”

当新闻界要求给一个标准的描述时，他们得到的回答是“维多利亚殖民式”，但我在英国从来没有见过这样的房屋。从风格看，它稍稍有点意大利式、稍稍有点西班牙式，白色的二层楼，前面有一个阳台，俯瞰着一座小花园。花园的中央用马赛克瓷砖拼成一个日晷，还有一尊大理石雕像，不是狄俄尼索斯，而是阿波罗。（三岛有一次向一位外国记者用英语解释说：“这是我可怜的理性象征。”）花园的一角置放着一把威尼斯双人椅，是从大映制片厂的道具师那里订购的，他对拥有这把椅子感到骄傲。花园的入口有一扇锻铁大门，高高的白墙环绕着房舍和庭院。我记得铁门总是用一把巨大的挂锁锁着，有客人打铃时，女佣来开门。

主楼里没有日本式的房间。一进楼，有一个传统的日本式过道（玄关），客人要在这里脱下鞋子，然后才迈上木质地板。但是在三岛家做客遇到的小小的意外之一是，女佣会客气地请你不要脱鞋，直接进屋。（女佣自己则脱掉便鞋换上拖鞋，三岛夫妇在没客人时也换鞋。）这个意外往往使来访者略微有点窘、有点不知所措。来访者，无论晚宴客人或编辑，总是被引进一楼右手边的房间。这是饭厅兼会客室，房间的天花板有二层楼那么高。这地方颇为奇特，说它是礼堂比说它是房间更为确切，只是“礼堂”听上去比实际要大许多。事实上，房子里所有的空间都显狭小（三岛是小个子，他给人的印象却不是）和拥挤。这里的地面是方块瓷砖，一张可坐十四个人的路易十四时期的大餐桌、一张双人沙发、一把椅子和一张古董小桌子、小酒吧、一套瓷质文具、一些三岛从意大利带回来的文艺复兴时期的小摆设。远处靠墙是象牙色的楼梯，扶手的铁柱上有雕塑，他喜欢倚着柱子站立。楼梯的顶端是起居室，比下面的饭厅略大。这里的布置较为杂乱，有一张相当普通的沙发、各个时期的古董椅子、一架钢琴、一对烟玻璃灯泡的黄铜台灯、一张维多利亚时代的写字桌，还有大量小摆设。始终置于沙发上的是一只已开始破损的填充狮子，那是三岛儿时的玩具。就是在这儿，三岛夫妇请客人喝餐前酒，或者举行鸡尾酒会，这是三岛从纽约学来的待客之道，他喜欢让他的日本客人感受这种异国情调。

1965年前，就只有这两个房间对外人开放。此后三岛加了三楼，包括一个平台，从房子的一头延伸到另一头，可供眺望东京湾。还有两间正圆形的穹顶房间，分别位于楼梯的两侧。这两间房是为了让女士们和先生们在晚饭后可以得体地分开活动一会儿。房间布置是超现代的：低矮的桌子、嵌入式的沙发紧贴着弯弯的墙壁、满铺地毯，右边先生们的交谊室是海蓝色的，左边女士们的则是猩红色。在海蓝色屋子的壁龛里，聚光灯下，陈列着一只稀有的希腊瓮，是瑶子父亲送的礼物。

通过二楼的起居室，或者通过供家人专用的楼梯，可以到达卧室和三岛的书房。三岛每天在其中至少工作六小时的房间极其简朴。这是一个小小的房间，大概十二英尺见方。除了大大的金属写字台堆满手稿外，就是一张小桌子和两把椅子，他有时候深夜与编辑或偶尔与作家朋友坐在这儿谈事情。书桌后面和右边，靠墙摆放着高及屋顶的书架，架上有百科全书、各类地图册和词典、各种奥妙的参考用书如《世上一百件最豪华的器物》，还有几十本剪贴簿，收藏了他精心剪贴的大量新闻图片和文字。（他八千册藏书的大部分都放在书房对面、隔着甬道的书架上，被称为“书堆”。）门上有一面穿衣镜。书房有暖气（整栋楼是中央供暖），但没有空调。曾经装过一台小型空调机，但是三岛受不了嗡嗡的噪声，便拆除了：在漫长的工作时间，他需要安静。书房的简朴与其他房间形成鲜明的对比，这符合三岛的一条基本原则，即他的工作和他作为顾家男人的生活要截然分开。他曾经告诉朋友和家人，他独自工作的时候就变成了魔鬼，但是他从不把魔鬼带出书房——这绝非虚言。

梓和倭文重的生活是日本式的，住的是朴素的日本式房子（榻榻米房间）。房子与主楼成直角，两者都围在白色的院墙之内。严格地说，它不是厢房，因为与主楼没有内部连接。它是独立的附属建筑，花园墙角处有一扇自己专用的小门出入。平冈夫妇有自己的日本式小园子，两个女佣做家务，出入不经过主楼。这样，他们的生活可以完全不受干扰。主楼的情况与此不同：两位长辈的起居室面对从铁门到主楼的走道。我发觉，可以悄悄地访问梓和倭文重，但是去主楼不可能逃过他们的眼睛。有几次，我访问瑶子没有通知梓（是瑶子不让通知），当我离开时，他总在外面等我。

全家于1959年5月9日迁入新居，从此就一直住在那里。在三岛生命的最后十一年里，他的日常生活基本没什么变化，他通常在下午一点起床，边喝咖啡边阅览信件，如果天气好，在花园里晒日光浴一小时左右。除非要满足难以完成的交稿要求而日夜赶写外，他下午总是拎起小提包，早早出门，或者去健身房举重，或者练习剑道，再后来或者去练习空手道。傍晚的时间安排通常包括，会见编辑或导演，参加评论家和作家座谈会，会议内容由文学杂志发表，还有彩排。总之，是他多彩人生所要求的一切事务。晚上很少在家吃饭，除非有时候在家很阔气地款待客人，他极少在十一点之前回家。他通常在十二点进书房，绝不晚于一点钟。

虽然工作第一、工作为重，但是三岛并不忽视家庭。他有两个孩子，女儿纪子生于1959年6月，儿子威一郎，生于1962年5月。他是一个细心、尽责的父亲。他每个月都要花几天陪伴家人。从1964年开始，每年8月，他都陪瑶子和两个孩子去伊豆半岛顶端的海滨度假胜地，下榻于下田的东急酒店。

1959年6月，全家迁入新居刚满一个月，瑶子和襁褓中的女儿纪子从医院回来没几天，三岛完成了《镜子之家》的写作。这部小说他持续写了十五个月，是他花费时间最多的一本书。这十五个月中他写的日记（是连载发表的），明确记录了这部小说在他心目中如何渐次占据特别重要的地位，以及他是如何以超凡的意志完成这本书的：

1958 年 3 月 10 日（星期一）

晴。午后天气和煦如饴。

日复一日，想着手写作新的、非连载体小说《镜子之家》[①]，可总是畏首畏尾。一千页的篇幅，不可能在脑子里一一作好安排——因为有意使用比筑岛更远的晴海的景色，便乘计程车前去转转。三点钟到那里，正赶上吊桥冉冉升起。感觉这能用，便下车做了笔记……

今晚，想开始的企图又告失败。明天要去奈良二月厅看“汲水”仪式。回来即开始。

3 月 22 日（星期六）

在开始写大篇幅小说时，沉闷不快的感觉会袭上心头。更糟的是天气由阴转雨。六点钟，豪斯夫妇应邀和我一起吃晚饭。他们是唐纳德·基恩的朋友，新近刚结婚，两个人都是来日本做研究工作的。我们在花木饭店吃蜗牛、鹌鹑、蛋奶酥。饭后，我们去“日剧”音乐厅看节目。家里

---

① 在 1958 年，连载依然是常规，作者大都乐此不疲。一个原因是作者因此不必将书的结构安排得很紧凑。再者，铁定的截稿日期有助于写作的进程。第三，可以根据圈内的批评意见随时调整写作。三岛坚持在书未完成之前不予示人，说明他对这本书的重视，也在一定程度上表现了他的自信：在 1958 年和 1959 年，一部篇幅一千页的小说，不采用连载方式，即使对一个资深作家来说，也被认为是冒风险的。

工作在等着，真不想回家。

3月23日（星期天）

整天待在家里工作。书终于有了进展。工作顺利或工作完成时感到的喜悦是超乎尘世的。

4月11日（星期五）

《镜子之家》的第一章仍未完成。一个原因是因为要压缩第一章，使之不要像豪华的歌剧序曲，犯我所有小说的通病。开头要写得尽量不显山露水，甚至要低调。迄今还有个问题，就是像个不会打牌的人，总是在第一章亮出太多的牌，以至于早早透露了故事的发展轨迹。关键是要把开首这章写得尽可能简约。这一切都与我喜好妙语豪言的品味相抵牾。

8月8日（星期五）

今晚，感觉头脑发热眩晕，正是书写拳击训练情节的理想状态。头脑清醒的话，写这样的情节就困难了。工作进展顺利，今晨终于写到《镜子之家》的第二百页。还有八百页——总之，完成有望了。

9月18日（星期四）

昨晚台风来袭。今天早上六点，电力供应中断，然而我决心要与风暴抗争。以沉闷压抑和轻松欢快交织在一起的心情，将《镜子之家》推进到二百五十九页，从而完成了第三章。

至此，业已完成所有中心人物的亮相，可以说，所有的牌友都聚齐了。生活如此错综复杂，以至于要花半年时间才达到这一步，进展速度只是预计的一半。尽管写小说没有连载的压力，总会延误，但还得设法赶上进度。然而也不可受影响而操之过急。对周围疯狂的人和事勿视勿听。

10月20日（星期一）

自从10月11日完成三百页以后，《镜子之家》的写作进程变得迟缓，部分原因是感觉松了一口气。但是一旦进度迟滞，放松的心情就被焦虑取代，焦虑又衍生出急躁，这些感情同样阻碍写作进程。因此我们在工作中必须持续不断地与自我原谅作斗争。

12月11日（星期四）

下午四点回家，旋即上床补充睡眠。十点醒来即开始书写《镜子》。恐怕年内完不成书的第一部了。

1959年元旦（星期四）

计划年内完成《镜子之家》的第一部共五百页，为此我殚精竭虑。可是昨晚寺庙年终钟声敲响时，我只完成了四百六十三页。仅睡了三个小时，今晨四点又提笔写至格斗情节结束，第四百六十九页，我甚感宽慰。上午十点，全家一起坐下来吃新年的第一顿早餐。

文学座剧团一对将在2月里结婚并由我们证婚的情侣，冒雪来贺新年。我们一起吃晚饭，然后喝酒跳舞。晚上十一点，当我要叫轿车送他们回家时，发现没有一家车行开门营业。于是这对生气勃勃的情侣穿上靴子，顶着风雪离去。我重新工作，把书推进到四百七十一页。

1月4日（星期日）

早上七点半，完成第一部，共四百九十一页，比原计划略少几页。发觉过于兴奋而不能入睡。最终还是睡着了，一觉睡到下午三点。

1月5日（星期一）

今天趁着新年拜访新潮社的［社长］佐藤亮一之际，向他递交了第一部的手稿，感觉如释重负。聊以自我安慰的是，毕竟在出版社开始［新一年的］工作之前完成了第一部，因此可以说写作差不多是准时完成的。

今晚开始写第二部。

3月16日（星期一）

晴。山茶花终于绽放了。

四点钟健身，今天加了练三头肌的项目。去H. 裁缝店试衣。回家后像着魔似的狂写，17日凌晨三点，把《镜子之家》推进到六百八十页，完成了第七章。

自从进展到第二部，写作几乎再没有滞塞感。每一段情节都演变成为灾难，而灾难正是我最喜欢的。当工作如此顺利，怎么形容它所带来的喜悦呢？就像骑在我们居住的这个星球之上，大踏步地跃进，甩一个响鞭，使其在无边的黑暗中奔跑，群星全都擦着脸颊飞掠而过。但是闲话少说，这种喜悦必须秘而不宣。

4月7日（星期二）

深夜，经过数星期缓慢地、无以言表的痛苦地攀岩之后，终于达到了《镜子之家》的第七百页。无论进展如何费劲，总算或多或少保持着恒定的进程，这当然是靠锻炼身体获得的。如果未能通过一周五次的身体锻炼（让血涌汗流），以恢复不堪重负、吱嘎作响的骨骼，我早就成了精神上的骷髅。

5月9日（星期六）

凌晨睡了两个小时，然后继续工作，使《镜子》达到七百九十页。计划是在搬家［进新房子］前达到八百页，后来搬家日期推迟到9号，感觉这下肯定能按时完成计划，不料今天9号了，离计划还差十页。

6月16日（星期二）

晴。下午四点，瑶子携纪子出院回家。她是这么个满脸可爱的小人儿，在房子落成刚满一个月、诸事终于安排停当之后，以新成员的身份，得意地进了家门。我整天都在照看她。

去年以来，我一直激动地盼望着1959年将发生在我生活中的三件大事。头一件事是盖新房子；第二件事是我第一个孩子的降生；最后就是完成我的大部头小说《镜子之家》。现在两件事情终于落实，还有一事有待完成。

6月29日（星期一）

过去一周，一直被难以名状的焦虑所缠绕，总想着何日能完成《镜子之家》。我已筋疲力尽。心想至少还要保持每周锻炼身体的日程，可是当我做一百五十磅仰卧推举时，这本来轻而易举的项目，却让我后脑感到一阵刺痛，而且像患了头痛病一样经久不去。此后，每每把杠铃举过头，即犯头痛，不得不放弃靠锻炼身体来减压的方法。现在，失去了恢复精力和体力的合适手段，我不得不面对这犹如疾病一样的强迫性焦虑。

有一阵子，这本大部头的小说终将完成的前景，在我心中引起一种奇怪的甚至不祥的感觉。很久以来，完稿就好像是在做梦，我甚至觉得这事永远不会发生。另一方面，我又想象在完稿的那个早上，自己赤脚在花园里跳舞。我想象着要把焰火准备好，到那天早上，我会把它们一个一个燃放上天。同时，我又自忖："你不会这么激动吧。"

26日感觉疲倦到了极点，所以27日星期六和28日星期日全天待在家里，只在傍晚时分与家人外出散步一小会儿。感到完稿在即，不敢动笔，一旦开始，手中的笔一路疯狂地写下去，不知会在哪里收场。但是星期日深夜，我终于让它去了该去的地方。今晨三点半，以九百四十七页的篇幅完成了《镜子之家》。从去年 3 月 17 日至今，一共写了十五个月有余。

现在完稿了，搁笔了：我没有获得曾经想象过的欣喜，只有茫然的感觉，没有欣喜要表达。焰火！我所能感觉的就是疲倦，一种模糊的、飘忽不定的惆怅覆盖了我，如酒醉初醒，又如置身于浑浊糟糕的空气中。

早晨四点，上床睡觉，可是疲倦和激动使我不眠，杂乱的念头不停地侵入脑海。渐渐地，窗帘缝隙间透出白色。当然！我得去楼顶庆祝日出，为完成书稿而感恩。然而当我拉起百叶窗帘时，发觉灰色的云，层层叠叠覆盖着早晨的天空，日出看不到了。

无奈之下，我选择洗澡。下楼来到浴室，打开水龙头，没等水完全热，就躺进浴缸。浸泡在微温不热的水里，我长时间徘徊在矛盾的心绪中，时而满足，时而不满足。

洗完澡，我到前门去取早晨的报纸，然后坐在花园的石头上，从头版读到末版。直到八点，我才真正地去睡觉。

三岛如此心无旁骛、不辞辛劳地写成的对他又是如此重要的这本小说，是一部令人不安甚至令人毛骨悚然的书。首先，书的每一页都昭示着他的观点，即在外人看来他所拥有的实实在在、明确无误的身份，如，著名的小说家、戏剧家、评论家、对生活充满激情的古怪的风流人物，在三岛看来，只不过是一个个面具而已。尽管有夏季在街头欢度节日这样的得意时刻，自战争结束以来，他从没有真正获得过至关重要的存在感。此外，《镜子之家》读起来像一个离奇的预言故事，它在读者脑子里留下的令人不安的印象是，三岛在 1959 年就精确地预知自己将要前往的目的地，甚至知道要到达这个目的地需要做什么。

三岛想用书中四位年轻主人公，商人、画家、拳击手、演员，来分别代表自己各个侧面。使这些人物整合在一起的是，他们共同感觉面前有“一堵不可逾越的高墙”。这障碍所代表的是阻止他们参与生活：他们每个人必须回答的问题是如何获得存在感，如何让自己感觉还活着。

商人的答案是“完全蔑视当下的现实”。他“知道”所谓的现实就是当下玩的把戏，是“毁灭前短暂的安宁”。他知道“这个世界以及其中的一切将要毁灭”，而唯一的“真正现实”就是“这个世界已经处于毁灭的边缘”。他的信念，使他通过蔑视当下现实而得以在其中兴旺发达。这一信念源自他的（当然也是他的作者的）战争经历：唯在那时，当世界真正处于毁灭的边缘，他才能够感觉现实是真实可信的。“承认吧，你喜爱毁灭，”对着镜子，他说的是自己，

你会永远记得那无边的、燃烧殆尽的废墟上，曾经接二连三升起的熊熊大火；当你凝视今天的城市，你只看到记忆中的过去。当你走在修复的、铺着冰冷水泥的人行道

> 上，如果你脚下没有感到焦土余烬的温热，你的感情是有缺失的；如果你不能透过现代楼宇的玻璃看见从残垣断壁的缝隙间长出的蒲公英，你就是荒芜的灵魂……

通过虚无主义的商人，三岛表达了他自己对战后现实的蔑视，毫不讳言自己在这样的现实中可能永远不会得到真正的存活感。至少他赞同虚无主义者的观点，即战后现实是不真实的，因为它缺乏固有的死亡和毁灭。在撰写《镜子之家》时，他日记中的一段话构成了虚无主义世界观的基础：

> 战时如此逼近我们的"死亡"……与今天波澜不惊的安宁世界之间隔着一条鸿沟。突然我们从死亡即现实的生活状态中，被赶入一个死亡充其量只是一个概念的世界：在死亡如此逼近的生活中，我们所领受的现实感，现在已经成为一个概念。反过来说，战时明确无误的幻想，已然变成了日常生活的现实。

在拳击手身上，三岛首次表述了"行动学"，这很快将成为他爱国者新身份的基石：

> 行动、有效的一击，正是他的世界的核心。思想与简易和纯粹背道而驰——与速度背道而驰。如果说，速度、简易、力量体现美，那么思想就代表一切丑的东西。他不能想象世间有飞快似箭的思想。任何思想怎么可能快过突

然出手的一记直拳？

只要他能够有效地出拳，拳击手知道，不用想，他是活着的。然而，在和流氓团伙打架时，他的右手被垒球棒打烂了，石膏拆除后，他再也不能把右手握成拳头。失去了行动能力，拳击手也失去了身份。他“决心一如既往不去思想”，但是他不用想就知道，要存活，要有存活感，他需要“一个像样的对手”。

就像三岛在预言自己的人生似的，拳击手解决这一存在危机的方法是参加右翼极端分子的组织。一个老同学劝他加入的情节，以及《镜子之家》中其他一些情节，现在读起来，令人有不寒而栗、似曾相识的感觉。譬如，拳击手的朋友向他列举的一系列的说教，与三岛后来用以阐述他自己立场的语言基本是一致的：

> “我们日本人必须亮出我们帝国的真实国体，君主与国民共荣的国体。我们必须为向往自由、和平、幸福以及精神文明的世界各国、各民族作出表率。我们的天职是以生命信奉天皇，捍卫我们帝国皇权的昌盛，那是我们建立丰功伟绩之所在——”
>
> “那是什么鬼东西？”拳击手说。
>
> “这是意识形态。你相信吗？”
>
> “我还没弄明白呢。”
>
> “那就再听我说：我们将阐明帝国理想，振兴日本精

神，扫除共产主义，改良资本主义，修改强加给我们战败国、旨在长期羞辱我们的宪法。我们要把卖国的日本共产党确定为非法组织，以和平、独立、自卫的名义，提倡重新武装。我们要推翻为共产党卖国贼提供滋生地、并与之同流合污的统治阶级，我们将建立一个新的秩序，一个让国民共同繁荣的新秩序。”

“这都是啥玩意儿?”

“这也是意识形态。”

“这你也相信?”

但是这段情节中最令人不安的时刻是在其后，老同学承认他参与右翼极端分子的活动，只是他个人想要接触他想象中的死亡欣快：

我不能明确地说我相信，只是那些措词给了我美妙的感觉。当我把这些话说出来的时候，就仿佛我的身体能融化进每一句话里面，可能是因为它们比任何东西更接近死亡。我以前当拉拉队员的时候，很多次唱着战歌，突然就意识到死亡，于是便有了这美妙的感觉。你知道当你把憋着的尿一泄而空时，你的身体会一哆嗦——那必定就是死亡的感觉。

“你真是一个离经叛道的右翼分子。”

“你说对了。但是除了你，我不会和其他人这么说话的，因为我想你我在这方面有共同点。我想你在拳击运动中也有同样的发现。”

“我可不这么想。”说这话时，俊吉极力抵抗着让他震颤的快感。“为什么我相信与否无关紧要?”他说。

“因为一个人信得越少，他的作用就越大。看看我，我完全知道我不信。我把这种意识形态视作身外之物，当工具使用，以获取难以形容的快感，让我时时感到自己的死亡和别人的死亡近在咫尺。这种感觉使我有资格成为组织中发挥作用的成员，发挥尽可能大的作用。”

在日本和西方国家，有些人极力否认三岛是这里所描绘的“离经叛道的右翼分子”，但是他们错了：三岛的爱国主义正是基于他对“难以名状的快感”的追求，这种快感等同于“死亡的感觉”。他对此当然完全明白，就像那个曾经的拉拉队员，以及那个只给了我们暗示的拳击手。拳击手在这段情节的末尾签了血誓（如三岛后来所为）。如果说把拳击和三岛的职业相比较有不妥之处的话，那就是，在三岛的写作生涯中，没有像拳击手所遭遇的那种重要事件。虽然如此，拳击手失去身份，导致他“宣誓效忠并不相信的意识形态”，其性质具有重要意义。《镜子之家》暗示着三岛的职业与他的生活最后转向之间的关系，对三岛而言，他的写作已不足以发挥证实自己存在的作用。如《镜子之家》中的演员所说，艺术不再是令人满意的镜子。

这演员的自恋代表了三岛对自己的看法。收在自己身上花费这么多精力，是因为他的存在感如此细微纤弱。像三岛一样，他开始举重，以期更明显地感知自己的存在，肌肉确实起了作用。但是随着时间的推移，肌肉不再能够担当证实存在的重任，令人束手无策的疑惑回来了。接着，收有了一个新的（也是最后的）发现。一个炎热的夏天，他赤身裸体躺在地板上，两眼紧闭，在情人的爱抚中享受着片刻的慰藉。突然他感觉刹那的疼痛，睁眼看见身体一侧在流血，她用剃须刀在他身上划了一道口子：

> 普通日常的关照对他已不起作用，他想要炽烈如火的关照。一味的爱抚也无济于事，他需要伤筋动骨的伺候。直到目前……任何证实存在的方法，都没有此刻的疼痛更实在、更真切。毫无疑问，他需要的正是疼痛。
>
> 当他看到鲜血在他体侧流淌，他生平第一次有了真切的存在感。这就是他青春的肌肤，他的关切如此强烈，只有伤及这肌肤，让他自己的鲜血确定无疑地流淌，他的关切才得以满足——就这样，存在的戏码破天荒上演了，鲜血和疼痛完完全全证实了他的存在，以他的存在为中心，整个大戏开演了。……鲜血缓缓地、可爱地流淌。他身体里流出的血象征着体内与体外无与伦比的协调。要让他健美的身体真正存在，仅仅裹以一层肌肉是不够的。一言以蔽之，欠缺的是鲜血……收甚至意识到，让他确信自己有存在感的疼痛和鲜血，最终的作用只是结束他自己……
>
> 从那天开始，收着迷于殉情的念头。这个念头日日夜夜在他脑际盘桓。然而他能想象的唯一疼痛来自剃须刀对肌肤那轻轻的一触。尽管他明白他真正需要的正是疼痛，

这概念性的疼痛，只要一想起来，好像就与欣快混合在一起。当混合发生时，死亡好像与舞台上的死亡是一样的……

舞台上的流血足以充当收想象中的流血，舞台上的死亡痛苦也足以充当想象中的死亡痛苦。但是他的幻想很快搁浅了。每当他燃起这些关于舞台的梦想而又得不到舞台角色时，他的存在感就遭到削弱，要让真正的血流淌的念头又挥之不去。就这样，收的殉情念头像钟摆似的在现实和舞台之间来回摆动。

因为两者他都没有经历过，所以舞台上的死亡与实际的死亡仍然是基本相同的。有时候，他意识到自己幻想中的死亡只掺合着欣快，没有一丁点的痛苦，这时，收不能分辨他到底是幻想着舞台上的死亡还是真正的死亡……

收似乎在记忆中看到舞台上的血泊，然后他躺在那里，健美的轮廓浸泡在微温的血泊之中……“很快我将停止动弹，我将死去，我必须闭紧双眼，尽可能不要呼吸：最微弱的呼吸也会被观众察觉。我所要做的就是聚精会神于某个愚蠢的念头，一动不动地躺着，直到落幕。帷幕终究会落下，那时我就可以起来了。”

然而随即出现在收的脑海里的情景是，大幕不落，喝彩声永远不起。这念头让他高兴得发疯。“如果帷幕永远不落下，那么戏就永远不会结束。”对演员来说，那真是理想的戏剧。

在《镜子之家》所有令人不安的章节中，这是最奇特的。这个青年是自恋者，因为他从来不能确定自己的真实性；这个自恋者发现疼痛是获得存在感的可爱证据，因而他又是一个受虐狂，这个受虐狂只想从自己痛苦的死亡中获得快感，并期待从中获得自己存在的完美证据。通过对这个人物的描绘，三岛明确无误地完成了一幅自画像。惊人的相似还在于收分不清舞台上的死亡和实际的死亡：作为演员绝不比收逊色的三岛，亟需在他想象的永不落幕的存在大戏中，扮演“毒辣关照”的受体。收混淆真实的死亡和幻想的死亡，与实际死亡玩危险的游戏，将现实的一切转变为一个舞台，他在其中扮演中心角色，这些当然都是三岛自己直到死的那一刻一直不断在玩的游戏。

收确实与情人双双自杀身亡。读者借由“新闻报道”得知自杀现场血腥，可是三岛没有向我们展示情节。这不足为奇。如果他要让读者了解细节，就得披露这个人物的最后思想和感觉。他有没有获得无可争辩的存在感以及“难以名状的快感”？他是否知道（或感觉）自己成了一出永不落幕的大戏的主角？三岛不敢说。估计这些问题在1959年就真实地存在于他的脑海中，无疑他只是没有回答这些问题的勇气。然而他还是间接地以虚无主义者的一封书信的形式，对演员之死作了评论，显然这个虚无主义者最有资格来做评论，因为他对幻觉和现实之间的区别了然于胸：

无论现在或将来，我们所知道的就是，死亡是他的夙愿。死亡戴着各种面具来造访他，他把它们一一摘下来，戴到自己脸上。当他摘下最后一具假面时，死亡露出了真面目，我们不知道他是否因此害怕。

直到那时，他对死亡的渴望使他也强烈地渴求那一具具的假面。戴上这些面具以后，他逐渐变得漂亮了。你必须明白，男人对漂亮的诉求与女人是大相径庭的。就男人而言，那始终是对死亡的渴望。这种渴望应该开始于青年期，但是通常青年感觉羞愧而不愿暴露这个秘密，只有在战争时期，这个秘密才会公开出来。

这就又回到了虚无主义者的信念，只有在世界处于崩溃的边缘，或战争时期，或在他常常认为即将来临的最后时刻，真正的现实才会展现。他的这个理由，也是演员非常明确地加以演绎的理由，就是死亡，或者说死亡前一刻，是唯一的现实，因而要活着，要存在，要参与现实，就得去死。虚无主义者完全明白这一点，但是他决心要活着与他的信念作斗争。他活下来了，不足为奇的是，画家也活下来了。因而，当《镜子之家》的合成主人公有艺术和虚无主义可以依靠时，存活是可能的。当艺术和虚无主义不再能令人满意地起到替代存在的作用时，合成主人公中的拳击手和演员只有死路一条。

三岛三四十岁写的《镜子之家》相当于他二三十岁写的《假面自白》，两部作品都有结账的性质，是他令人吃惊地高度认知自我的见证。两部作品本身都构成自我发现的过程。无从知晓三岛在写《镜子之家》时是否知道他在预言自己的命运，但是有一点是肯定的：六十年代的一系列事件，以三岛的“爱国”自杀而达到高潮的政治右转，并不是突然发生的。无疑所有的要素在 1958 年业已存在，同样毫无疑问的是，三岛对这些要素是了解的。

第六章
1960—1966

《镜子之家》卖得不错，但是书评人对这本书的态度是冷淡的。1959 年 12 月刊登在《文学界》杂志上的讨论会内容就是评论界对该书的典型反响。六位与会者①不仅是最有影响力的评论家，而且他们过去都曾大力追捧三岛。他们一致认为《镜子之家》是“三岛前所未有的重大败笔”。尽管他们的批评涵盖方方面面，但是集中到一点，就是作者似乎要表达却实际阙如的小说的社会意义：

> 平野：我觉得这本书毫无新意。
>
> 江藤：我有同感。

---

① 实际为五人：山本健吉、平野谦、江藤淳、佐伯彰一、臼井吉见。见『1959 年の文壇総決算（座談会）』(文學界 1959 年 12 月号)。——编注

平野：把故事设置在 1954 年和 1955 年毫无意义，这本书只不过是对战争老套的怀旧罢了。

佐伯：所有的人物都只是三岛的各个侧面，小说呈现的是三岛自己异常孤立的内心世界。

山本：这是他前所未有的重大败笔。

江藤：要是巴尔扎克，他会创作一幅壁画，三岛所需要的只是一面大镜子。

佐伯：一开始他可能想用镜子……来反映外部世界，但是他实际所做的，是向我们解释了他的内心世界。

江藤：我怀疑他是否真的想要反映外部世界。我想这是三岛的花招：嘴上说要反映外部世界，实际上却向我们展示自己的内心世界。

三岛非常在意评论界对他的重要作品的批评。他通常以满不在乎的大笑，或以对评论家这一物种假装的蔑视来掩饰自己内心的痛苦。但是有时候他实在无法控制自己受伤的情绪，便会像任性的孩子那样发作一通。一次，好朋友为他的短篇小说集写后记，为了更有效地证明这些小说的精彩，朋友温和地批评其他同类作品没有这么成功。三岛大发雷霆，在简短的感谢信里，他写道，后记应该全是褒扬，应该是"一帧照片，绝不能是 X 光片"。

尽管他缄口不谈《镜子之家》，但是评论界对这本书的态度，必然使他感受到特别痛苦的打击。1958 年 1 月，他对采访者抱怨说，一些他"毫不费力写成的"小说，尽管对它们不抱任何期待，却不知不觉地成了“畅销书，戏剧，甚至电影”。这抱怨虽说是打趣，然而他不加重视的书籍居然获得如此成功，他由此而产生的不满情绪是真实的。让他耿耿于怀的是，他花了一年半时间精心写成的小说，却遭到那些举足轻重的评论家的蔑视！

无论如何，三岛决心要取得《镜子之家》应该为他带来的关注。书出版后一个月，他决定要主演一部黑帮影片。1959年11月初，他告诉讲谈社的一位编辑，他想演一部电影，并请他的朋友与大映制片厂联系。大映获悉以后，由公司总裁亲自打电话给三岛，鼓励他按照自己的想法去行动。特立独行的三岛完全知道自己要演什么样的电影。他想演一个穿皮夹克的黑帮分子，在电影结束时死去。考虑到他有骑马的本领，大映给他送了一个合适的脚本，一位骑师虽然双目失明，却仍然（！）重返赛场，在最后一次神勇的比赛中，死在终点。三岛没有接受这个本子。此后又看了一些，最后选中《风野郎》。主角刚刚刑满获释，他入狱的原因是为死去的父亲复仇，他的父亲是一个黑帮头子。他出狱后，敌对帮派便找他报仇并最终得逞，而在这个过程中，主角与一位漂亮的姑娘发生了恋情。她怀孕了，主角于是设法骗她吃打胎药但没有成功。最终他发现自己是爱她的，便决定接纳这个孩子。担心未来的新娘和孩子会因为他而受到伤害，他要求她在危险解除前先去农村与她母亲同住。来到火车站时，他想起要给婴孩一个礼物，于是便急匆匆地到马路对面的百货商店去买玩具娃娃。这时黑帮们追了上来，他遭到致命的枪击，在上行的电动扶梯上往下翻滚，仰面朝天倒下，手里紧攥着玩具娃娃，被徐徐上升的电梯带出镜头。

在开拍之前的几个月里，日本所有的报纸和周刊都刊登了对这位明日之星的独家专访。三岛抓住每一次机会来展示自己荒诞不经的秉性。他穿得像个电影明星，条纹衬衣、闪亮的领带、细条纹的西装，当然还有茶色眼镜。他向采访者出示“崇拜者的来信”，其中一人写道：“三岛！你有影星的相貌吗？去拿镜子照一照！”问他对演这个角色是否有信心，他回答说“绝对有”，因为他已经了解到所有的女演员都比他矮，他感到满意。他不止在一个场合戏剧性地解开衬衣纽扣，洋洋得意地袒露自己的胸毛。媒体如获至宝，一个星期接着一个星期，大字标题围绕这件事喋喋不休：手里提着枪，他得意地炫耀自己胸脯上的毛；三岛向我们展示他的胸毛；令人难忘？三岛出演体毛浓密的枪手。

电影于 1960 年 2 月 1 日开拍，历时六个星期。据说导演增村保造毫不留情地对三岛施加压力，最严厉的苛求发生在他与漂亮的女主角若尾文子演对手戏的场景中：增村坚决要求主角应该演得既温柔又粗暴，可是温柔总是不到位。于是他不断地重拍，让整个剧组工作到深夜，并把这一切归咎于三岛。最后他摊开双手，大声嚷道：“你这么喜欢扇她，请便，去扇个够。”在最终发行的拷贝中，三岛几乎每次与情人见面都要打她，有时候“温柔地”拍打后背，但大都是“粗暴地”扇耳光。

我初次观看《风野郎》时，三岛已不在人世。那是一种奇怪的体验，因为刚刚读过他青春期的小说，我禁不住将那十七岁诗人的虚弱形象叠加在银幕上的硬汉身上。于是呈现在我眼前的是一个古怪的形象：过长的睫毛；眯缝起来、燃烧着怒火的眼睛显得柔和无助；正在发出咆哮的嘴巴过于丰满、过于女子气，红润的嘴唇在苍白的脸上显得愈发红润。三岛的身影像一柄锤子似的四处舞动，而裹在肌肉里的，只是一个不健康的脆弱躯体，尤其是细长的双腿，看上去瘦弱得难以支撑发达的躯干。在我看电影的时候，“硬汉”渐渐消失了，继之而起的是一个没有实形的人，一个胆小、女子气、崇尚思想的人，他天生憎恶粗俗和暴力，以及一切与肉体有关的东西。在三岛表演的表象底下，我看到的是平冈公威。三岛越是要努力饰演帮派分子，结果呈现出来的越是十足的平冈。看着一个人勉为其难地要成为与自己性格截然相反的人，心里真不是滋味。

《风野郎》在 3 月底发行放映，评论界一致认为三岛的表演“索然乏味”，既无害也无益。然而三岛不太可能在乎他们的想法，因为这毕竟不是小说，只是他一时心血来潮所为，能成为大家的谈资就行了。另外，他此时已全身心投入又一项工作，在文学座剧团导演奥斯卡·王尔德的《莎乐美》。他在十五岁初次读这个剧本时就为之倾倒。毫无疑问，出于同样的理由，他和所有颓废主义者都喜欢这个宿命、颓靡的美丽故事，然而王尔德对这个故事的诠释，充斥着末日气氛，好像是特地为他而写的。整个 3 月，他兴奋地忙于制作，甚至设计了布景和服装。《莎乐美》于 4 月 5 日上演，被认为是成功的。

1960 年春天和夏初是猛烈的政治对抗时期。焦点是续签 1952 年订立的《日美安全保障条约》(《安保条约》)。不仅是左派反对，而且媒体和公众舆论也反对这个条约（它授权美国在日本继续拥有军事基地，以换取美国承担保护日本不受假想敌侵犯的义务），他们反对的理由是，该条约会迫使日本参与美国可能在亚洲采取的任何军事行动。然而一向对美国言听计从的政府，决心要让该条约延长十年。从4月份开始（《莎乐美》上演之时），成千上万的学生和工人在社会主义者的鼓动下，举行大规模的“请愿示威”，最终导致与警察和右翼极端分子的冲突。6月16日，冲突达到最激烈的程度，有一千名示威者受伤，东京大学一名十九岁的学生遇难。次日，一位社会党议员在国会前征集签名时遇刺。6月18日晚上，三十万示威者包围了首相岸信介的住宅，要求废除该条约。岸信介没有露面。条约在午夜“自动生效”。

《新日美安全条约》这个问题，几乎在每个人心中掀起或赞成或反对的波澜，然而三岛的反应却表明，他在1960年并没有任何政治意识的负担。在一篇名为《一点政见》的短小文章中，他描写了从新闻俱乐部楼顶观看首相府被围的情形，看着火把闪烁，听着人声鼎沸，思忖着岸信介到底为什么会让这群人这么恨他。“并非因为他曾经是战犯，或是马基雅弗利主义者，或者甚至因为他是美国的走狗，”他的结论是，“他们恨他是因为他是一个小而又小的虚无主义者……他毫无信仰，尽管他可能自认为有信念，但是这群人凭直觉知道他不可能相信自己的政治原则。”紧接着，三岛承认，“我也是个虚无主义者，”但是，“好在我是写小说的，不是政客”。然后他进一步语带嘲讽地说，自己的“政见”就是，将来挑选政府首脑时，要明智地选一个“现实主义者”，而不是像现任首相或他本人这样的虚无主义者。

这种语言不可能出自一个有政治信念的人。然而在 1968 年，他向朋友保证，到 1970 年《新日美安全条约》再次续签之时，他将和左派参加战斗，“仗剑而死”。就是在 1968 年，他已然成为（或者听起来非常像）一个极端民族主义者。什么原因使得（或迫使）这个自认的虚无主义者在短短的几年时间里取得了信仰？

初步的答案存在于一篇题为《忧国》的四十页小说中，这个故事是三岛在 1960 年夏末写的，灵感来自 1936 年的军队哗变。随着他特有的爱国主义逐渐形成，三岛赋予这次事件越来越重要的象征意义。1936 年 2 月 26 日凌晨，天下着雪，二十一名年轻的皇军军官企图推翻他们所谓的卖国政府。领着一千三百五十名步兵，仅用几个小时，他们就占领了东京皇宫南面方圆一英里的战略要地，并根据事先拟定的名单，冲进六位政府要员的家里，杀害了其中三人。接着，凭借牢固占领的要地，他们要求改组内阁，实行“昭和复辟”，他们的主要目的是要让天皇本人重新成为所有武装力量的最高统帅。

哗变部队在军队和文官政府的最上层有强有力的同情者，甚至还包括皇室内部天皇的兄弟秩父宫雍仁亲王。要不是裕仁天皇本人的态度，他们很可能会取得成功。当天皇闻听这些军官以他的名义起义，杀害他的大臣，陷他的军队于不义，十分气愤，要求按“叛乱者”惩治。足足两天，他的谋臣劝他不要把这些皇军军官当叛乱分子处理，但他不为所动。2 月 28 日下午，在裕仁的坚持下，一个勉强从命的师团包围了被占区域，准备发起攻击。叛军首领表示，如果皇室派信使来命令他们以天皇的名义去死，他们将结束起义，切腹自杀。军队高层力劝裕仁同意他们的请求，以避免同室操戈。裕仁不允，声称“叛乱者”不再是他的臣民，不配动用皇室信使。没有信使到来，叛军说他们只得一战，即使对手是皇军部队，是非留待后人评说。2月28日晚上，经过短暂的战斗，这些人被俘。他们面朝皇宫，眼里噙着泪水，唱起国歌《君之代》。两名俘虏切腹自杀，余人被处死。

《忧国》的主人公是皇家卫队年轻英俊的中尉，新近刚结婚。出于好心，同僚们没有让他与闻起事计划。26日清晨，中尉被一阵紧急集合的号角召唤入宫，两天没回家。27日晚间回来后，他告诉娇妻丽子，他决定自杀，免得早晨去参加攻打已被定为叛乱分子的同僚。丽子表示她想追随丈夫去死，中尉应允。他沐浴洁身。夫妻俩最后一次云雨温存。然后丽子看着中尉切开自己的腹腔，肠子流了一地。丽子吻别已死的丈夫，然后在他的尸体前坐下，将尖刀扎进自己的脖颈。

在后记里，三岛说《忧国》“既不是喜剧也不是悲剧，而是一个幸福故事”。但是不熟悉三岛的读者，会难以发现他所声称的幸福，尤其当故事进入高潮，他对切腹自杀作冗长而深情的描述时：

> 尽管他对自身施以重重的一击，但是中尉感觉是别人用铁棒痛击了他的腹侧。一瞬间他头昏目眩，不知发生了什么事情，五六寸裸露的刀锋已完全扎进了他的肌体……
>
> 他恢复了知觉，心想，刀刃确实割破了腹腔。他感到

呼吸困难，胸部剧烈地起伏，在身体的某个难以想象的深远部位，泛起可怕的剧痛，好似开裂的地面涌出一股沸滚的岩浆，疼痛由远及近，猝然而至……

原来这就是剖腹自杀！他想。天好像在他头上塌了，世界正在摇摇欲坠。剖腹前显得坚定强大的意志和勇气，现在纤弱得像一根细如毛发的钢丝。不安的情绪袭上心头，他感到必须凭借这缕钢丝前行，拼全力抓住它。他紧握的拳头变得湿漉漉的，低下头，他看见自己的手及裹在刀上的布条都浸润着鲜血，遮羞布也被染得殷红。令他惊异的是，尽管处于极度痛苦之中，但是可见之物依然可见，存在之物依然存在……

疼痛由体内深处渐渐向外扩散，直至整个腹腔产生回响，就像一口被胡乱敲打的钟，又像是千百口钟，伴随每一次呼吸和心跳，一齐发出轰鸣，震撼他的整个世界，中尉不禁呻吟起来。此时刀刃已一路割到脐下，他见状感到满意，并重新鼓起了勇气……

当中尉最终把刀拉到腹部右侧时，刀刃只是在肚皮上浅浅地划过，裸露的刀尖上沾满滑腻腻的鲜血和脂膏。一阵呕吐突如其来，中尉发出嘶哑的喊声。

呕吐使剧痛愈加剧烈，此前结实的、紧绷绷的腹部，现在急遽地起伏，致使伤口大大地开裂，肠子顺势一拥而出，好似伤口也在呕吐。肠子看来对主人的痛楚毫不知情，显出不合时宜的健康和活力，毫无滞碍地溜出体外，堆聚在胯部。中尉耷拉着脑袋，双肩颤动，眼睛眯成一条线，

> 一丝口涎从嘴角流出……

如此这般，不一而足。最后，当中尉终于把刀刺进喉头、给自己致命的一击时，他的感觉唯有可怕的疼痛而已。郑重其事的故事叙述者也没有给予读者其他的暗示。如果这起死亡中有幸福可言——毫无疑问三岛是这么认为的，尽管中尉并不知晓——那一定是剧痛之福。

但是这并不新鲜。自从那天三岛看着圣塞巴斯蒂安殉难的画作而引起性亢奋以后，年轻殉难、痛苦而死一直预示着幸福。《忧国》把性欲和死亡明确联系在一起，同样也不新鲜：

> 他现在等待的是死亡？抑或是感官的极度欢愉？两者似乎是重叠的，好像肉欲的目的几乎就是死亡本身……当他们把舌头伸进对方的嘴里四处舔舐……他们的感受被从未有过的死亡痛苦燃烧得像火红的铁块那样炙热。尚未感受到的痛苦、远未来临的死亡痛苦，已然提升了他们的快感。

但是《忧国》里面也有一个新的元素，刚刚开始成形。“在这么一个难得的夜晚，”三岛在后记里写道，“夫妇之爱达到了纯洁和陶醉的巅峰，而在自己的刀下痛苦地死去成为一个军人的至诚之举，无论如何也不亚于光荣的战死。”这里的含义是，如果死亡是获得情爱幸福的手段，那它必然不仅仅是痛苦：它还必须是军人之死，“与战死同样荣耀”。这又进一步暗示，在没有实际战争的情况下，像“二二六”叛乱这样的重大动乱是必要的。正是在这里，为了寻求战场，三岛产生了对恐怖主义的兴趣。

《忧国》显示三岛用他的想象力开始确立通向死亡的途径，以了却夙愿。考虑到在那个“难得的夜晚”，获得幸福的条件一应俱备，又是什么促使中尉真正地“抓住了这一人生最崇高的时刻”？他的爱国主义。那是什么东西？三岛很快开始将之比作他所谓的“日本精神之精髓”，并把它定义为狂热地（他自己的用语）献身于超越理性的理想。对爱国主义作如此特别的诠释，因而使它与宗教信仰比起来，即使不完全相同，也非常相似。

中尉是个虔诚的爱国者，作为军人和丈夫，他的言行举止，完全符合他信仰的神道教所倡导的简朴、节制、高度庄重的行为准则。他一切行动的基础、他的道德准则的核心，就是对天皇的忠诚，天皇既是神道教的神祇，又是教主：

> 在楼梯下面的长桌上，供着伊势神宫的牌匾和天皇、皇后陛下的御照。早晨出勤之前，中尉都会携妻子站立于此，深深地弯腰鞠躬。供奉的清水每天早上更换，神圣的杨桐枝条始终保持新鲜翠绿。他们的生活得到神灵庄严的庇佑，从而因极乐而感到周身震颤。

庄重的气氛弥漫于整个故事，表现中尉的虔诚固然极其庄重，甚至在他与妻子同床共枕的癫狂时刻也不乏庄重感：“甚至在床上他俩也严肃得足以令人敬畏，当爱意达到疯狂的顶点时，他们的两颗心依然是严肃的，那种堪称庄重的严肃。”换一个人，这会被看作是矛盾的，不可能的。但是中尉的虔诚（忧国）如此深刻地沁入骨髓，令其与情欲无异。事实上，忧国和情欲已趋于同一：

> 中尉深信，在做出赴死的决定以后，他们所获得的欢愉不含有丝毫杂质。那一刻，他俩都感觉到——当然尚不清晰明了——他们私下所共享的正当愉悦，再次得到大义和神祇的权威认可，在道德上是完美的，无可指摘的。他们四目相对，在各自的眼睛里发现的是正当的死亡，他们感觉自己身披美和正义的铠甲，又一次安全地置身于牢不可破的铜墙铁壁之中。因此，在他的肉欲和他的忧国赤诚之间，中尉非但没有觉得有任何抵牾，反而认为两者是合二为一的。

如果忧国与情欲是同一的，而情欲的目的是死亡，那么忧国也是追求死亡的欲望。但是它不仅仅是欲望，它同时还是达至死亡的手段。一位虔诚的忧国者，与只会空想的人相比，有着明显的区别。忧国者，如果他又是战士，具备实现自己欲望所必需的物质条件。他所等待的，是适当的时机，“在那个难得的夜晚……以切腹自杀的方式痛苦死去成为军人的行动……”

《忧国》的种子孕育于《镜子之家》，但是拳击手和中尉这两个人物有一个关键的不同点。拳击手变成右翼活动分子的过程是以嘲讽的笔触呈现出来的：他知道，即使不是十分清楚地知道，他所宣示的信仰，只不过是一种手段，用以获得非常类似于死亡的“难以名状的快感”。可是中尉的信仰是无懈可击的，不容一丁点的嘲讽。《忧国》戏剧高潮的展开，是以一幅挂轴为背景的，它悬挂在他们夫妇卧室的装饰壁龛里。挂轴上两个中国字，粗略意思是“诚”①，但额外的含义是武士对主公的绝对忠诚，这里的主公即天皇。《忧国》是一篇竭诚之作：三岛小心翼翼地将自己喜欢嘲讽的冲动与故事隔绝开来，以求完全认同中尉的虔诚世界。在开篇中他写道：“夫妇俩在生命的尽头所表现出来的勇敢和献身精神，惊天地、泣鬼神。”他相信这一点。至少他极度渴望相信这一点。

《忧国》是最早的迹象，表明三岛对死亡的追求正在把他引向神秘的神道教和对天皇的崇拜。未几，这新近燃起的对天皇的崇拜成了他的民族主义的基础，一个政治化的三岛诞生了。可是在政治的表象底下，仍然是求死的夙愿。一个没有信仰的人在得知自己必死无疑时突然拥抱宗教，这并不稀奇，但反之则肯定非同寻常：三岛在 1960 年夏天开始酝酿的“爱国主义”，实质上是他为了去死而企图获得信仰。

《忧国》于 1961 年 1 月刊登在《小说中央公论》杂志上。同样在 1 月份，二十五岁的小说家大江健三郎在另一份杂志上发表了描绘一个年轻的法西斯分子的《十七岁》。与《忧国》的庄重基调相反，《十七岁》竭尽讽刺之能事。事实上，《十七岁》是对准《忧国》所推崇的价值观而进行的巧妙和无情的鞭挞。

---

① 这两个字是“至诚”。——编注

十七岁的主人公是一个偏执狂，认定人们只需看到“他苍白的脸和迷茫的眼睛”，就会知道他是“一个不能自拔的手淫者”。这个念头让他心中充满杀气，他想“杀他们，所有人，用机关枪”。但是他无法停止手淫，因为他需要射精时所得到的“力量感”。其他时候，在“别人”或“永恒的时间”面前，他感到虚弱无力。上物理课第一次听说“无限”和“真空世界”，他便瘫倒在地，失去知觉，大小便失禁。一想到死亡，一想到必须忍受那个“永远是零”的无，他就害怕得要呕吐。一天，朋友带他去听右翼分子的街头演讲。此前，他一直想当左派，“因为那样感觉好”。可是在听演讲时，他突然明白，“他赖以对抗世界的敌意和仇恨”只能来自右派。他加入了皇道派。穿上皇道派的制服，他感觉是“披上了右派的铠甲”，知道［他的］感伤脆弱、易于破碎的猥琐内心不再为他人所窥见。他开始研究天皇制度，在一本名为《天皇至上》的书里，他找到了搜寻已久的答案：“要做忠臣，就不能有个性。”这个年轻的法西斯分子立刻明白：天皇“命令他摈弃自己的个性”。他遵命行事，从而获得了“幸福”。他的无助无奈、荒诞不经、自相矛盾、不合时宜，所有这些感觉都一扫而空。他欣喜若狂，禁不住手淫起来：“即使我死去，也绝不会毁灭，因为我可是天皇陛下这棵常青大树的枝桠上的一片新叶，我永远不会毁灭！我克服了对死亡的恐惧。啊，天皇陛下，你是我的神、我的太阳、我的永恒。通过你、依靠你，哦，我开始了真正的人生！”

《忧国》和《十七岁》几乎同时发表，这样惊人的巧合非常可能是有原因的。1960 年 10 月 12 日，社会党领导人浅沼稻次郎遭到年轻的右翼分子山口二矢刺杀。浅沼正在演讲，山口沿着礼堂的走道一头冲过去，跳上讲坛，以日本行凶者惯用的匕首，刺入他的身体。一位摄影记者正好拍摄到这一行刺的过程（非常像扎普鲁德拍摄到肯尼迪总统遇刺事件对日本的影响），随后全世界都看到了这个过程。说大江在写《十七岁》时脑海中浮现着刺杀浅沼者的影像，应该不会有什么疑问，而三岛从同一事件中“获取灵感”也不是没有可能。当然就在这个时候，恐怖主义开始让他特别神往。这一事件使他特别激动，因为刺客符合他的英雄理念，在监狱里上吊身亡，从而展现了他的“忠诚”。1968 年，在一个座谈会上被问及对山口的看法，三岛回答：“他是杰出的。如你们所知，他后来结束了自己的生命。以那种方式去死，是不折不扣忠于日本的传统。”

浅沼遇刺不是唯一的例子，表明左派对《新日美安全条约》的反对已重新激励了极右派。另一个例子是，大江健三郎为《十七岁》付出了代价，被迫蛰居将近一年：对他生命的威胁迫使他足不出户，闭门谢客。还有，在《忧国》和《十七岁》刚刚面世一个月，发生了又一起右派恐怖事件，即试图刺杀中央公论出版社的社长。这一回，不无讽刺的是，轮到倒霉的是三岛。

这起恐怖案，后来称为“岛中事件”，是由一篇只有十二页，题为《风流梦谭》的小说引起的。小说于 1960 年 12 月发表在《中央公论》杂志上，作者叫深泽七郎，是个单身男人。他本来主要是吉他手，后来偶然的机会使他成为作家。1955 年，在一次演出活动中，受到一位音乐评论杂志主编的鼓励，深泽写了一个凄美的“民间故事”，讲的是青年农人把他们年迈的母亲背到山里等死。他获得了第一届中央公论文学奖新人奖，因而建立了与出版社的特殊关系。随后的数年里，他保持着既是乐手又是小说家的双重身份。到1960年，他已经颇有名气。在这篇招致偌大麻烦的小说中，梦中人兼叙述者被送入皇宫，兴致勃勃地目睹了皇储和王妃美智子被一群愤怒的平民处死（一场革命正在进行）。接着，他在皇宫内苑又见到了天皇和皇后“被斩首的尸体”。无疑，深泽对左派的同情是激进的，但是与它所引起的歇斯底里的暴怒相比，他的故事惊人地温和，甚至有些稚气。作为愤慨焦点的、被反复引用的一个句子是，“皇储的首级脱离他的身体，在地上骨碌碌地翻滚”。

小说发表后不久，一些右翼团体的七位代表访问了出版人，要求他在三家主要报纸上刊登道歉信，并要求把深泽“逐出”日本。威胁在12月和次年1月持续不断。大日本爱国党包了一些直升机来散发传单，要求把中央公论“交由人民来审判并处以死刑”。1月31日，该党举行了一个宣泄仇恨的集会，有超过一千名青年法西斯分子参加。接着在1961年2月1日晚上，不可避免的事情发生了。一个名叫小森一孝的年轻人——他十七岁！——闯入中央公论社长岛中鹏二的家，发现他不在家，便刺死了女佣，岛中的妻子也受了重伤①。这一事件特别令人惊骇，因为人们对浅沼遇刺案仍然记忆犹新。岛中立即在记者招待会上宣布，中央公论刊登深泽的小说是错误的，他已经“训

① 三岛谴责小森攻击妇女。1968年，他对一群学生听众说：“在中央公论事件中，小森做错了。最糟糕的事情就是攻击妇女和儿童。在‘二二六’叛乱中，年轻军官们的诸多杰出表现之一就是不伤害妇女和儿童。”

斥”了杂志的编辑并解除了他的职位。反对派要求警察局长辞职，并要求警方采取紧急措施，遏止右翼分子的暴行。警方立即回应，开始镇压：逮捕嫌疑人，对右翼团体实行监控，并给可能成为目标的公众人物配备保镖。

11月1日，三岛携瑶子离开日本，开启环球旅行。这是他对她的许诺，在《镜子之家》完成后即行安排的“真正的蜜月”①。1月20日回到日本，他便得知谣言正广为流传，说他要对深泽的小说负责，因为是他把小说极力推荐给中央公论的编辑的。他在报纸上言辞激烈地予以否认，宣称，臆测像深泽这样的资深作家，而且又是中央公论文学奖获得者，需要他人推荐自己的小说给杂志社，是荒谬可笑的。他在这个简短的免责声明的末尾说，“某些人”——意即岛中——让这一流言持续发酵，是希望将自己真正的责任转嫁给他。事实上，中央公论从未公开声明深泽的小说不是三岛推荐的。不管真相如何——此说并非天方夜谭，三岛可能欣赏这篇小说，尽管它含有对皇室的不敬——这一由狂热分子散布的流言有其充分的依据。依据就是他与中央公论的关系，以及他与深泽本人广为人知的友谊。从深泽获奖后的1956年开始，三岛每年都是颁发中央公论奖的三名评委之一。1960年出演《风野郎》时，他决定由自己来演唱主题歌。他请来为他的歌词谱曲并以吉他为他伴奏的人，正

① 他们的第一站是纽约。时值12月，三岛终于有机会看了他的两出英文版的“近代能剧”，这是一场在百合剧院的日间演出。他非常喜欢其中的一出，由安妮·米彻姆担纲主演的《茜夫人》（《葵上》）。另一出《班女》让他兴味索然，观看演出时两次打瞌睡。纽约之后，三岛夫妇游历了欧洲，接着去参观金字塔，最后在回国前停留香港。

是深泽。关于这一合作的新闻，见诸全国所有的周刊。

流言持续不止。从1月的最后一周开始，三岛一再收到对他和家庭成员的生命威胁。接着就发生了“岛中事件”。此后几个晚上，三岛手执一柄日本刀，亲自在庭院里巡逻。警方于是给他派了一名“保镖”，在2月剩余的日子和3月上半月驻守在他家里，并随他一起外出。表面上，三岛开玩笑说，他们家吃饭时，“警察”总站在拐角处或者外面阳台上。梓以他独一无二的方式坚称，他儿子其实很享受人生的这一幕。但是家里其他人一致承认，三岛感到“震惊和害怕”。他弟弟千之特别强调这一点。千之甚至说，三岛的“右转”，至少部分归因于他这一时期经历的“对右派深深的恐惧”，他决心要克服这种恐惧。此说看来有些牵强，尽管三岛在“自我改进”方面无疑具有近乎自虐的冲动。更大的可能是，这几个星期的恐怖所造成的持久影响，体现在他拒绝与他所谓的“右翼建制派”发生任何关系。特别在1966年以后，右翼的中心人物，一而再再而三地提议给予支持，都遭到了三岛的拒绝。

然而，不管这次与现实的邂逅多么惊心动魄，恐怖主义——更确切地说，三岛心目中的恐怖主义——在他的想象中仍然保持着激动人心的地位。这一论点的最直接证据，就是他1961年的主要剧作，写于夏天并于11月文学座剧团二十五周年纪念日搬上舞台的《十日菊》。这个故事发生的时间距“二二六”叛乱已有十六年之久。主人公是当时的大藏大臣，在那个雪花飘飘的拂晓，侥幸逃过了暗杀，然而也永远失去了一次机会（正是《忧国》的中尉及时抓住的那种机会）。自那以后，大臣一直“精神空虚”地苟活着，如同“行尸走肉”，不停地回顾那“无上荣光的时刻”。每年在他幸免于难的纪念日，他过去的掌事女佣和大管家都会到他过着退休生活的宅第来看他，陪他一起用法国葡萄酒和鹅肝酱纪念这个事件。该剧的情节主要是大臣和他以前的女佣一起，在没有年轻的叛乱者和铮亮的枪管的情况下，试图重塑那晚的紧张气氛和可能获得的荣耀。最终，他们总不能如愿以偿。剧作暗示，他们未能如愿的原因是，战后年代那吞噬一切、显然不可撼动的和平。私底下直白地说，和平就是这出戏的反派角色。绝非偶然的是，三岛在其舞台指示中把时间指定为“1952 年，换言之，日美和平条约生效之年”。

《镜子之家》证明三岛早在 1958 年就把自己的存在危机归咎于战后的和平，而在《忧国》和《十日菊》之中，他把恐怖主义描绘成和平的替代品，可以带来“幸福”或“荣耀”。从通过小说人物之口发展到亲自出面抱怨和平，不过是时间问题。1962 年 8 月，日本投降十七周年纪念日，他初次发出抱怨之声，尔后这成为他有生之年的主旋律。这篇只有一页篇幅的文章题为《这无战的十七年》（“无战”是三岛创造的词）：

> 我记得战时观看一部和平时期拍摄的电影，哀叹于银座光芒四射的霓虹灯的场景。可是当我后来发现自己生活在一个霓虹灯无比璀璨的年代时，我所能想到的是，生活在战争肆虐的世界里好轻松，而在和平环境里，生活却是如此艰难痛苦。可见我们多么率性任意！
>
> 作为一个日本人，想想德川时代三百年的和平有多沉

> 闷乏味，我就为自己抱怨这短短十七年的无聊乏味感到羞愧……不过在那三百年当中，武士［战士］阶级，虽然存在腐败和纵欲问题，却刻意保持着危机意识，好像赖以维护心灵的健康。但是时至今日，武士道已日渐式微……

武士道，即“武士的行为准则”，要求武士具备献身精神，甚至要求不可错过牺牲的机会：三岛在谈论“危机意识”的时候，他想的是牺牲意识。当他宣称，面对死气沉沉的和平，死亡意识——至少是接近可能死亡的意识——是唯一的出路时，他实际上是在重申十五年来努力要摆脱的那种迷恋。事实上，他重新肯定的，正是自从撰写《假面自白》以来一直要勠力祛除的渴望死亡的浪漫情结。他要重拾这一浪漫情结的意图，在他于1963年1月至5月连载的自传体长文《我青春漫游的时代》中，有明显的流露。文章开始于怀念二战年代，结束于希腊归来，“自憎和孤独感”一扫而空，代之以觉醒的“追求健康的意志”。但是一如既往，点睛之笔是不可少的：

> 今天我不再由衷地相信二十六岁时作为理想而热情拥抱的古典主义……我已经开始感觉，青春及其绽放的花朵是无知的代名词，没有多少价值。这并不是说我对老年有什么好感。于是剩下的就是死亡的概念，当下、目前、即刻的死亡。在我看来，这可能是唯一真正有吸引力的、真正生动鲜明的、真正激发情欲的概念。正是在这个意义上，我看来可能罹患了与生俱来，因而是不可救药的浪漫主义

病症。据我所知，那个二十六岁的古典主义者，认为自己极其接近生活，其实都是假的。

在他用五个月诊断出自己是个无可救药的浪漫主义者的同时，三岛写成了小说《午后曳航》。其中三岛式的“浪漫主义”表现得如此典型，或许是因为他有意要佐证他的诊断的正确性①。主人公海员长年累月做的梦，正是三岛青春期所有作品的驱动力。他梦见“荣誉如一条鲨鱼，在黑浪翻滚的大海上，从远处向他刺过来”。他还梦见一种“特定的、绝不会赋予凡夫俗子的闪亮命运”。一如既往，他所等待的“特定命运”融汇进了他憧憬情色死亡的想象中：

> 对龙二来说，亲吻即是死亡，这正是他一直梦想的为情而死。她柔软的双唇，甚至在黑暗中他闭上眼睛都能看见她鲜红的嘴巴，永远如此湿润温暖，是一片养育着珊瑚的大海，她不安分的舌头，像海草似的颤动不已……黑暗中，这一切是直接联通死亡的快感。他完全明白自己要在一天之内离开她，然而随时准备为她含笑而死。死神在他心中欢腾雀跃。

---

① 日文书名《午後の曳航（*Gogo no eikō*）》着重于一个无法翻译的同音异义词（*eikō*），日语可写作“栄光”或“曳航”，分别表示“荣誉”和“拖曳”。当我除了 *Glory Is a Drag*（荣誉是拖累）以外再想不出更好的英语译名时，便去找三岛帮忙。三岛说，最好采用《追忆似水年华》的模式，起一个长的书名……他停顿一下，然后飞快地说出十几个书名，我一一用英文记录下来。当我读给他听时，三岛选择了 *The Sailor Who Fell from Grace with the Sea*（失去大海恩宠的水手）。

可是海员主人公没有离开他在横滨认识的这位漂亮寡妇。相反，他舍弃了大海，舍弃了这一帮助他寻求荣誉和死亡的象征。作为背弃自己梦想的惩罚，他被一群早熟的十三岁少年冷酷地活活肢解，寡妇的儿子也是参与者之一。三岛让这些复仇天使大放厥词，称他们的行动是解构生命，使其回归自然的无序状态。但是他们真正的重要性是，为三岛借此小说回归他青少年时期的幻想世界提供最后的基本元素。这个元素就是血。用“头目”的话说：“我们必须得到血，人血！如果我们得不到，这个空洞的世界就会变得苍白无力，干枯萎缩。我们要把那个海员的鲜血全部放出来，输给这个濒死的世界，濒死的天空，濒死的森林，枯槁濒死的土地。”

《午后曳航》是继《镜子之家》之后三岛写的又一部非连载体小说。这一回，他决心要写一个成功的作品。写作期间，他频繁前往横滨撷取素材，停泊在港口的船只、海员与寡妇会面的公园、寡妇开的店铺所在的豪华商业区。这本书好像触中了他的兴奋点，他很高兴能再次获得撰写非连载体小说的机会，并且相信能获得成功。可是小说在 1963 年 9 月出版以后，评论界的反应不冷不热，销量是为数有限的五万册（就三岛小说而言）。三岛很失望。他到该书的出版公司讲谈社，感谢编辑们给了他这次机会，然后为没有写出一本畅销书而道歉。

对《午后曳航》的这种反应，只是诸多迹象之一，表明三岛受欢迎的程度，在 1950 年代后期达到巅峰以后，现已大幅跌落。他此前一年的重要小说，书名叫《美丽之星》，是围绕地球可能毁灭而展开震撼人心的思考（也许灵感来自当年的氢弹试验），销量在他所有作品中垫底，只有区区二万册。他 1964 年的用心之作《绢与明察》也同样不成功。问题好像是大学生和大学刚毕业的读者正在弃他而去，他们更喜欢作者如石原慎太郎、安部公房、大江健三郎。至于他的"次要作品"，其读者主要是家庭妇女，仍然受到她们的青睐。到 1964 年，三岛对一百五十种出版作品拥有著作权（包括再版和选集），他一年的版税收入将近七万五千美元。但是对他所重视的读者群，他正失去吸引力。他了解这个情况并为此而苦恼。

跌落的不仅仅是他受欢迎的程度，1960 年代前五年是三岛人生的低谷。1961 年 2 月发生了"岛中事件"。仅隔一个月，他 1960 年的小说《宴后》的生活原型、一位卸任的驻外大使，以侵犯隐私权而兴讼，这是日本史上第一起有关隐私的诉讼。年底，三岛退出盆景会①。1962 年是一个灰色的、没有定论的年份，结束于完全失败的《美丽之星》。1963 年秋天，他新写的剧作《欣喜的琴》，虽然已在排练，但是因其中有"对中国大陆的不敬之辞"而遭到文学座剧团的反对。三岛一气之下终止了演出合同，并且在一封措辞严厉的公开信中宣布断绝与这个剧团的关系，尽管此前的十年中，他所有的重要剧作都是为这家戏院而写的。几个月后，在一个与此稍稍相关的事件中，他与又

---

① 11 月，三岛告诉中村光夫他想退出盆景会，理由是他再也不能容忍，用中村的话说，"某个人"。几乎可以肯定这个人就是古怪尖刻、伦敦留学归来的吉田健一。就在《镜子之家》问世后那个月的晚间例会上，喝醉酒的吉田据说当着三岛的面喃喃自语："如果他不能写出比这更好的作品，我们应该把他赶出这个社团。"在此同时，据大冈升平说，吉田以另一种方式严重冒犯了三岛。在三岛的乔迁庆宴上，吉田假装赞美，高声揣度每一件家具的价格。

一个老朋友黛敏郎分道扬镳[①]。1964 年 9 月，打了三年官司之后，他在《宴后》侵犯隐私权的诉讼中的最后上诉被驳回。虽然不涉及多少金钱，但是名誉损失是相当大的。

也许并非偶然的是，这一苦涩孤独的时期也是社交上极尽奢华的时期，他获得的名声是“日本慷慨好客的主人”之一。譬如，有一个年度圣诞聚会（12 月 22 日），最初是在 1962 年举办，最后一次是在 1965 年，这年三岛步入他人生新的（也是最后的）阶段。举行圣诞聚会当然是三岛风格，因为日本家庭习惯上不庆祝圣诞节。邀请夫妇一起做客更是他的独特风格，此举在外交圈之外甚至还未被人理解。虽然客人名单每年有大幅调整，但是一些常客在三岛人生这一跌宕起伏的时期始终名列其中。这

---

① 1963 年 1 月，三岛和黛敏郎相约为东京最新最豪华的独立剧场日升剧场写一个歌剧，在 1964 年春季上演。4 月，三岛向黛敏郎出示了一个概要，以女主角的名字“美浓子”为题。他承诺 8 月份用两个晚上在这一概要的基础上写出一个三幕歌剧，写作时间也已安排妥了。8 月 30 日晚上十一点，黛敏郎和三岛来到帝国饭店的房间，三岛写剧本时总是使用这个房间。首先，他为自己和黛敏郎要了“厚厚的牛排”。吃完以后，他就去洗澡。黛敏郎讲述道，三岛赤身裸体地回到客厅，仅在腰间围了一条浴巾。他坐到桌前，运笔如飞，开始一页一页地书写剧本对话，每完成一页，即递给黛敏郎。凌晨三点，第一幕即告完成。三岛从头至尾自顾自吟唱一遍，曲调是他现编的。拂晓，他写完前两幕。他告诉黛敏郎他将在第二天晚上独自完成第三幕，因为他现在已经知道黛敏郎对剧本的意见了。

一周以后，黛敏郎收到完整的剧本，开始配乐的工作。《美浓子》计划在 4 月首演，导演浅利庆太说他需要两个月的排练时间，因而剧本和配乐必须在 1 月底完成。可是 1 月底的时候，黛敏郎只配了整个剧的一半。他许诺在 2 月底完成，给浅利整整一个月的排练时间，但是浅利不答应，因为这是他第一次导演歌剧。与此同时，三岛从文学座剧团撤回了《欣喜的琴》，准备交付日升剧场在 5 月上演。黛敏郎现在建议把《欣喜的琴》上演时间提前一个月，挪到 4 月份，从而他可以再有一个月的时间为《美浓子》配乐。三岛闻讯，即取消了《美浓子》的制作计划，并且断绝了与黛敏郎的友谊。“我没想到他是这种食言的人。”他在一份周刊上写道。黛敏郎与三岛从此再无联系。同那些惹得三岛不快而被他突然抛弃的人一样，黛敏郎强烈感觉三岛过于苛求。可是和那些人一样，他也不得不承认三岛对自己同样如此苛求：他从未耽误过截稿日期。

些人包括他最亲近的出版界朋友新田敞和川岛胜（讲谈社的编辑，“助产”了他两本最畅销的书，《我的思春期》和《美德的动摇》）；一位不遗余力推崇三岛的书评人奥野；小说家北杜夫；松浦竹夫，跟随三岛离开文学座剧团的导演；涩泽龙彦，日本研究萨德的权威，侯爵的翻译者；有学习院背景的英俊男演员田宫二郎；在《风野郎》里面与三岛演对手戏的漂亮女星若尾文子；“好战的”原田，羽量级世界冠军；土方巽，前卫的舞蹈家；以及 1963 年以后三岛的两位新交，青年诗人高桥睦郎和现在闻名美国的海报画家横尾忠则。但是客人不仅限于作家和名人，三岛总是邀请一两位银行家，他们是他学习院的校友。还有他女儿纪子就读的学习院幼儿园的家长教师联谊会的一些朋友，其中的一对夫妇就是那位衣商和他的妻子，他们与三岛夫妇交往甚密，直到瑶子对赛车运动的兴趣导致他们不明不白地失去了三岛的好感。较为次要的客人（包括瑶子的妹妹及其丈夫、一两位瑶子的老同学）往往聚集在楼下，把三楼的圆形房间留给明星客人。

聚会开始于七点钟，在二楼的客厅由戴着白手套的侍者招待鱼子酱和香槟酒。“自助晚餐”摆放在楼下的大厅里，通常有烟熏火鸡和烧烤牛肉，餐后点心是火焰冰淇淋。晚餐以后，楼上圆形房间招待咖啡、白兰地和古巴雪茄。瑶子是完美的女主人。穿着白色晚礼服的三岛，随着晚会的进行，好像总是变得越来越颠狂，一会儿随钢琴的旋律用英语唱《金发的珍妮》，又一会儿在地板上弓着腰狂吼，学着狗赶猫上树的样子，或者大声要来龙舌兰酒、盐和柠檬，要和他的翻译比试，看谁能更好地模仿马龙・白兰度在《独眼龙》电影中喝龙舌兰酒的样子。这些聚会稍稍带一点日本风格，那就是结束较早，夜半人散：大家知道三岛要工作。

圣诞聚会一般不邀请外国人，但是每年有几次晚宴大多是外国客人。与别的像他这么重要的作家不同，三岛一向不遗余力地帮助住在东京的外籍人士。尽管谷崎和川端这些作家以傲慢地拒绝记者采访为乐，三岛却被所有的报章杂志视为“办事处的朋友”。比如，当时代暨生活出版公司的高级编辑访问日本时，正是三岛向感激涕零的该公司东京办事处介绍了热海市海滨的纯金浴室，三岛还自愿主持了“一个与日本作家和知识分子见面的晚会”。同样，五六家主要西方国家使馆的文化官员都知道，如果他们想要见这个或那个日本名人，他们能够依靠三岛安排会见，通常是一次晚餐会。自然，三岛的辛苦是有回报的：当他需要觐见泰国王室时，美国使馆便出面引见；《生活》杂志和《纽约时报》多次刊登关于他的专题文章，而且对他的书一本不落地刊载评论文章；当他想匿名访问朝鲜，观看那里的军事演习时，《新闻周刊》的办事处主任即为此作出安排——凡此种种，不一而足。可是主要的并不是他的雄心大志在驱使他这么做，尽管他肯定热切地关心自己在西方世界的名声。真正的原因是他特别注重仪表风度，要求自己在时尚的西方社交圈子里，不仅优游自如，而且长袖善舞。三岛热衷于结交合适的外国人：英国大使馆邀请他出席为玛戈·芳廷女爵士举行的酒会，他穿上晚礼服，为玛戈女爵士献上十二枝热带兰花，此时他的喜悦，胜过辛勤付出终有回报所带来的喜悦。

在家里款待外国人时，三岛的最大乐趣就是以他极致的西式典雅征服他们。客人赴宴前，雕版的蒂芙尼请柬就已经让他们印象深刻，甚至啧啧赞叹，而瑶子亲手烹饪的菜肴总是精细华美，非常可口。三岛平时在家最喜欢吃的，是将茶水浇在米饭和海苔上面的日式茶泡饭。但是三岛夫妇招待客人的典型晚宴，则是法式蜗牛（餐具是三岛从巴黎带回来的特别的银叉），奶油浓汤和树莓汁鹌鹑。色拉作为独立的一道菜，往往是蒲公英嫩叶。当侍者把这些奇异的绿叶子端上桌的时候，三岛喜欢放声大笑，嚷嚷道，大多数日本人做梦也不会想到吃这种“马料”。瑶子的招牌点心，学自东京第一酒店的大厨，是法式橙香火烧薄饼。这类餐会行将结束时，举例说，这次在座的有瑞典大使夫妇、田纳西·威廉斯和哈罗德·克勒曼，瑶子会为客人点燃金万利酒。此时，三岛脸上弥漫开无比满足的神情。

事实上，尽管和他一道围坐在烛光晚餐餐桌边的人对真相不得而知，但是真相似乎是，三岛正沉浸在冰冷的、不断扩散的麻木之中，感觉与周围世界日益疏离隔绝。“那些年，”不久之后他在文章中提到自己在 1963 年和 1964 年的状况，“我热衷于练习剑道①，唯有在剑士狂暴痴迷的呐喊声和竹剑挥舞的嘶嘶声中，我才能够觅得些微的存在感和存在的快感。”这段文字显

---

① 剑道（击剑的“方法”）是日本相当于西方击剑的一项运动，需要大量体力付出。“剑”其实是一根装有护手的竹竿。剑士双手持剑，皮革护具计有腰垂、护胸、手套和头盔。他向对手猛烈攻击，寻求突破对手的防卫，击中三个目标区而得分：手腕、侧翼和额头。剑道的技巧，来自一种肯定是最致命的、沉重、锋利的日本刀的使用技巧，与佩剑和花剑比较，更接近于前者。

三岛学习剑道始于 1959 年 1 月，其时他正在写作《镜子之家》，而到 1968 年，他的能力已一路升到五级，这绝不是轻易能达到的。有人说，如果他不是三岛由纪夫，绝不会被授予五级；也有人说，他的技术确实达到了五级，但是他的风格是“狡诈卑怯”，不是“勇敢优雅”。但是大家一致认为，他在身体协调能力低下的情况下达到这么好的水平，足以证明他有非凡的意志力。

示了一个几乎可以肯定的事实，那就是，他已经处于这样的境地，唯有背离现实，将自己置于萦绕不去的幻想中，感受武士死于日本刀之下的痛苦，他才能有真正存活的感觉。这一幻想如符咒似的支配着他，其证据就是 1965 年 1 月他决定在电影《忧国》中饰演中尉，从而首度实施了这一幻想，尽管是在银幕上。

只有少数人知道这部电影正在制作当中，尽管我不属于这些知情者，但是我好像也插手了这一秘密制作过程。1965 年 1 月 26 日，我收到一封这样的信件：

> 谨以此信祝愿你安好无恙。印象中你好像来健身房锻炼只有两次，这使我有些担心。一旦开始健美运动，你就要一周三次坚持半年，否则将一无所获。
>
> 十分感谢你翻译《午后曳航》，料想你现在已经完稿——斯特劳斯好像正翘首引领。
>
> 现在——实在抱歉，有一事要请你拨冗帮忙。近来我觉得有必要为我的小说《忧国》写一个英文说明。我想英文就叫“*The Rite of Love and Death*”（《爱与死的仪式》），请告诉我你认为这个书名可行否。
>
> 我知道我的英文说明简直不能称之为英文，但是它至少表明了我的意图，前言使用过去式，而以数字分开的各段落则使用现在式。你能不能不吝指教，改一改这糟糕透顶的英文？我属意的是相当传统老派的读者。如果你肯任意大加斧正，然后退还给我，我将不胜感激。另外祈请大力协助，帮我联系一个人，或许是一位朋友，能够把你修

改好的英文翻译成法文和德文。

请不日再来我家做客。请代向你夫人致以诚挚的问候。

匆此，三岛由纪夫

虽然三岛一再道歉，但是他的“英文说明”非常好。我稍稍做些修改，然后请瑞士使馆的朋友翻译成法文和德文。一年多以后我才知道，我帮助修改和翻译的，是《爱与死的仪式》外文版的字幕。

如三岛选择的英文字幕所示，他对“爱国主义”的独特见解，在银幕上更为明显，远远超过了原作小说。为了提高仪式感，他使用悬挂白色布帘的能剧舞台作为唯一的布景。他的表演旨在把中尉变为机器人，他要表现的“只是一个军人，只是一个为伟大事业而献身的人”。为进一步降低主人公的个体性，他把军帽压得很低，盖住眼睛，好似戴着能剧脸谱。电影没有对话，每段情节的简短说明，以手写体的卷轴形式（三岛的笔迹），在银幕上展开。电影唯一的配音，是用以整合各个情节段落，并且按三岛所希望的，用来在末尾把电影提升到一个完全不同的层面，在这个层面上，“死和美会结合在一起”。这唯一的配音取自《特里斯坦与伊索尔德》① 里面的《爱之死》。三岛为选取了这个曲子而感到非常骄傲。

1 月初，三岛邀请两位朋友协助他。一位是堂本正树，前卫的导演、能剧专家，另一位是大映制片厂的制片人藤井浩明。1

① 德国作曲家瓦格纳作曲并撰写德文剧本的三幕歌剧。——编注

月 20 日，他当着两位朋友的面高声诵读脚本，并且骄傲地演示《爱之死》与之珠联璧合。2 月里，他花数周时间，找到了那个为“二二六”叛乱的青年军官制作帽子的老艺人，定制了一顶正宗的帽子，并且在其他地方定制了一套正宗的皇宫卫队制服。与此同时，他还得面试众多前来应聘中尉妻子一角的姑娘们。2 月下旬，他最终选定一位初出茅庐的女演员，她在几部大映的电影中曾经有过短暂的出镜。面试在新日本酒店的大堂进行，三岛全家因为住宅正在加盖三层而暂住这家酒店。这位姑娘显然没有认出三岛。据说当晚回家她告诉母亲，她已受聘扮演这个角色，聘用她的人是“一个貌似黑帮的重要人物”。3 月 10 日，三岛去英格兰参加一个文化研讨会，待了两周。他在伦敦买了些瓷器小塑像，这是在小说和电影里中尉妻子留给朋友的纪念品。28 日回到东京，他着手准备卷轴字幕（除了日文，还有英文和法文!）。4 月 12 日彩排一天，用的是堂本设计的能剧舞台，13 日试镜。影片拍摄紧张匆忙，用了两天——一百七十个分镜头——4 月 15 日和 16 日。一周之后，在 Aoi Studios 录制了《爱之死》，影片即告完成。

三岛秘密制作《爱与死的仪式》，一个原因是他从一开始就打算首先在国外上映，然后再在日本国内发行。他决心要让“国外反响在先”，因为他知道，日本的评论者会把电影看作“不过是三岛的又一个玩笑”。1965 年 9 月，大映的社长和那位把法国电影介绍到日本、令人敬仰的川喜多夫人，帮助他在巴黎的实验电影院首映了这部电影。自然，他参加了在夏乐宫举办的特邀场，观众三分之二是法国人，三分之一是日本人，他们都为这部时长二十八分钟的影片喝彩。三岛喜不自胜。他邀请五六位法国影评人回旅馆喝香槟。

在日本，这部电影仍然不为人知，直到 1966 年 1 月在图尔电影节上放映。这个月稍早的时候，它从三百部报名影片中脱颖而出，被选为四十部参赛影片之一。在电影节上，它引起轰动，因为观众席有几位女士在看到剖腹情节时晕倒。这种事情绝对瞒不过日本新闻界，尤其是次日宣布它排在第二位，离大奖仅一步之遥，记者们开始大肆报道这部影片。整个 2 月和 3 月，周刊杂志都在揣度三岛的《仪式》（日本人只知道《忧国》，而不知道它的外文名）。当它终于在 4 月份发行时，立即创下电影短片的票房纪录。也有日本人晕倒的。

总之，《爱与死的仪式》花了三岛将近半年的时间。显然三岛觉得在人生的这一时刻，他花得起这个时间，因为他有意识地要休息一下，然后开始写作他称之为《丰饶之海》的四部曲小说。自从 1963 年以来，他一直对新田敞说，他要写一个很长的作品，来表达他的主要观点。1965 年 3 月，他向新闻界宣布，他即将开始写一个“长达三千页”、“费时六年”的作品（五年以后，当他在去世前几个月完成这个四部曲的时候，作品的实际长度是二千八百页）。此时他已经和新潮社商妥，准备在 9 月开始连载整套小说的第一部，即《春雪》。他于 1965 年 6 月开始写作，于 1966 年 11 月 25 日完稿。随即开始写第二部《奔马》，脱稿于 1967 年 5 月 23 日①。7 月 1 日，他开始写第三部

① 原文如此。《奔马》应脱稿于 1968 年，故下文《晓寺》是于 1968 年的 7 月开始创作的。着笔《天人五衰》则是在 1970 年。——编注

《晓寺》。翌年，他即动手写最后一部《天人五衰》，并于辞世前三个月杀青。容易被忽略的是，在这五年里虽然经历了很多事情，但他为这四部自认为最重要的小说始终笔耕不辍。

1965 年 9 月，三岛携瑶子作了一次环球旅行。这次旅行的目的与《丰饶之海》有一些关系。《春雪》主人公的化身之一，将是一位泰国公主。三岛已经通过美国使馆的朋友介绍和安排，将去拜访泰国王室，于是曼谷成为此次旅行的最后一站。但是首先他前往纽约帮助宣传《午后曳航》。下一站是巴黎，在那里他观看了自己电影的首映，心潮澎湃。令人激动的不仅这一件事。伽利玛出版社正准备出版《宴后》，三岛夫妇受到出版方的盛情款待。罗思柴尔德家族也给予他们热情的接待。三岛写给父母的家信洋溢着喜悦之情：

> 欣闻二老安康。尽管我有种种担心，但是巴黎之行非常成功。抵达当晚，罗思柴尔德便在银塔餐厅设晚宴为我们洗尘；翌日，我作为贵宾出席午餐会，与评论界人士见面；第三天的晚宴上，见到了更多评论家，马尔罗夫人也在座。我还受到伽利玛亲自出面款待，还有数不胜数的媒体采访。星期六，罗思柴尔德将带我去他的乡间别墅，他们巴黎的房子就像皇宫——我已然迈进了巴黎上等社会，这个此前只是通过电影和小说所了解的世界。并非游客，而是其中的中心人物。

三岛夫妇从巴黎前往斯德哥尔摩。三岛在那里并没有什么事情要办。无疑，他只是想看一看这个颁发诺贝尔奖的地方。离开日本前，他听到传言说，他被“提名”为这个奖的候选人。9月25日，日本新闻界重拾这个话题。根据当天《朝日新闻》晚间版报道，斯德哥尔摩的一位“可靠消息人士”表示，三岛和其他九十位作家是诺贝尔奖候选人，三岛是一位“强有力的候选人”。尔后在10月15日，其时三岛在曼谷，各家报纸刊载了一则发自斯德哥尔摩的电讯，宣称“根据接近瑞典文学院的消息人士”，“最终的候选人”肯定包括三岛由纪夫和已故的谷崎润一郎。次日，瑞典文学院宣布，六十岁的俄国小说家米哈伊尔·肖洛霍夫获奖。

三岛从未对任何人透露过自己当时的心情，但是毫无疑问他是失望的。同样可以肯定的是，1967年让他更加深深地感到失望，他再次让传言迷惑自己，尽管他知道这传言是无稽之谈(因为他在出版界的朋友们再三告诉他，没人“提名”他候选诺贝尔奖)。无疑他沉迷而不能自拔：他太想要这个奖了。1966年底，他首次宣布自己是“文化层面上‘排外主义’的拥护者”，自那以后，他要获得西方世界赞赏的愿望就显得越来越不合逻辑，然而他仍然热切地盼望获得诺贝尔奖，仿佛不由自主似的。

1965年2月初，三岛明确告诉我，他想要这个奖，而且要我帮他实现这个愿望。我刚刚翻译完《午后曳航》，哈罗德·斯特劳斯从纽约反馈说我做了“一件出色的工作”。三岛非常开心，他在电话里把斯特劳斯的信念给我听，并建议和我出去庆祝一下。我们见面的地方是银座的浜作，文学界人士经常光顾的日式餐馆。我们在木质吧台上吃饭，喝了很多清酒。三岛兴高采烈，我自然也是。他感谢我的翻译。我表示，没有辜负他的期望而感到释怀。突然他神情严肃地对我说，他认为我们俩是“无与伦比的组合”。他要求我答应，不仅要翻译他的下一部小说，而且要正式成为他的翻译，并且帮助他获得诺贝尔奖。我晕晕乎乎地答应了，于是我们握了握手。接下来我便回家阅读那本我刚刚承诺要翻译的书。

《绢与明察》（1964）描绘的是一位人到中年的纺织厂老板，他醉心于干涉年轻雇工的生活，最后逼得他们以罢工来反抗他。三岛告诉我，他把自己作为两个孩子的父亲的全部感情都写进了小说里（稍后他告诉评论家村松刚，书中受到背叛的主人公代表的是天皇），但是我觉得小说缺乏真情实感。此外，文字诘屈聱牙，日本评论家所谓的“三岛美”，此即极好的例子。要把它翻译成英文，非得下巨大的功夫不可。甚至还没有读完第一遍，我就知道我绝不可能有足够的热情，来支撑翻译全书的工作。

我应该径直去告诉三岛我的感觉，但我缺乏这种勇气。于是我拖宕着，身在纽约的哈罗德·斯特劳斯也在拖宕。实际上，我不愿翻译《绢与明察》，克诺夫出版社也同样不情愿出版这本书。但是斯特劳斯处境尴尬。他已经拒绝了《美丽之星》，理由是，这本书是随笔而不是小说。在双方达成的合同中，有一项复杂的任选条款，让克诺夫对三岛的所有作品拥有英文出版权。作为回报，斯特劳斯感觉有义务建立一个他所谓的“出版连续性”。因此他准备在三岛坚持的时候就启动《绢与明察》的出版计划。在 1965 年 5 月 14 日的长信中，他敦促我“持同样的立场”：

这相当于既尊重了三岛的愿望，又表达了翻译这部小说有些勉强的实情。从长远来看，我认为你值得花时间成为三岛的正式翻译。这意味着你要承诺翻译任何我和他商定出版的书籍，但是这也给予你翻译三岛所有作品的优先权。你明白图书出版是一种要不断下注、以期赢得最终大奖的行当，但是一些一流的欧洲出版社如瑞典的邦尼集团认为，三岛总有一天会获得诺贝尔奖。这对我们大家都意义重大，包括你——他的译者。

我没有被说服。特别是因为当时我发现了大江健三郎 1964 年的小说《个人的体验》，产生了要翻译这本书的想法。我写信告诉斯特劳斯，我已决定不翻译《绢与明察》，并表明我希望自己的翻译原则是选择小说，而不是选择作者。但是告诉斯特劳斯容易，告诉三岛困难。1965 年整个夏季，我只见过他一次，那是在 7 月下旬他为外国朋友举行的自助晚餐会上。8 月，他携全家去了南方下田的海滨。9 月，他和瑶子出国旅行。10 月，我收到他一封长信，写于曼谷的拉玛酒店。由于语气极富三岛特色，所以值得全文译出：

随信捎上良好的祝愿。

谅你已经看了大部分有关《午后曳航》的评论。不幸的是，报界的罢工使得周日的《纽约时报》不能面世，因为书评副刊载有一篇评论以及一篇采访文章。这是第二次我的书在报业罢工之际问世，第一次是《宴后》。可是报业罢工在纽约堪称罕见——多么令人沮丧的巧合。

看来书评是尽善尽美，可是销售却平平如常。在纽约人眼里，这只不过是一家优质出版社又出版了一本好书而已，没什么好大惊小怪的。

继纽约之后，我在巴黎、斯德哥尔摩和汉堡一路奔波，弄得筋疲力尽，甚至连写信的力气也没有了。但是到了曼谷，天天在这儿的泳池里游泳，使我得以完全恢复体力。看来我终究最适应热带气候，实在难以忍受北方的国家，而且葡萄酒也不适合我——我不在乎此生再也喝不到这种酒。

在巴黎，著名的伽利玛出版社女评论家多米尼克·奥利读了《午后曳航》以后，向我连连赞叹："美妙的翻译，美妙的英文。"由于你的翻译，有两三个人甚至对我说，他们认为《午后曳航》是我写得最好的小说。我读了大量的评论，而《读卖新闻》英文版的一篇最为不吝赞美之词，因而是最好的。感觉就像一个女人，被人称赞"你是世界上最美的人"……

我在纽约非常卖力地宣传这本书，每天清晨早早起床，急匆匆赶往这家或那家广播电台，以尚未清醒的头脑，来应付连珠炮似的提问。统共我接受了六家电台的采访。最令人啼笑皆非的是美国之音。一位第二代日本裔妇女问我："这部小说的日文版是不是也在日本上市了？"这个问题简直让我张口结舌。因为美国之音的采访是唯一使用日语的采访，所以我知道我没有误会她的意思。又一日，我一路奔波去韦斯特切斯特郡，参加一个妇女俱乐部的午餐会，回答的是关于东京出租车司机这种愚蠢的问题。午餐时，一位女士把她在大学修习文学的儿子的一封信读给我听，并且报出一连串的人名书名，诸如陀思妥耶夫斯基的《罪与罚》等，然而当她看到安德烈·纪德这个人名时，却说："基德？贾德？我从未听说过这个人！"

在纽约，我和大江下榻于同一家酒店。我们一起吃了顿午饭，聊了聊日本小说家的毛病，度过一个愉快的下午。我带他去公园大道那家我喜欢的商店，他买了一匹高大的皮制犀牛，然后就一直担心他夫人会因此生气。但是这宗买卖看起来正符合大江的性情。

我游历的所有这些地方，唯有汉堡在我眼里情趣盎然，尽管它地处北国。我独自去乘绕行港口的游船，看见一艘庞大的日本轮船正在进港。这让我激动不已，掏出手帕使劲地挥舞。可是因为我戴着墨镜，所以没有得到回应。

请代向令夫人致意。余言东京见面时再详谈。

此信写于10月18日，即诺贝尔奖颁予肖洛霍夫两天之后。当时我没有想过两者有任何联系（而据我所知，这完全是巧合），但是显而易见，三岛写这封信是要让我高兴。这足以使我深感内疚。我决定在他回国后立即去见他，将实情和盘托出。整个实情就是，我已经签约翻译大江的小说《个人的体验》，并且开始动笔了。

11月中旬，我去见三岛。他在楼上专供男宾使用的圆形房间等我。女佣把装着白兰地酒的铜质小车推进房间，旋即离去。我们简短地聊了聊他的旅行。我肯定显得局促不安：没等我吐露心事，他示意我去外面的阳台，并往我手里塞了一副望远镜，他自己也拿着望远镜。在夜间的雾霭中，尽管只能看见楼下不过几码远的街道，但是在整个谈话过程中，我们始终把望远镜举在眼前，仿佛我们相距遥远，在借助望远镜进行交谈。

"我重读了《绢与明察》，"我开始说，我确实读了两遍，"我觉得我不想翻译这本书。"

"你改变了对它的看法？"

"风格显得如此浓绮，我想我没法恰如其分地把它翻译成英文。"

"我对读过的书从不改变看法。"

"哦——"

"但是你不尝试没把握的事情，你是明智的。很高兴你告诉我。"

谈话的这一部分，我想是逐字逐句的原话，其余部分我只记得大概。我们回到屋里喝酒。我真诚地说，我希望有机会翻译三岛其他的书。三岛肯定地说，这是他最高兴听到的话。他再次表示我的坦率使他非常高兴，因为坦诚是友谊的关键。他认为没有理由我们不能继续做朋友。当然他希望我们继续是朋友，将来某一天，他会让我看他的一则日记，写于两年前我们刚认识不久，记叙了他在碰到真正喜欢的翻译之后所感到的欣慰……

那晚我离开三岛家的时候，感觉得到了谅解，甚至感觉自己并不理亏。我错在犹豫不决，当然也错在失信：我应当即时鼓起勇气去告诉他我不想翻译他的书。另一方面，他是在我陶醉于自己的成就、陶醉于他对我的依赖的情况下获取了我的承诺。但是现在这些都不值一提了，我们已经言归于好。

他再也没有和我联系。六个月以后，我最后见了他一面。那是在 1966 年 5 月，我正准备离开日本若干年。一位我通过三岛认识的好朋友举行送别聚会，三岛来了。他只待了一小会。离开时，他来到我跟前，非常客气地祝我的越洋旅行平安。

我至今仍不完全明白三岛与我断然绝交的原因，但是有一点现在看来是确凿的（尽管当时我过于忿懑而没有领悟）：我严重地伤害了他。这不仅仅是因为我背弃了他（这是他的观点），而且背弃他是为了大江，这个比他年轻、他视为竞争对手的日本作家。我们最后一次见面后不久，他对一群作家说，我是“受到左派诱惑”的“一个无赖”，可见他对我的态度有一大部分是针对大江的。

因为三岛至死与某些外国人始终保持朋友关系（主要是唐纳德·基恩，此外，如英国记者斯科特-斯托克斯），因此没有理由怀疑他对我的态度具有任何排斥外国人的因素。但是事实是，就在这个时期，他的“极端民族主义”正在迅速浮现。10 月，他从曼谷写信给我，末尾提到他看见日本货轮停靠汉堡港的“激动”场面；1966 年，一如既往，他在元旦的报纸上发表文章，其开首即提到那艘货轮鼓舞他“自豪地”挥动手中的白手帕。4 月，这艘货轮又出现在一篇长文中，他劝告日本人不要根据“在西方人的镜子里”所见到的东西来褒贬日本。接着在 6

月份，他写了一个富有诗意的散文故事，题为《英灵之声》。这篇作品像灯塔一样指明了他的“爱国主义”所取的方向。

故事是以记录可怕的降灵会的实况的形式呈现给读者的。会上，“二二六”叛乱的年轻军官的灵魂以及二战时神风特攻队的飞行员的灵魂不无怨恨地责备天皇拒绝承认自己是神，从而“背弃了”他们。在他们看来，这一背弃是造成战后日本精神堕落的原因。他们始终挂在嘴边的一句话是，为什么天皇成了凡人！这既表达了他们个人的忧伤，也表达了他们对国家前途的忧伤。

英灵的哀叹基于两个历史事实。一个是裕仁天皇拒绝认可以他的名义起事的“二二六”起义。在三岛的幻想中，起义的军官们认为这证明天皇选择走下神坛，因为“国家政体”是“君主和他的臣民合为一体”，不可能建立在臣民对君主“单向的热爱”之上。另一个事实是裕仁 1964 年 1 月的《人间宣言》。在他的首相的力促（和来自占领当局的压力）之下，他宣布他的神的地位是“一个凭空想象并且有害的概念”。神风特攻队飞行员的灵魂哀叹，他的这一宣示使得他们的牺牲变得既毫无意义又可悲可怜：

> 但是如果我们大家都是现世神，那么天皇陛下比任何人更应该是神。位列众神之上，天皇陛下一定会为我们发光照明。在他的神圣地位当中，有我们的永生不朽，有我们献出生命的荣耀。他是一条、唯一的一条把我们与历史联结起来的纽带……

勇敢的军人赴死是因为神命令他们参战；由于神宣告终战，如此惨烈的搏杀戛然而止。之后不到六个月，天皇陛下宣称："事实上，我们都是凡人。"这离我们为了我们的天皇、我们的神而将自己像子弹一样射向敌舰差不多只有一年……为什么天皇成了凡人！

《英灵之声》被普遍解读为三岛的第一本政治著作（日本共产党的报纸《赤旗报》谴责它充斥"右派语言"，极右派更加愤愤于三岛对昭和天皇的批评）。诚然它有强烈的政治寓意，但是，如三岛的所有"政治著作"，它是由私人需要催生的私人幻想，这一点如此明白无误，以至于使人难以认真看待它的政治含义。看看那首长诗，英灵们历数"笑呵呵、踌躇满志的和平"全面掌控日本所造成的后果（并非好诗，但是对三岛来说是一首重要的诗：他后来把自己的朗诵录了音）。引人注目的是这些罗列多么无关乎政治，多么具有鲜明的个人色彩：

力量遭到叱责，休魄忍受蔑视
快乐失去了意义
欢愉和忧伤顿时一起消失无踪
清纯可以贩卖，挥霍相形见绌
感觉迟钝了，思维不再灵敏
粗犷勇武的精神已经不存于世……

除此之外，三岛在别处把缺失"危机意识"的和平简单地概括为“沉闷的”或“乏味的”。在诗的末尾，他说出了他真正想说的：“流淌着的血被和平玷污并阻滞/澎湃的血河干涸了。”

另外一个引人注目的例子就是年轻军官们的想象。如果天皇接受了他们的爱戴，允诺为神，那将是另一番景象：

> 想象一下。一座山冈。雪已经停了，但是天空灰蒙蒙的，布满低垂的云。远处，仿佛雪长了翅膀向我们猛扑过来，一匹白马奋蹄飞奔，骑在马背上的人是一位神。
>
> 白马仰头嘶鸣，鼻息在空中形成白色的水汽。它冒雪朝我们飞跑过来。我们举剑致礼。仰望威严的脸庞，我们看到坚强的决心，知道我们的心思获得了理解。他说：
>
> “我们理解你们的一片苦心，你们的忠诚令人欣慰。从今天开始，如你们所愿，我们将亲自管理这个国家。所以你们安心自裁吧——你们必须立即自裁！”
>
> 我们毫不犹豫地解开上衣，高喊“天皇陛下万岁”，声震降雪的天宇，然后将带血的刀深深地刺入我们的腹侧。
>
> 在天皇跟前，死在我们刀下的奸臣的血和我们纯洁的血混合在一起，得到了纯化。
>
> 我们没有疼痛。这是幸福之死。但是当我们搅动牢牢嵌在我们血肉之中的刀体时，听见跟随我们出征的士兵在身后啜泣。
>
> 就在此刻，我们感到一阵超乎尘世的幸福。我们的大元帅从白马上下来，站在被我们年轻的血染得殷红的雪地上。在他的脚前，躺着我们奄奄一息的躯体，当我们的生

命行将离去时，陛下向我们致礼。

意识渐行渐远，我们使劲抬起头，仰望威严的脸庞。它射出一道光束，刺破低垂的云层。在濒死的瞬间，我们见到了奇迹。

想象一下。

在陛下的脸颊上，滚落为我们哀悼的泪水。

在刺破云层的光柱中，是一串泪珠。

神为我们的赤诚感动落泪。

千真万确，死亡带给我们的是幸福……

事实上，“二二六”叛乱的年轻领导者几乎不可能怀有这样的梦想。不用说，这是三岛的梦想。同样可以确定的是，三岛把对于年轻哗变者和神风特攻队的兴趣放在了能激发他的幻想的流血、死亡、荣耀这些场景中。这并不是说三岛完全没有赋予《英灵之声》政治含义，相反，这一几乎歇斯底里的幻想的重要性在于它相当明确地指向某种政治立场。英灵们哀叹战后年代的“精神空虚”，实质就是在抨击战后的民主。三岛把这一堕落归咎于天皇，暗示着日本所陷入的有害的和平状态，必须通过恢复帝国制度才能得到改正。可是在政治表象底下，迫切地需要“唯一具有性爱色彩的概念”——死亡。

尽管他们的地位和认知不尽相同，但是这些年轻军官和神风特攻队的飞行员同样都是帝国事业的殉道者。就在写《英灵之声》的时候，三岛正准备礼赞另一群以“神风连”而闻名的帝国殉道者。这是一帮武士，1868 年明治维新以后，新政府将他们奉若神明的典章制度西化，使他们感到惊惶。作为一个群体，他们拒绝一切与西方有关的东西。他们的手不触碰纸币，只用筷子去夹，当不能避免在新架起的电报线路下走过时，他们就用白色的扇子遮在头上。最后实在不能苟同他们所谓的肆意妄为、亵渎神明的政府，他们便举行特别的仪式来求教神道教的神灵，神同意他们可以“在夜间用剑去刺杀那些治国无方的大臣”。他们知道他们无力推翻当地政府，因为政府的军力是他们的十倍；他们知道要遵从神的意志，为天皇而牺牲自己的生命。他们确实是这么做的。经过一天的战斗之后，那些尚存的头目们集合在一座山上——无疑在三岛的想象中，这就是他在书中安排“二二六”叛乱的首领们去的山冈——切腹自杀。

1966年夏天，三岛研究了1874年的起义，准备把起义的殉道者作为《丰饶之海》第二部（《奔马》）的主人公的模型。如他在1966年8月对变节的马克思主义者林房雄所解释的，就他而言，这些人的重要性在于

> 神风连做了一个纯粹的实验，简单而狂热，体现日本精神……自然它注定会失败：西化是日本当时唯一能采取的政治路线。这是一个必然会失败的实验，但是在失败之前它揭示了可称为日本及日本人的核心价值观的纯粹、正统和务实精神。

因此，狂热地忠诚于天皇，为帝国事业殉道不仅仅是英雄行为，三岛现在视这种殉道为日本特性的真正精髓。换言之，他现在

能够把殉道者剖腹自杀看作彻底的爱国主义。反过来说，要成为彻底的爱国主义者，他当时正急速地企图朝这个方向转变，意味着以殉道者的方式去死。

显然，殉道不可能没有信仰：他后来宣称，《英灵之声》是他“像着了魔似的不由自主”写成的，自那以后，三岛大体上有意识地努力着——最终如愿以偿——成为一个信徒。他努力获取信仰的最早证据可见于一篇短小的文章，题为《我的遗书》，发表于1966年7月，距《英灵之声》时隔一个月。文章一开始就声称，在束之高阁达二十年之久的小匣子里，他发现了自己在1945年收到征兵通知时所写的“遗言”。接着他援引这份稿件：

《我的遗书》——平冈公威（我的真名）

谨谢以下诸位的恩德

我敬爱的父亲

我敬爱的母亲

我尊敬的导师清水先生

还有那些在学习院和东京帝国大学谆谆赐教的先生们：

我不会轻易忘记学习院同学和学长的友谊。我祝愿他们都有令人崇敬的未来。

我希望妹妹美津子和弟弟千之代哥哥尽孝，全力照顾好我们敬爱的父母。

我相信千之会追随哥哥，很快成为皇军中一员勇敢的战士，随时为保卫天皇陛下而献身。

天皇陛下万岁！

这么多年以后读到这些“遗言”，三岛对这些简约的文字感到困惑。“自然我得小心，避免写下不明智的文字，因为这份遗书有可能在我死前被发现……二十岁的我当然明白，单单凭借这种文字格式，即可满足起码的仪式要求。同样毫无疑问，这小心翼翼的措词掩盖了我崇尚华美的风格。但是不管怎么说，它实在过于因循守旧。”可是当他进一步探究这份“遗书”时，他开始揣想它如此简约的原因是因为它包含着真实：

> 这些“遗言”很容易引人断言，那全是假的。一个已经出版了一部短篇小说集的年轻人，其心理状态不可能如此简单、如此率直。但是若说那是一派谎言，听起来也有点不对劲。不真实，然而也不完全是谎言。那么真实在哪里呢？显然我在写下这些文字的时候并不相信它们的含义。同样显而易见的是，我当时并没持有私藏的真实，即一种观点，可以用来确定这些文字都是假的。这么说来，其中的真实必然是这篇遗书本身所固有的。

这一逻辑并无令人十分信服之处。假设遗书是真的，它如此老套，很可能就是因为三岛所给出、尔后又收回的那些理由。但是无论遗书的真实性，还是解说的逻辑性，都无关紧要，重要的是三岛得出的结论，尽管是试探性的：

> 我在想，是不是有可能一只巨大的手在起作用，它甚至不顾我玩世不恭、自我陶醉的态度，抓起我的手，在纸上迅速地上下移动？有没有可能是某种东西——既不是政府当局，也不是军国主义——侵入了我的精神并在那里自成一体，另一个不同层面的精神甚至在我体内盘踞下来呢？

三岛就这样解读他的“遗言”，以说明自己在战争年代就肩负起神圣的国家使命。自然，信仰初萌之所，即信仰复萌之处：他现在开始将蓬勃的精力，大量地用于重新听从那只“看不见的巨手”的支配。

第七章
1967—1969

1966 年 12 月，林房雄给三岛介绍了两个年轻人，他们对三岛起了决定性的催化作用。他们的名字叫万代洁和中辻和彦，他们称呼自己是“新民族主义者”。他们笃信日本，笃信日本“民族”，笃信天皇；他们对战后民主疑虑重重。他们新近集资办了一份杂志，叫《论争期刊》。具体来说，正是为了这事，林建议他们去见三岛。杂志陷入了财务困境，他们去寻求他的帮助。

三岛大为动情。他主动无偿为该杂志写文章，并鼓动其他人也这么做。他甚至许诺随时可以给这两个年轻人提供可口的饭菜。后来，他为杂志写了一篇题为《论青年》的文章，把这初次会面描绘成“一个引起［他］革命性变革的事件”：

> 这是个难忘的日子——1966 年 12 月 19 日，冬日的下午，天阴沉沉下着雨……我听他［万代］结结巴巴地讲述，一群不隶属于任何政党的年轻人，精诚团结，决心要为日本刮骨去毒，却遭遇了种种困难。此时，某种东西在我胸中涌动……

对“某种东西”的最早定义出现在三岛 1967 年元旦发表的两篇短文中，写作时可能还处在与这两个男孩初见所带来的亢奋状态。一篇文章就自己的西方生活方式表示愧疚，题目是《对日本的信仰》。他在文章开头写道，一个推崇日本的人，却“去过西方七次，交了很多西人朋友，住在一栋没有榻榻米房间的纯西式房子里，喜爱西餐，认为西式厕所是最棒的，从来不一年到头穿和服”，人们自然会对他产生怀疑。可是，在今天这个时代，又有谁以纯粹的日本方式生活呢？在日本式房间的一角，会有一台电视机，而厨房里则安着洗涤机：

> 以这种方式生活的人对我提出批评，岂不是五十步笑百步。我不能相信，执着于这种折中的、令人困惑的生活方式的日本是真正的日本。同样难以想象，那些以恢弘方正的气度创作能剧和歌舞伎的日本人，会是那些穿着和服，满不在乎地坐在椅子上看电视的日本人的祖先。

为了不与这种“丑陋的日本主义混合体”为伍，三岛选择了至少可以保持“方正气度”的西方生活方式。但是他最后说，“我作为作家的真实生活，是纯日本式的，每晚在书斋里使用日本文字。与此相比，其他一切都无关紧要”。

也许在他书写“方正气度”的时候，三岛忘了八年前他对建筑师说，他想要的生活方式是“穿着李维斯牛仔裤和夏威夷衬衫，坐在洛可可风格的椅子上”。不管怎么说，《对日本的信仰》的论点是可笑无力的，其唯一的作用就是揭示了新的表达愧疚的冲动。第二篇文章较为引人注目，题目是《年初的困境》：

> 要完成这部重要的作品［《丰饶之海》］，至少得花五年时间，那时我将是四十七岁。换言之，这部作品完成之际，我将不得不退而思考人生永恒的、难以面对的壮美结局。放弃成为英雄，抑或放弃书写不朽的作品——抉择时刻正日益迫临，这种前景令人心里充满焦虑。
>
> 我现在能够听到人们议论：“但是你是个作家，作家最重要的事情是写出好作品。你说要成为‘英雄’——如果你写作有成，你可能会成为一个文学英雄。”
>
> 可是在我看来，文学英雄的说法是对语言的滥用。英雄这个概念，只能到背离文学的另一极去寻找……一如既往，吸引我的荣耀是英雄的荣耀，而非作家的荣耀。
>
> 我能听到有人反驳：“但是你依旧生活在过去。年纪一旦过了三十岁，要想成为你所说的那种奋发有为的英雄，都会是徒劳的，而你都四十五岁了。为什么不停止扮演涂脂抹粉的老女人角色，脱离纷扰的世事，一心专注于文

学呢?”

可我现在还是和年轻人一样强壮有力。要做英雄，四十二岁的年纪还算年轻。西乡隆盛［一个生活在十九世纪、剖腹自杀的狂热分子］五十岁时杀身成仁……我现在行动还来得及，只是还有重要的工作……

三岛再没有这么明确地谈及他需要杀身成仁，而且这也是他第一次把笔和刀、文学和行动如此尖锐地对立起来。事实上，与他的表面言论不同，他从来没有不屑于“作家的荣耀”。但是绝对真实的是，他发觉单单靠手中的笔不能使他满足，他需要替代品，以刀为象征的替代品，来取代让他感到死气沉沉的和平。这一需求淤积在他心头，无法平息。此时天赐良机，出现了两个斗志坚定的青年。不足为奇的是，三岛选择把万代和中过看作勇猛不怕死的年轻武士，他把自己为死而“新获得的心理准备”归因于来自他们的鼓舞：

那次见面之前，我没有这样的心理准备。我只是像西乡隆盛一样，有时候感觉“我想死”，但是我认为这种感觉仅仅是困扰作家的虚无主义……此前我傲慢地以为年轻人身上没有任何值得学习的东西，但是现在我意识到，我形成充分的心理准备、鼓起从未有过的勇气，都是受到他们的影响。

实际上，万代和中过认为自己是作者、社会批评者，他们不喜欢斗争，当然也没有牺牲生命的意愿。很快他们就和三岛疏远了，但是在疏远之前，他们给他介绍了一些热衷于实际斗争的年轻人。

1967年4月9日，三岛秘密地参加了陆上自卫队（ASDF），投身于四十六天的基本训练。在一年多的时间里，他一直试图参军，但是陆上自卫队显然不愿意接受平民的怪念头，即使这个平民是三岛由纪夫。12月，他的请求被驳回，“理由不明”。新年以后，在《论争期刊》的新朋友的鼓动下，他再次提出申请，这次不知怎么就成功了。有一个叫伊泽甲子麿的人，自称是“教育专家”。在行将发表《英灵之声》的时候，三岛预感到他对皇室的批评会引起极右派的愤怒，于是便请伊泽安抚一下敏感的团体。此后他相当倚重伊泽，他既是自己和右翼人士之间的缓冲，又是了解警方情况的消息来源。伊泽声称是他插手在关键部门施加了影响。另有人说，极右派的幕后操纵者之一田中清玄起了决定性作用。一些与三岛有交往的人得知他的计划后试图阻止他。新潮社的一位编辑提醒他，“入伍”会使他成为“一个可笑的人”。三岛一笑置之，接着便通知新潮社，他不想和此人再有任何来往。

三岛入伍时用的是“平冈”这个姓氏，没有军衔（伊泽声称他入伍时试图获授少尉军衔）。他先在九州岛久留米的军官训练学校待了一周，之后从久留米前往富士山脚下的步兵训练营地，在那里待了一个月。其中的最后两周，他要么和别动队员们一起练习跑步上山下山，要么在附近的习志野和跳伞新兵一道练习跳伞，从三十英尺高的跳台上一跃而下。三岛四十二岁，与他同期的志愿兵都是不到二十岁的小伙子，然而他竭尽所能，得以日复一日与他们保持同步。不为人知的是，他正饱受胃痉挛和腹泻之苦。但是体魄的磨难很可能让他的快乐有增无减，因为这使他感觉自己成了这些军人中的一员，如果没有别的原因的话[①]。后来他骄傲地宣称，他因为一颗不干净的纽扣而没有通过考核，被命令和其他人一样，背着满满的背包，额外跑了十圈。在写给父母的孩子气的家信中，可以明显看出他很适应军人生活：

> 二十多年来第一次手握步枪，感到难以形容的兴奋。我学习掌握得很快，因而得到夸奖，但是这对我来说其实并不新奇。人们说经历战争的一代人甚至怀念军训，我现在明白他们的意思了。每天开始于六点钟，听起床号，集合，擦冷水澡，然后跑步两英里。我每顿饭都把碗碟吃得干干净净，在铺了一条军毯的铁床上睡得像个婴儿。我敢说，暂时搁笔，对我、对写作都有好处。唯一不满意的是，我不允许离开基地，因为我不得暴露身份……看似奇怪，我大约是百分之四十当军人的料。

三岛公开宣称的入伍理由是关心国家的防卫。问题源于战

---

① 在接受一家杂志记者采访时（记者其实就是他本人），三岛首先针对他“只是在寻求受虐的快乐”的指责，进行了小心翼翼的辩护：

> 三岛：你一定是在开玩笑。你不会找到一个人有我这样严重超负荷的日程表。如果有什么不同的话，我平常的日程安排甚至比我训练时的日程更繁重复杂。令我十分高兴的是，我的坚忍被视为优点，而在文学界则被认为是反常。

后宪法第九条，它宣告，“日本人民宣布永远放弃作为国家主权的宣战权利”，并且“永不保有陆军、海军和空军，以及其他战争武力”。在三岛看来，这一“弃权”条款意味着，根据1954年的自卫法案建立的日本自卫队（JSDF），将永远不能发展为有效的战斗力量。因此必须修改宪法，允许日本自卫队恢复作为“国家军队”的应有地位。他的兴趣还在于日本自卫队的隐喻作用，它同时既是战后虚伪社会的牺牲品，又是鲜活的例证：这是一支军队，发誓要保卫一部禁止它存在的宪法，一支不得不把坦克称作“特殊车辆”的军队，因为日本放弃了它的“战争武力”。

但是爱国情怀只是部分原因。私下里，三岛入伍是他有意成为武士而迈出的第一步。他的决定因而彰显了他的结论，即，他在元旦提出的困境其实并不是困境，他可以既写出杰作，又能够英勇赴死，因为在三岛的计划安排中，准备当武士意味着准备牺牲。如他所言：“武士的职业是死亡的职业。无论他生活的时代多么安宁，牺牲是他一切行动的基础。一旦他害怕而逃避死亡，他就不再是一名武士。”这不是三岛的杜撰，他只是转述了一篇见于十八世纪初叶论述武士道的著名文字：

> 要知道武士道的精髓就是牺牲。这意味着，在面临生死抉择时，武士的选择是死，就这么简单。说不达目的的牺牲是无谓的牺牲——所谓白白送命——是一种盛行于京都地区的患得患失的武士道……你一旦选择牺牲，你是否作出了“无谓的”牺牲是无关紧要的——牺牲不可能让你

丢脸。

这段文字摘自《叶隐》，作者曾经是武士，后来出家为僧，名叫山本常朝。1699 年，当佐贺领主逝世的时候，常朝不得以剖腹自杀的方式追随他的主人，因为一项新法令禁止了武士表达忠心的传统行为。他显然不能承受对自身荣誉感的打击，便放弃了世俗生活，退居“树叶遮隐下的”棚屋当了和尚。他向记录者口述了《叶隐》，六十一岁时在睡梦中辞世。1967 年 9 月，三岛以书的篇幅口述了对《叶隐》的评论。他看来认同常朝，这不足为奇，因为这位和尚与他对和平的憎恶是一致的。在引言中他写道，《叶隐》是唯一一本他在战争年代读过、现在仍然不离他床头的书。他称这本书为“和平的秘史”，“打开自由之门的钥匙”，并且引人注目地说它“证明正统的疯狂这类事情是存在的”。事实上，《叶隐》在它那个年代被认为是一种邪说，因为它特别强调死亡。可以想见的是，三岛在谈论死亡最多的地方发掘武士道的传统。

在成为武士的道路上迈出第一步以后，三岛于 1967 年 10 月对《论争期刊》的学生团体建议，现在是采取政治行动的时候了。他的意思是要以欧洲的地方后备军为模式，建立一支平民武装，其目的就是要在陆上自卫队不得不对抗来自左派的“间接”进攻时给予支持。一年两次，每次一个月，志愿的学生和办公室职员被纳入陆上自卫队，接受军事训练。他们各自在回到学校或办公室的时候，就具备了在紧急情况下领导二十个人的能力。他们还要不定期地接受补习训练，其直接目的就是要培养二十到三十个学生，组成一个军官团。1968 年 3 月，日本大学放春假，三岛第一次亲自率领他的小组在陆上自卫队的营地训练了一个月。这支队伍被相当平常地称为日本国民警卫队。三岛写了三句歌词并请人谱了曲。

1968 年 2 月 26 日，三岛和十一名学生来到银座的一栋小楼，在《论争期刊》仅一间房的办公室里，歃血为盟。这是三岛的主意，他从小就培育着关于鲜血、死亡和武士英雄的幻想，其中一小部分就是歃血为盟。这个“文件”已不复存在。离世前不久，三岛想到了它，便着人把它从杂志社的新办公室偷出并加以销毁。据一位签署者称，文件写道：“我们以真正大和人的精神，拿着手中的刀，奋起与任何威胁祖国文化和历史传承的行为作斗争。”

两个星期后，三岛领着二十三名学生，在陆上自卫队的训练营地度过了一个月。万代和中辻去了，但是学生队长是一个早稻田大学的四年级学生，名叫持丸博。进大学以后的大部分时间里，持丸一直是保守的学生组织日本学生同盟会（日学同）的中心人物。自 1967 年春天开始，他还是《论争期刊》的执行编辑，希望以“新民族主义”评论家为自己的职业目标。与杂志的两位创始人不同，持丸对三岛的军事演练很热心，因而已经开始取代万代和中辻，受到三岛的重视。在这“第一批征召”的学生当中，将近半数属于日本学生同盟会早稻田分会，他们是由持丸带来的。这群人和陆上自卫队的正规军人同吃同住，但是训练是分开的：除了营地所有新兵都要接受的体能训练外，三岛还安排他们上战术课，通常这是军官训练的部分课目。最初两个星期，三岛与学生住在一起，训练在一起。然后他回家从事写作。十天以后，他在这个月剩下的最后几天里再参加他们的训练。

持丸已经订婚，他的未婚妻因为他与三岛以及军队的牵扯而感到担忧。应他的要求，三岛从训练基地给她写了一封旨在安慰她的信。信无论语气还是笔迹都温婉柔和，部分内容如下：

> 我们的任务是一项令人费解、前景难料的任务。表面上它是严酷的，但是在我看来，这项任务非常像一首诗。对我们来说，世间没有比纯粹更重要的东西。在这个军营里，宛如在实验室的烧瓶里，我们正在进行一项提纯的实验，同时密切关注着扑朔迷离的未来。希望你会理解。

“一项提纯的实验”。一年半之前，三岛就是用这些词语来形容定义神风连的狂热之举的。几乎可以肯定的是，他开始把自己以及他的这一小队人马，看作类似殉道者的角色，要为帝国事业献身。

实验被认为是成功的。负责操练的教官们带着疑惑的眼神迎接这些学生，但是在握手告别时，据说每个人都热泪盈眶。“除了在电影和戏剧里，”三岛写道，“这是战争结束以来我第一次看见真正的男人抹眼泪。”

尽管如此，在一个月的训练结束之前，他已经放弃了原本要建立国民警卫队的计划。一个原因是，在与陆上自卫队的官兵探讨时，发现在民心和军需方面，都不具备建立第二武装的可行性。但是决定性的因素是资金。一连数月，三岛一直在寻求金融界大人物的帮助，可是少数对国民警卫队感兴趣的人，同时要求对其政治立场拥有发言权。三岛决心不接受任何附加条件。他的结论是，要保证独立于任何政党或组织，这支部队就必须保持他个人力所能及的规模，他最后确定的规模是一百人。他当然知道，作为百人团队的首领，他就是百夫长，他肯定喜欢这个想法。

4月下旬，三岛和十一位年轻的同志一起，乘坐一辆租来的大众牌巴士，驶向郊外。他们的目的是要庆祝第一次穿三岛定做的漂亮的冬令制服（日本设计师按照戴高乐的制服缝制的）。在一座寺庙里，他们换上新制服，然后在盛开着樱花的树下拍照。三岛带来一位摄影记者，条件是他发誓保密。头顶上方盛开着樱花，右手边站着持丸，其他人簇拥着他，三岛就像一个夙愿终于得偿的人。

7月，三岛带着第二批二十三名学生去富士山营地进行为期一个月的训练。这次他自始至终和他们待在一起。他单独有一间屋子，晚上从事写作。每天早上六点，他领着他们跑步两英里，由此开始一天的训练。几位第一期的“学员”回来帮忙，包括持丸，他成了学生队长。这一次，基地的长官得到指令，要让三岛和他的学员感觉宾至如归；自卫队认定三岛由纪夫是他们最好的公关人选。

10月，三岛第三次受传言影响，寄希望于诺贝尔奖。此前一年，他携瑶子去印度，日本新闻界转载了合众国际社（UPI）发自斯德哥尔摩的一条消息，宣称他“肯定是四个最有可能的候选人之一”，其他三个是聂鲁达、马尔罗、贝克特。为有所准备，每日新闻社派了一个名叫德冈孝夫的记者（三岛在离世那天预先通知到场的两位记者之一），远道去印度守着三岛。三岛在行装里也预备了一套礼服。可是获奖人是米格尔·安赫尔·阿斯图里亚斯。这一次大家都说诺奖非日本作家莫属，“铁定”给谷崎、川端或三岛。10月17日晚上，三岛在出版商俱乐部等候宣布获奖人的电传通讯，新田敞应他的要求在场，还有他的朋友NHK（日本广播放送协会）的记者伊达宗克，三岛答应让他独家电视采访（他也是三岛辞世那天预先得到消息赶往现场的另一个记者）。晚上七点半，三岛走出电传室，告知他的朋友，“是川端老师”。他首先给在镰仓家中的川端打电话，向他祝贺。接下来，当着朋友的面，他写了一篇正式的祝贺文章《在川端获得诺贝尔奖之际》，发表于次日早晨的《每日新闻》。新田回忆，看着三岛撰写这篇华美的短文，其速度之快令人惊叹。文章开始的几行文字，有可能是他写给自己的：

> 川端康成获颁诺贝尔奖，这是日本的荣誉，也是日本文学的荣誉，幸莫大焉。川端以他自己的著作，承续了日本文学最脆弱、最优雅神秘的传统。与此同时，当这个国家不顾一切地扑进现代化大潮的时候，他在其危险的边缘行走。此种走钢丝的精神，始终保持在他华丽高雅的风格之中。他对现代社会的失望总是糅和在古典美的静谧之中……

三岛从出版商俱乐部回家，把运动衫换成深色西装，然后他驾车和瑶子、伊达一起去镰仓表达敬意。伊达说五十分钟的车程中三岛显得“情绪激动”，一度自言自语地说，“十年之内他们再也不会颁奖给日本了”。

有接近三岛的人士认为，没能获得诺贝尔奖的失望，是他决定结束自己生命的重要因素。毫无疑问他极度失望，尽管他绝口不谈，也没有通过其他渠道透露过他的真情实感（尤其是对于被川端捷足先登的感想）。但是他的决定不可能在这个时候因为失望才姗姗来迟：时至1968年秋天，他的私募军队规模多达四十余人，他自己则公开承诺要以生命捍卫天皇，他在寻求英雄之死的道路上已经走得相当远了。当他在汽车里说十年之内诺贝尔奖不会再光顾日本的时候，他肯定知道自己活不到再次参加角逐的时候了。

在1968年11月3日（文化日）召开的正式会议上，完成了一个月军训的四十名学生为他们这支小小的军队的命名举行了投票。三岛的建议获得通过。名称是“盾会”。11月4日，三岛携穿制服的持丸和其他几个人，召开记者招待会，宣布正式成立盾会。从一开始新闻界就冷嘲热讽，把盾会称为“三岛队长的玩具军队”。1969年3月，尔后又在7月，三岛分批率学生去富士山营地进行为期一个月的训练。1970年3月举行了第五期，也是最后一期的“征召”。此时的盾会达到满员，有一百名士兵。

每年约莫有五十个学生向盾会提出申请。他们来自各类大学，包括庆应义塾、早稻田，甚至东京大学。他们往往是农村来的青年，至少不是东京人。第一年（1969年），申请者由持丸和他的追随者筛选，第二年负责筛选的是后来同三岛一起死去的森田必胜。通过筛选的人被带到餐厅或三岛的家里，由三岛亲自面试。盾会选择的学生不能隶属于任何正式的政治团体。

他们必须对天皇怀有“充分的尊敬”，还需要精神饱满、体魄强健，为自己的信念而奋斗。还有一个正式条件，就是要圆满完成在自卫队营地一个月的基本训练。在初次“征召”六个月以后，还要求参加为期十天的军事“复习训练”。盾会成员没有报酬，但是他们发到一套冬令制服、一顶帽子，以及军服和军靴。1969年4月以后，还有一套夏令制服。

除了3月和7月学员要去训练基地外，盾会每个月召开一次会议，地点在市谷会馆，它靠近并且属于市谷自卫队司令部。会议首先由三岛对时事作简短评论，然后由他对自己的政论文章做较长阐述，接下来是半个小时的政治讨论。没有统一思想的要求，甚至在天皇的应有作用和修宪这样基本的问题上，盾会内部的不同派别也各抒己见。十二点半，学员们午餐，吃的是极平常的日本人说的咖喱饭，其实很少是用咖喱做的（三岛对饭菜的选择，显示了他作为武士的首领决心要贯彻节俭的原则）。午餐后，在屋顶军训一小时，然后散会。

就三岛而言，每月的例会主要是履行职责，真正的快乐来自富士山营地为期一个月的训练。对于这种快乐的性质，三岛有明确的描述。那是和1969年7月“征召”的学员在营房一起度过的晚上，听一位学员吹奏用于宫廷音乐和能剧舞台的日本笛子。他晚饭后与其他四位同学来到三岛房间，从织锦袋中取出笛子，开始演奏。看着他，三岛评论说：“据说亚西比德①拒绝吹奏笛子，害怕会破坏他漂亮的嘴型，可是日本笛子并不构成这样的风险。”

① 亚西比德（Alcibiades，约公元前450—前404），雅典政治家和将军。——编注

这青年演奏的是中国的《兰陵王入阵曲》。兰陵王相貌柔和，所以他不得不戴上凶猛的面具，然后率领部众去迎敌！听着年轻人用这种悠远凄楚的笛声来鼓舞斗志，三岛体味到，柔和与凶猛的结合于他就是日本武士的精髓，他的梦想的精髓。

盾会是一支“备用的”军队，不到三岛喜欢说的“最后的殊死搏斗”时刻，是不会接到“开拔!”命令的。理论上这将是捍卫天皇人身的战斗，敌人是“任何最终要废黜天皇的政治势力”。盾会誓以生命捍卫天皇。

假若学员需要一个理由来作出承诺，明确强调随时献出自己的生命，他们可以如愿以偿，从三岛在生命的最后两年半时间里所写的数册“政论”文集中得到日臻完善的理由。他一再说他的政论文章“不是笔而是刀的”产物，与文学“无关”。但是即使这类作品，他还是像对待文学作品那样，把它们分为主要的和次要的。主要文章如《文化防卫论》，华美精致，深奥抽象，极其难懂。也有持同样观点的次要文章，他写得精彩有趣，用词也是任何大学毕业生能够读懂的。这些文章包括《写给年轻武士的精神讲话》和《行动学入门》，它们在 *Pocket Punch Oh*！杂志上连载刊登了两年时间。自然，连载完成后又结集成书出版，为三岛维持盾会提供额外资金。

后来所有文章的理论基础都是《文化防卫论》，一篇冗长难懂的文章，起草于第一批“征召”学员参加训练的营地，并于1968 年 7 月出版。非常粗略地说，书的论点是：日本人是凭借日本文化而成为日本人的；天皇是日本整体文化唯一的“源头和守护者”；因此保卫天皇就等于保卫文化，保卫最终的自卫方式。这个三段论表面上看起来相当简单，难点在关键的中段，即天皇是日本文化的源头。三岛的阐释是基于“雅”这个概念，即日本古典美学的一个价值范畴，它通常被定义为以宫廷诗歌为标志的“宫廷典雅”。根据三岛个人的定义，雅就是“宫廷文化的精髓，以及人们对这种精髓的渴望”。正如宫廷诗歌是其后所有日本文学的源头，他论证道，雅是其后所有审美价值观念的源头（如幽玄、华美、侘寂）。因此，一切大众文化（宫廷以外的文化）必然是对雅的模仿，是人们追求向往皇室的高雅。因为没有天皇的“宫廷典雅”是荒谬可笑的，所以说天皇就是雅的源头。“因此”，天皇也就是“日本文化的源头”①。

确立了保卫天皇人身的重要性和必要性以后，三岛把天皇陛下的主要敌人定义为“任何左的或右的集权制度”。他的逻辑

---

① 自然这一论点被有些人痛斥为文化精英主义，对此三岛有各种各样的反应。有时候他显得义愤填膺，就像 1968 年 10 月在茨城大学宣讲会上与学生交流的情景：

学生 F：你说文化的发展仰赖于天皇，意味着文化是极小一部分人的专属品。日本历史上天皇掌权的年代里，绝大多数人生活得几乎像奴隶。我认为，说文化只属于特权阶级实在是一派胡言。如果那样的文化是传统的话，那就该砸烂这种传统。

三岛：文化不能以马克思主义的阶级斗争历史观来理解……一切哲学流派，都在文艺理论上一败涂地。你们读过康德的都知道，当《纯粹理性批判》试图论述美学问题时，它就像踩到香蕉皮一样栽了跟头。黑格尔在试图建立文化体系时也落得同样的遭际。如果曾经有一个懂得文化的马克思主义者，那就是托洛茨基。他主张政府必须是无产阶级专政，但是文化可以是资产阶级的。结果就是在托洛茨基掌权的短时期内，苏联产生了一些称得上文化的东西，马雅可夫斯基的诗就产生于这个时期……与希特勒不同，托洛茨基没有把以前的欧洲文化一概贴上颓废和都市的标签，而是热切地从欧洲引入新的艺术。后来托洛茨基遭到了清洗——就是被你这类人清洗的。

在其他场合，他较少辩解，而是或多或少承认他是精英主义者：

> 只有天皇，一方面继续充当宫廷文化（雅）的守护者，同时还不断地与日本人民（大众）的精英保持互动。依我看，没有天皇，日本人民不可能有最终的身份。当然，可以写一部排除宫廷文化的文化史，或者就叫做大众文化史。但是，此类念头很容易会蜕变成一种反常的热忱，致力于剔除文化中最精致、最华美、最高贵的成分。

是简单的：由于集权主义就是对整体的垄断，所以它必然伤害以天皇为唯一源头和守护者的文化的整体性。因此，共产主义（三岛不认为眼前有右的集权主义的可能性）在逻辑上是“整体的”，或者“文化天皇”的终极敌人。

作为政治行动的基础，它的严重缺失在于，三岛在同一篇文章中极力证明，他要誓死保卫的“文化天皇”已不复存在。事实上他从来没有明说“文化天皇”究竟是谁，但是在他脑海里的形象似乎是君主兼大祭司、热恋的情人、凶猛的武士、儒雅的诗人，半人半仙，骑着白马，驰骋在日本最古老的神话里。在《文化防卫论》之中，他所描绘的天皇不是传说中的，而是 1889 年颁布《明治宪法》以前的现实中的天皇，有血有肉，光彩夺目。三岛说，该部宪法将文化天皇转变为单纯的政治天皇，强加于他的是“称为西方君主立宪制的虚假政治制度”。战后宪法进一步侵犯了天皇阁下的整体性，宣布他为“国家和人民团结的象征……”

但是如果“文化天皇”已不复存在，而且如果“文化天皇”曾经一直是“日本整体文化”的唯一保证，那么日本文化的整体性必然已经遭到了破坏。三岛本人就振振有词地持这种观点，并认为战后文化的“狭隘性”，“像断了一半琴弦的琴弹出的声音”，是割裂了菊与刀的关系所致①。但是如果文化的整体性已

① 整体的日本文化，他写道，不仅仅包括菊——那些可以和平展示的“无害”之物，而且同样包括刀——“动作和各种行动的”文化，包含武术、武士道，甚至（或者可能特别是）恐怖活动。但是战后的文化政策，从占领当局明令禁止歌舞伎的复仇剧目和警匪电影开始，连续成功地“截断了菊与刀之间永恒的互动关系”，仅保留下那些安全的部分——“供全人类分享的文化资产”——可用于提高国民的道德素质。

经遭到破坏，那么三岛反对集权主义的出发点，即它威胁到那个整体性，就是荒谬的。

三岛完全明白这是自相矛盾的，并且企图用另一个自相矛盾的观点来克服它。为了让天皇恢复他曾经拥有过的、必不可少的“整体性”，他断言，天皇需要重新掌握《明治宪法》赋予他的最高统帅的权利：

> 由于天皇是菊与刀的荣誉的终极源头，所以军功也必须由［文化］天皇颁发。他必须恢复最高统帅权，不用说他必须使用军方仪仗队［自从1967年，三岛一直抱怨裕仁在战后的正式国事活动中拒绝使用仪仗队的政策］，而且军旗必须由他直接授予……天皇与军队亟须以道义的纽带相联结……当然，把最高统帅权及其他权利还给皇室，必然会复辟一个文化天皇，而不是一个政治天皇。

但是根据三岛自己对《明治宪法》的理解，在天皇和军队联结起来的那一刻，文化天皇就为政治天皇所取代，那么现在这两者的联结又怎么可能产生一个“文化天皇”呢？在他的结论里，三岛不仅仅要献身于保卫一个并不存在的制度，而且还要以不符合他自己的逻辑的方式倡议建立这个制度。

《文化防卫论》在1968年7月甫一问世，即遭到文学界左派的激烈抨击。有些批评者当真把它看作文化精英主义和军国主义的宣示。例如，小田切秀雄收回先前称三岛是“温和的毒药”的话，断言三岛已经在极右的“危险思想家”中间占有一席之地，直接迈向法西斯主义。其他人，尤其是桥川文三，专注于驳斥他的论点。在题为《美学的逻辑与政治的逻辑》的长文中，桥川揭露了矛盾之处，指出三岛如若遵从他自己论点的思路，就会得出结论，“现代国家的逻辑与天皇作为美的守护者的逻辑是完全对立的”。三岛在他的“反驳”中，以惯有的机敏躲过这一抨击。他承认桥川发现了不合逻辑之处。“但是任何出色的侦探都知道，”他写道，“当嫌疑人开始自相矛盾，企图掩盖不能自圆其说的破绽时，他其实正开始说出真相。”

但是有毫不含糊的证据证明，三岛没有在他的任何“政论”文章中说过真话，肯定没有说出过全部真相。最显著的是篇幅不亚于书的长文《太阳与铁》，完成于他和年轻学员在樱花树下拍照的那个时候。在《太阳与铁》里面，三岛就他的过去和未来的行为给出了最有说服力的理由，语境完全无关乎宪法、天皇或任何社会话题。这个语境就是，他知道唯有在死亡的那一刻，他才会获得无可争辩的“存在证据”，这是他感觉真正活着所需要的：

> ……让我们想象一下单个健康的苹果。这个苹果不是由文字产生的，从外部也完全不可能看见其果核……因此在苹果的中心，黑咕隆咚、密不透风的果肉里，掩藏着果核，它躁动不安，急切地要寻找某种方式来证明这是一个完美的苹果。这个苹果当然是存在的，但是对果核来说，这种存在犹有不足。如果语言不能弥补其不足，那么唯一可行的办法就是靠眼睛。确实，就果核而言，唯一有保证

的存在模式就是同时既存在又看见。只有一种方法可以解决这一矛盾，那就是将刀深深插入苹果，把它切开，使果核得见天日……然而苹果被切开，其存在即刻支离破碎：为了看见，苹果核牺牲了存在。

当我意识到难得一现的完美存在感只能依靠肌肉而不是文字来获取的时候，我已经在亲身经历苹果的命运。无可否认，我能在镜子里看到自己的肌肉，但是光看到肌肉不足以让我接触到存在感的根源，离那种能激起快乐的真正存在意识仍然相去甚远……换言之，我烙在肌肉上的自我意识，不满足于把白皙肌肤上的黑色印记作为存在的标识，但是像不见天日的苹果核，执着于追求某种证明存在的证据，以至于迟早必然会摧毁自身的存在……那恰恰就是敌人的刀切入苹果的果肉里——或确切地说，我的肌肤里的时候。鲜血流淌，存在状态被毁，破碎的感觉第一次印证了完整的存在，弥合了看见和存在在逻辑上的裂缝，而这就是死亡。

论证了死亡是他要知道自己的存在所需的“最终印证”以后，三岛便思考如何在宁静的和平时期实现它。他的思路引他回到他的青年期。他年轻时的幻想就是不停地呼唤死亡。他推论：“如果那个极度颓废的青年在心理上具备战斗的力量和意志的话，他的生活就会完全符合武士的生活了。”因此，根据这个逻辑，他在 1967 年 4 月设法进了自卫队，准备成为一个武士。他假设这个过程有可能追回时光，让他返还到渴望死亡的青年期。这一过程甚至可能让他找回“那早先抛下我的美丽的死亡”。

但是做了六个星期的军人，结果不过如此，只是一场游戏而已。当然，时光没有倒流：军队为之训练的战争只是假想的战争。三岛哀叹道：

> 真是令人啼笑皆非！在前途无望的时代，灾难之杯满溢，我却不具备资格把它端来饮用。久违之后，通过长时间的训练，我获得了最完美的资格，回头却发现杯子空了，冷冷地亮出杯底，而我自己已年过四旬。

和平使三岛失去了他现在喜欢说的“末日的精神状态”。他的意思是1945年看到东京一片火海，预感到惨烈的大灾难就要降临，因而觉得特别兴奋。他现在想知道如何重温这种兴奋。他在神风特攻队的飞行员驾机赴死前写下的“遗书”中找到了他寻求的答案。他视这些飞行员为真正的英雄，他们有视死如归的体魄，有敏锐的末日意识。他惊异于他们的语言，全都是陈旧好听的语句，诸如“一切生命归祖国”。与他自己的用词截然不同，他们的语言“要求严格摒弃个人色彩”。如果摒弃语言的个人色彩就可能成为英雄，他“推论道”——显然这些飞行员的语言是他们狂热的赴死决心的表象而不是根源，但是三岛对此全然不顾——那么在行动中摒弃个人色彩应该会收到同样效果。从这里出发，三岛只迈出小小的一步，就在《太阳与铁》的末尾得出结论，唯有成为群体的一分子，才有可能摒弃个人色彩，成为英雄：

> 唯有通过群体，我认识到——通过分担群体的痛楚——身体才能达到个人独自绝不可能达到的存在高度。身体要达到这种灵光一现的高度，就必须扬弃个体意识。群体的悲剧性也是必要条件，这种悲剧性质不间断地把群体从易于陷入的放任懒散中唤起，引导它承受日益加剧的痛楚，直至死亡，死亡是终极痛楚。群体必须直面死亡——这当然意味着它必须是一群武士。

在《太阳与铁》的最后一页，三岛在熹微的晨光里跑步，和他一起跑步的有一群人。虽然他没有明说，但那是盾会。当他迎着冷风跑步的时候，他知道“我们团结一致，追求荣誉和死亡，这不仅仅是我个人的追求。心脏的搏动传递到整个群体，我们都有了同样快速的脉搏”。心脏的搏动——意在死亡的存在之舞，从他还是个十二岁的小男孩开始，就既让他倾心又让他退缩。现在通过这个群体的协助，他知道他终于能够迈出这赴死的一步了。《太阳与铁》的结论是：“这个群体对我来说好比是一座桥，跨过它，就没有回头路了。”

与所有的政治论述相比，《太阳与铁》无疑更接近基本事实，它牢牢扎根于三岛早期生活的色情冲动和欲念：当然，三岛的武士群体实质上就是他达至英雄般死亡的通道。这是不是意味着他的“爱国主义”只是提供给这个群体的借口，用以达到私人的目的？谁能说呢？也许他能够同时相信两个理由，私人的和社会的，就如他能够用同样的热情对它们加以阐述。但是这样的机智是难以想象的。有很多例子显示，情色语境是根本性的。例如，尽管除了三岛没有人可能写出《太阳与铁》，但是在它的字里行间看不到一丁点爱国者的影子，而他的政论文章充满“死亡美学”，这源自他的青年期，在《太阳与铁》里面又再次被发掘。在作品和公开辩论中，例子举不胜举。看看下面的交流，它发生在 1968 年 10 月的早稻田大学宣讲会：

> 学生 O：我想知道你反对共产主义的理由。我感觉你主要是害怕在共产主义社会不能施展自己的超凡才华……
>
> 三岛：……首先，我是一个艺术至上主义者，我相信我必须尽力而为的是保护艺术之塔。但是这不足以维持一个人的精神。一位“文化活宝”也许会满足于在漆盒上画画或制作一些精美的陶器，但是我的内心不能单单靠艺术来满足，我认识到我需要的是能触动我灵魂的行动。我能做什么来触动我的灵魂呢？我知道我首先必须运动我的身体。于是我就运动身体。可是仅仅运动身体是疯子的行为，尽管很多人去夜总会等场所这么做……每一个行动都会有反作用。这个反作用来自何方？它来自你的对手。没有对手，行动就没有意义。好了，我非常需要一个对手，于是我就选择了共产主义。不是因为共产党人攻击我的孩子或烧了我的房子。我事实上没有什么理由。我只是把共产主义选为对手，因为我需要一个对手来驱使我行动。

在政治语境中，这番话只能被看作滑稽可笑或胡说八道。放在《太阳与铁》的语境中，它既契合，又极具意义。一个更突出的例子是《反革命宣言》，三岛写于 1969 年 2 月，当时学员们要求他用一篇文章来概括盾会的立场。这是一个由五项条款组成的纲领，它宣称反对“一切旨在把共产主义与政府联系在一起的计划或行动，不管是暴力的还是非暴力的”。这个纲领大体上是政治俗套，可以出自任何极端民族主义者之手。但是有两项条款看似出格，完全不符合逻辑，至少不符合政治逻辑：

> 2. 我们视自己为有待保卫的日本文化、历史、传统的最后的保护者、终极的代表和要素……神风特攻队的行动准则是，他们是历史的化身，历史的精华在他们身上体现，他们……代表末日，最后的一批人……不用关心功效。
>
> 5. 战斗只限一次，必须战斗至死……我们是日本美的化身。

我采访的盾会学员对这些段落不能给出满意的解释。他们不清楚“历史的化身”是什么含义，也不认为自己“代表末日，最后的一批人”。没人能够解释战斗“仅限一次”和“战斗至死”的战术必要性，除了说行动上绝不允许妥协。当问到“他们”认为“日本美的化身”指的是什么，他们只是摇头。

如果三岛的学员对他的文学和政治具有同样的熟悉程度，他们就会大彻大悟。他们会想起《鲜花盛开的森林》，那个十六岁的作者把自己看作对美的当然“继承人”，他甚至在那时就把美和“死亡的欣快”等同起来了。他们还会认出那个十九岁的青年更加成熟的幻想，他在1944年把凌晨的星星看作他个人的象征，因为它“赋予他主宰末日的权力”，他断定自己是“日本传统美的最后的继承者”，甚至是“唯美的神风特攻队”。总之，他们会看到三岛的政治主张恰恰是用来使他接近那等同至美的死亡的，这至美的死亡是他在青少年时就孜孜以求的。他们接下去就进一步看到为什么未来无关紧要，为什么“功效的考量是次要的”。至少，只要他们仅仅读过《假面自白》，他们就会明白三岛强调的自我牺牲和他们自己的自我牺牲是迥然不同的。但盾会是不读三岛的文学作品的。事实上，没有一个盾会成员熟悉三岛的“散文之笔”，包括《太阳与铁》。三岛甚至规定，“文学青年”，特别是他的崇拜者，不适于成为武士。

这不禁令人心生疑窦，三岛曾说他和学员们“团结一致，追求荣誉和死亡”，这一追求“不仅仅是［他的］个人目标”。我不认为他在有意糊弄盾会。譬如，我相信他没有把盾会当作自己的菜园子，从中挑选年轻的情人。几乎可以肯定的是，他早已尝遍了和年轻男子的王尔德之欢，现在他正陶醉于盾会所提供的斯巴达式的友情。还有，似乎可以确定，他的“爱国主义”和学员们的爱国主义有着本质的区别，难以想象得更加复杂，他对此是有清醒认识的。

很难想象三岛究竟如何看待在他生命最后两年里花费这么多时间与之相处的年轻人。他经常抱怨和他们在一起使他感到“疲累”，因为他们“太认真”，“太天真”，“太过直率”。但是认识他的人相当一致地认为，盾会使他变得和以前判若两人，给了他从未有过的快乐。此前，他一直是讲究规矩的著名作家，要求别人严格遵守礼仪，大家对此也从不掉以轻心。突然他周围来了一群不肯按规矩行事的年轻人。他们不分昼夜随时给他打电话，逼得他安排夜间接听服务，从而得以安心工作。他们不满足于打电话，如果一时兴起，想和他们的领导人谈谈，随时便会登门拜访。最终三岛在银座一家叫克莱尔沙龙的咖啡店租下底层，每个星期三下午三点到五点接待他们。但是夜晚来访仍然不断。像所有孩子一样，学生们非要得到三岛百分之百的关照不可。三岛（很像所有父亲那样）一边抱怨一边让步。在这个过程中他好像得到了放松。几乎所有我采访过的人，从举重的朋友到新田敞，都说他“较为亲切了”。

依然令人费解的是，像三岛这般复杂的人，为什么会在这些如此简单的年轻人身上花费这么多时间——除非他们的简单正是他认为重要的原因。根据三岛对他们下的评语来判断——“天真的”，“稚气的”，“喜欢和我们做同样的事情、特别喜欢大笑”——在他们的陪伴下，他好像能够在本来达不到的层面发挥作用。也许可以说他“利用”盾会来使自己保持简单和易于感动，使自己摒弃自我意识、逻辑思维、怀疑态度，以及不敢铤而走险的恐惧心理。其中一位学员天真地告诉我：“三岛先生走下理智的台阶，来到我们中间。”

三岛在建立盾会的时候脑海里必然出现的英雄之死不是他最终完成的剖腹自杀。从 1968 年年中到 1969 年年末，经常挂在他嘴边的词是“斩死”，是武士在面临生死抉择时根据武士道而采用的第二种惨烈死亡的方式。照字面的意思，斩死就是奋战到最后一刻，在战斗中仗剑而死。它具体指的是一小队家臣，明知寡不敌众，会一败涂地，但为了保卫他们的领主，仍然向敌人冲杀过去。直到1969年底还在三岛脑海里盘桓，并且定期拿到盾会会议上讨论的幻想是，左派将发动大规模的示威和骚乱，警方人力有限束手无策。首相不得不动员自卫队维持秩序。当警方面对混乱局面无能为力，而自卫队尚未动员之际，盾会就会用集体的生命来保卫天皇：斩死。还有第二种更激动人心的设想。盾会和陆上自卫队一起，带头向国会发起进攻。国会被占领后，陆上自卫队便要求修改宪法中放弃战争权利的条款，并要求恢复天皇的最高统帅权。由于盾会在攻打国会时充当先锋（以鼓舞士气），所以伤亡惨重：斩死。

在1960年代末，积极投身政治斗争的人，无论左派或右派，都把目光投向1970年5月，《新日美安全条约》再次到期续签的日子。左派誓言不让条约在1970年到期时再续。右派担心的是，迄今为止争吵不休的日本社会党和日本共产党会结成联盟，他们还担心会发生大罢工，甚至担心有人会企图推翻政府。三岛从中得到了启示。1960年，面对大规模的示威活动（很多不那么复杂的右翼爱国者深信是采取行动的时候了），他的唯一反应是语带嘲讽地建议选一个现实主义者而不是虚无主义者来领导国家。现在他的谈话充满关切和责任，仿佛他已经执掌了军队的指挥权，可以在1970年左派发难时保卫国家和天皇。1969年1月，他在和日本西点军校①的前校长猪木正道谈

① 指日本防卫省下属的防卫大学，该校为日本自卫队培养海陆空军官。——编注

话时说："我担心大家会处于自我催眠状态。如果他们一个劲地谈论1970年，他们必定会诉诸行动，不然就没面子了。想想他们在反战日制造的混乱，就不能对他们煽风点火、博取同情的能力掉以轻心。"

1968年10月21日反战日的示威游行，导致数百人受伤或被捕。三岛以《Sunday每日周刊》杂志记者的身份前往现场。他想看看"左派利用已掌握的武器把示威升级了"没有。他跟随大都是学生的人群走在新宿区的主街上，前后穿梭，观察不时发生的暴力冲突并在卡片上做记录。他们一路来到刚过正午就被团团包围的首相官邸。为了有个更好的观察点，他冲到马路对面的外务省大楼，他弟弟千之在那里上班。千之在顶层餐厅坐下准备用午餐，这时三岛闯了进来。他身穿风衣，脚蹬靴子，头上是防暴头盔，臂上是记者袖章。他还带了一个午餐便当：一盒冷饭，配一点鱼或肉，再加几根酱菜。千之为哥哥的这身装束感到难堪，还有，如千之描述的，他对"下面街上的动静表现出来的孩子般的雀跃"。他劝三岛脱下风衣和头盔，但是三岛站在原地一动不动，脸紧贴着窗玻璃。侍者走过来，三岛挥挥手让他走开，然后打开便当盒。千之知道三岛从来鄙视把冷饭当午餐。现在他却吃得津津有味，眼睛瞅着下面的首相官邸，高声赞道，"［他］觉得这饭比任何食物都好吃"。如千之所说，"他就像孩子得了新的玩具，骚乱、服装，甚至冷饭就是他的新玩具"。

在千之看来，在生命的最后几年里，三岛的一切政治活动都不过是玩游戏。"他玩战争游戏，仅此而已。这对他特别有刺激，因为他小时候不许玩这种游戏。”他回忆三岛找他解释新批准的不扩散条约。千之开始评论，但是当他说到日本不会受到负面影响的时候，三岛好像失去了兴趣，改换到另一个话题。千之的印象是，他哥哥不想对任何事情了解太多，以免失去反对的理由。“有效原则，”他解释说，“就是了解一切就会原谅一切。”

不管三岛是否有意限制自己对政治问题和事件的理解，事实是他的“观点”与他评论的政治现实几乎没有什么关系。老实说，他的观点是疯狂的，往好里说也是一派胡言，有时候，他的观点既丑陋又危险。譬如，1968 年 6 月罗伯特·肯尼迪遇刺事件引发了一大篇激烈的演说，反对无节制地谴责谋杀行为。要注意的是这一行动的“电压”——两种意识冲突的紧张程度——到了一方必欲置另一方于死地的地步！“你们强烈谴责谋杀，因为你们觉得杀人是不对的。”1968 年 6 月他在一桥大学的宣讲会上对学生听众说。“依我看来，那种想法是你们接受战后所谓的人本教育的错。你们不能客观地对待谋杀问题……我考虑的是行为，实际的行为。有高品质的谋杀，也有低品质的谋杀……”对于在同一个夏天发生的苏联出兵捷克斯洛伐克事件，他的反应主要是蔑视捷克领导人，因为他们没有为保卫国家而献出生命。与这种偏见——“战斗只限一次，必须战斗至死”——相一致的是他对 1968 年学生闹革命的严重国内危机的评价。最激烈的斗争发生在东京大学，始于 1968 年 3 月医学院罢课。11 月大学校长辞职。未几，自称“全共斗”（联合阵线）的“全学连”（全日本学生自治总联合会）中激进的核心人物，出面占领了校园中央的安田讲堂。有人被扣作人质，局面紧张日甚一日。直至1969年1月19日，八千五百名武装到牙齿的防暴警察强行攻入，把学生赶出讲堂。此前三岛观察对峙局面，赞赏学生的坚毅。但是得知安田讲堂被攻陷而没有一个学生死亡，他显得不屑和反感。“看看并记住，”他告诉他的学员，“当最后的时刻来临之际，他们中没一个人对自己的立场笃信到愿意跳楼或撞向刺刀而死。”在这里，他一如既往强调自我毁灭。

5月，学生联合阵线向三岛发出挑战，要在他们的地盘东京大学驹场校区和他进行辩论，他接受了这一挑战。这是需要勇气的：这些学生已经证明他们有能力扣留人质。他接受挑战的消息传出以后，警方要给三岛提供保护，他拒绝了。他也禁止盾会陪同。辩论那天，他独自出现在会堂的入口处，身穿便裤和黑色针织衬衫，唯一的保护措施就是传统的腹卷，用长长的棉布紧紧地裹住腹部，作为抵挡刺客刀剑袭击的缓冲。会堂里，两千名学生正在听预备会的发言。入口处有一幅宣传辩论会的海报，上面有三岛的漫画像，如一只“现代大猩猩”。站在门外的那一刻，他必定感受到了“危险意识”，他一向认为在和平时期对生存至关重要的那种危险意识。

两个半小时的辩论本身有点出乎意料的平淡无奇。这并不是说不存在紧张气氛：一些学生无视三岛的魅力，自始至终对他口出恶言。但是大多数学生好像不由自主地对他肃然起敬。几乎从一开始就有清楚的迹象表明，听众并没有像预期的那样完全怀有敌意。第一个提问者不知不觉地称呼三岛为老师，即刻尴尬地停顿了一下，然后解释说：“我刚才不假思索地用了老师这个词，有点成问题［笑笑］。但是，依我的看法，三岛先生比这些天游逛在我们身边的东京大学的‘教员’更有资格被称为老师，所以我要请大家原谅我使用老师。”这个请求获得一片掌声。

由于学生们的“逻辑”任意武断不输于三岛，所以冗长的辩论内容大都不知所云。最有趣的是三岛试图规劝学生的时候。他强调天皇正是学生们寻求的革命干劲的象征和源泉，事实上是一场真正的日本国民革命的唯一可能的发动者。他指的当然不是当今天皇，而是古代的天皇，作为文化概念的天皇。“只要你们说一下天皇的名字，”三岛对学生说，这是整场辩论中后来被引用最多的一句话，“我就很乐意同你们联手，但是你们拒绝这么做，那我就只能说‘杀’了。就这么简单。”

自然，学生们没有被说服，仍坚持认为天皇只是剥削和反动的象征。基本上辩论是以僵持不下而告终，双方只同意一点，他们是“天然的敌人”。在接近尾声的时候，三岛做了最动人的陈述。下午的紧张辩论使他疲累，关于天皇的讨论也没取得效果，这时他突然要求听众听一听他“个人的感受”：

> 如你们所知，我是在战争年代长大的。我曾经目睹天皇就在这样的台上纹丝不动地坐了三个小时，三个小时像木头人一样一动不动。那是我们的毕业典礼。我接受了他颁发的手表，我个人对他怀有那种感激之情。我没有打算谈这件事，我不想谈这件事［笑］，但是在个人历史上有这样的故事，我不可能在我心里否认它。他神采奕奕，你们

得知道，天皇他那天高贵优雅。

三岛再没有提起过这事，但肯定这里面是有真情实感的。在1944年2月，一个十九岁的青年，无论多么性格内向，疑虑重重，在从裕仁手中接过银质手表的时候，不可能抵御伴随而来的荣誉感和敬畏感。不是说这件事就是他日后培养起对天皇忠诚的原因，但是它当然意味着，在他开始寻求可以为之献身的主张时，天皇绝不是凭空出现在他脑海里的。

6月，新潮社出版了三岛与学生组织的对话实录，颇为畅销。三岛分给“全共斗”一半的版权。后来他写道：“他们可能用这笔钱买了头盔和燃烧瓶。我为盾会买了夏令制服。双方都满意。”

三岛努力在他的艺术和军队之间保持平衡，如他所说，生怕“盾会会沦落为艺术家的业余消遣，或者我会变成一个政客”。毫无疑问他成功了，至少在头一年。他在1969年和1970年的主要文学事业就是《丰饶之海》。百忙之中他笔耕不辍，“像药剂师在天平上称剂量一样，仔细推敲每一个词语”。他原来打算等全套小说连载完成以后再付梓出版，可能是因为评论界对连载关注甚少，他在1969年2月授权新潮社发行第一部《春雪》和第二部《奔马》。1968年7月起，他开始写作佛教色彩浓厚的第三部《晓寺》。此外，他创作了1969年的年度连载小说、一本受大众欢迎的散文集、《行动学入门》、他的第一部也是唯一一部芭蕾舞剧（《米兰达》）和两个三幕剧本。这两个剧本是为他和导演松浦竹夫一起新建的演出公司而写的。《癞王台》的创作灵感来自1965年他游历柬埔寨时初次见闻的传奇故事。故事讲述一位英俊年少的国王，在开始修建一座佛教寺庙后不久，便罹患了麻风病，并在寺庙渐渐臻于完工的时候浑身腐烂而死。三岛长久以来一直怀有一个浪漫的梦想：一位迈向死亡的艺术家，在迈向死亡的过程中成就了自己的杰作。一点也不奇怪，他把癞王的传奇故事解释为“象征一位艺术家的人生，他将自己整个生命融入一件艺术品，然后死去”。显然，这个故事以及他在吴哥王城看到的英俊国王的雕像使他激动不已，以至于他只用一个晚上就完成了剧本的初稿。在写作的时候，他知道把丑陋和绚丽结合在一起，是完全继承了晚期欧洲浪漫主义传统。在剧本说明中，他甚至举出了“精彩的先例”，维利耶·德·利尔-阿达姆在《波特兰伯爵》里面也把“高贵和麻风病”结合在一起。1969年7月在帝国剧院的演出极尽奢华，当拜隆神庙银光闪闪地呈现在观众眼前时迎来全剧的高潮。

三岛在1969年演出季的第二个剧目是《我的朋友希特勒》。这当然是一个耸人听闻的剧名，三岛充分发挥了它的轰动效应，甚至在满是纳粹党标的海报上印上自己的照片，并且在一份海报上亲笔写道：“危险的思想家三岛献给危险的英雄希特勒的赞歌。”以1934年的罗姆事件为背景，三岛在剧本中讲述希特勒如何在二十四小时之内成功消除来自左派和右派对他的潜在威胁。在第一幕的末尾，实业家古斯塔夫·克虏伯祝贺希特勒“一箭双雕地击溃了左派和右派”，希特勒的台词是“当然，政治必须取中间路线”。帷幕旋即落下。三岛颇具讽刺意味的论点是，集权主义一开始往往以中间路线的自由主义面目做伪装。

因此该剧本在某种程度上可以解读为起了警钟的作用。但是，三岛对阿道夫的机敏难掩几分赞赏。在他的制作计划说明里，他承认了这一点：

> 有各色各样的人问我："你那么喜欢希特勒吗？"但是我仅仅写了一个关于他的剧本，这并不意味着我一定喜欢这个人。坦率地说，希特勒颇有吸引我的地方，然而一定要说喜欢或不喜欢，我会说不喜欢他。希特勒是一个政治天才，但不是一个英雄。他总体上缺乏英雄必备的敏锐和光芒。希特勒就像二十世纪本身一样，幽暗昏黑。①

1969年7月，三岛还拨冗在热门影片《刺客》中扮演恐怖分子的角色。一位明星，胜新太郎（为数不多的美国影迷知道他是盲人剑客座头市），敏锐地感觉三岛不会拒绝出演萨摩藩的田中新兵卫这个角色，田中在电影里（和历史上）用他的刀刺杀了十多个受害者，后来不知何故突然剖腹自杀。胜请制作人藤井去问问三岛，三岛当即表示同意。7月，电影在京都的大映制片厂拍摄。这一次三岛轻松自如，角色演得痛快，和其他影星相处得也很愉快。电影在9月上映时，《朝日新闻》晚间版报道说，三岛动作很到位，像个真正的刺客，然而他"柔和的面容和睿智的眼神"在特写镜头中露出了马脚。

1969年11月3日（又是文化日），三岛艺术和行动的两重

---

① 在1943年8月20日致朋友东文彦的信中，三岛写道："我给予墨索里尼的同情，比给予希特勒的多一百倍。"

世界在日本国家大剧院汇合了。在大舞台上，他正在指导彩排他的第一出四幕歌舞伎《椿说张弓月》。剧院的楼顶上，现有八十五人之众的盾会正在为一百名应邀出席的本国人和外国人举行纪念一周年阅兵仪式。整个下午，三岛就在他生活中的这两个世界之间来回穿梭。一会儿，他用英语致欢迎词，紧接着，他又急匆匆步入剧院，边走边解开白色制服上衣的纽扣，去观看剖腹自杀场景的最后排练。

《椿说张弓月》是三岛根据十九世纪伟大的畅销小说家泷泽马琴的浪漫故事改编而成的。复杂的情节使许多编剧望而却步，但是三岛根据舞台要求控制了篇幅，成功地将故事重新安排，使之围绕让他动心的情节展开，特别是雪地上的血腥战斗（令人回想起1936年2月26日那个雪花飘飘的黎明）和主人公剖腹自杀的高潮。他写这个剧本的速度照样快得令人目眩，6月、7月、8月分三次完成（摄制《刺客》的时候他也在写剧本）。自然，他使用的是古典的歌舞伎语言，甚至使用传统的净琉璃风格的宣叙调来串联各个情节。这样高超的技巧没有任何其他同时代的作家尝试过。8月，文乐剧院的义太夫[①]鹤泽燕三，作为三岛的客人来到下田的东急酒店，谱写三味线伴奏和宣叙调旋律。

9月开始排练。第一天，三岛做了一件歌舞伎导演从来没有做过的事情，要求他的全明星演员班底听一段时长三小时的录音，内容是他朗读所有角色的台词。后来公开的说法是剧团非

---

① 义太夫，“义太夫节”的略称，是一种净琉璃的传统唱腔，也指说唱义大夫的艺术家。——编注

常高兴能第一次在如此严格的导演指导下工作。其实三岛和演员们的关系相当紧张。据他的助理导演说，紧张关系的一个表征是三岛在国家大剧院工作期间，从来没有去过后台，因为“后台是演员们说了算”。

三岛坚持不仅在表演方面，而且在布景、服装、灯光效果上都要有最后决定权，他甚至设计了自己想要的正式海报，交由朋友横尾忠则去完成。最终成型的海报（横尾在最后一刻才提交），色调是粉红和橘黄，很好地体现了三岛所追求的那种歌舞伎。他想要洛可可歌舞伎，花哨的歌舞伎，俚俗、怪异，也许最重要的是血淋淋的歌舞伎。11 月 3 日，他叫停剖腹自杀那场戏的彩排，坚称必须使用更多的血，而且血必须“闪光”。这是他最为骄傲的一场戏。上演期间，他常常邀请朋友晚饭后去剧院，正好赶上看这个场景。所有人一致认为，血腥场面极其逼真，令人作呕。就整出戏而言，人们的感觉似乎是，它华而不实。一位不无同情的评论家说：“败笔，然而是令人印象深刻的败笔。”

楼顶上的阅兵式是庆祝盾会成立一周年[①]。在阅兵操练之后，学员们脱下冬令制服，换上新的夏令白制服，然后到楼厅参加盛大的招待会。三岛用英语和日语致辞，感谢客人参加他们的庆祝活动。客人名单是同新田和伊达商量以后拟定的，包括作家、知名人士、被视为友好的国内外记者。没有邀请政界

---

① 三岛怎么得以使用国家大剧院的楼顶来操练他的私人军队仍然是一个谜。他是剧院董事会的成员，但是最终的许可必须来自文部省文化事务办公室。其他董事会成员听到此事后都表示愤慨：剧院楼顶再无可能被用于私人聚会。

人士。多数人接受了邀请，那些不接受邀请的人（如小说家三浦朱门和他的小说家妻子曾野绫子），从此不再有三岛的音信。

尽管楼顶的盛典被认为是成功的，但是当他笔挺地站在观礼台上向学员们敬礼的时候，他并不是满心欢喜，因为当初“激发”他创建盾会的学生不在这里。8月下旬，《论争期刊》杂志社的成员全体退出了盾会。第一个离去的是杂志的两位创始人之一中辻。他几次未经允许，以三岛的名义为杂志募集资金。三岛好像认为他不诚实。最后的导火索是三岛得知中辻去找田中清玄要资助。田中是一家大型建筑企业的总裁，据说是极右派中数一数二的权势人物。他在1967年就对三岛颇有好感，当时三岛计划建立日本国民警卫队，前去寻求他的资助。他们经常会面，讨论加强日本国防，抵御共产主义威胁的必要性（田中的众多传奇经历之一是，在二十岁时，他曾做过日本共产党的秘书）。他们似乎相处得很好。后来田中打电话给三岛的出版公司新潮社，宣布三岛已经许诺为他写传记。三岛并没有做过这样的许诺，一气之下，便与田中断绝了来往。再者，人人皆知田中后来给激进的左派学生组织提供了大笔资金，声称他赞赏他们的“勇气”。现在中辻去见田中使三岛勃然大怒，他命令他“收拾收拾［他的］背包回老家去”。中辻退出盾会，带走了一些与杂志社有密切关系的人。

一周以后，三岛的自尊心受到更加残酷的打击，他的左膀右臂持丸也提出要离开。中辻“背叛”以后，三岛就要求持丸离开杂志社，全身心投入盾会的工作。他还反对持丸即将举办的婚事。鉴于盾会不知何时会参加最后的战斗，领导人尤其不能受婚姻之类的束缚而削弱赴死的决心。三岛顺便提到，参加1936年2月叛乱的年轻军官，正是因为这个原因而誓言独身。他甚至对有些目瞪口呆的持丸说，《忧国》中的年轻中尉与荣耀失之交臂，部分原因就是他违反了自己的独身誓言！持丸好像一直认为自己最终要成为评论家而不是武士，此时认定他不可能满足三岛的要求。三岛得知他的想法后在婚姻问题上做了让步，甚至许诺如果他留下，会资助他们夫妻一套住房。持丸拒绝了。据村松刚说，三岛的悲伤"异乎寻常，如丧考妣"。

时值9月，阅兵的邀请函业已付邮。三岛曾考虑取消阅兵，甚至一度说要解散盾会。结果，他任命了一位新的学生队长。他文静结实，二十五岁，在早稻田大学读四年级。他叫森田必胜。森田是1968年7月第二批"征召"时由持丸介绍进盾会的。此前他是日本学生同盟会的活跃分子，持丸就是在学生同盟会与他结识的。和持丸不同，森田没有文学方面的抱负。显然他没有任何抱负：人们用来形容他的词毫无例外地是"纯洁"和"简单"。早年父母双亡，他是由在初级中学任教的哥哥抚养长大的。森田一向崇敬天皇：高中时，有同学称天皇"窃税者"，被森田用拳头揍了一顿。森田不仅有准备，而且迫切地要为天皇去死。盾会里熟识他的学员说，他在谈论死亡时表情怡然。有人甚至说正是森田的恶劣影响使得三岛决意去死。但是三岛不可能需要别人来鼓动。看来确凿的情况是这位新任学生队长对死亡的渴望绝不亚于三岛。

在他们生命的最后一年，三岛和森田经常形影不离。和三岛在一起，森田安静自若，用一位朋友的话说，"像个自信的未婚妻”。三岛骄傲地充当保护者的角色，总是留心让森田得到他认为应得的关注和尊重。在向朋友介绍森田时，他常常会告诉他们：“我誓死效忠天皇，森田誓死效忠我。”他告诉其他人：“记住他，他是将要杀死我的人。”

有几桩古怪的事情。1970 年春天，三岛和森田已经决定一同结束生命。举办电影《爱与死的仪式》首映式的影院经理应邀同三岛、瑶子还有森田一起吃晚饭。这项活动安排在一家叫穆斯塔什的法式餐厅，目的是要让森田熟悉西式就餐礼仪。据这位朋友说，用餐时十分注重礼仪，三岛和瑶子合力专注于改进森田的用餐方式，森田也专心领教。1970 年 9 月，一位年轻诗人朋友接到三岛的电话，请他到新桥的一家日本旅馆吃晚饭。诗人到达后，被引进一个包间，三岛和一名穿盾会制服的年轻人正在等他。三岛介绍年轻人为森田，并且表示因为怕森田万一发生不测，所以要求诗人听取并记住森田的人生故事，“一个堪称楷模的人生，一个富有价值的人生”。诗人坚称森田随后平静地叙说了他自孩提时代以来的人生故事，在一些关键的地方停下来，由三岛谈他的见解。

一种观点认为三岛和森田死于“殉情”。持这一观点的人认为三岛终于找到了他一生期待已久的真爱，想和他来一场轰轰烈烈的武士之死，就像在《忧国》里一样。这个观点缺少佐证。但是就三岛而言肯定是切中实情，无论他和森田有无肌肤之亲。起码，三岛肯定觉得森田对他具有强烈的性吸引力，不然不会选择他做自己的介错人。不甚清楚却至关重要的是森田的态度。假设森田的死不比三岛的复杂，假设他心里想的是作为武士和爱国者而死，如果是那样的话，那么稍稍暗示他和三岛是因为失控的情欲而双双走上死路就可能使他反感。另一方面，日本武士的行为准则包括了完全正统的同性恋习俗。因此与三岛维持同性关系和森田小心保有的礼仪观念并不互相抵触，只要他在意识里没有把他们实际上的情爱与他们的死亡挂钩。

不知道三岛和森田何时决定要以天皇的名义一起“杀身警世”，但是看来他们甚至可能在 1969 年 11 月 3 日的楼顶庆典之前就已经达成共识。那时三岛已经明确放弃了斩死的幻想。至少此时他确定，包含在他一切计划中的最终行动理由，即自卫队的动员，永远都不会出现。使他得出这个结论的是发生在 10 月的游行示威的结果。示威者反对佐藤首相去华盛顿发表佐藤—尼克松联合公报。人们普遍预感这些示威活动会演变成为史上规模最大、最具破坏性的骚乱。可是 1969 年 10 月 21 日，当成群结队的学生和工人走上街头的时候，面对他们的是一支空前强大的防暴力量。一万五千名训练有素的警察，配备盾牌和防暴武器，随时准备痛下杀手。发生了一些冲突，有些人被捕，也有些人受伤。尽管它们具有爆炸性的潜力，但是这些游行示威都是哑弹。

三岛好像期望这是自卫队必须出动的最佳时机。当防暴警察处理这个事件绰绰有余的时候，三岛感到大失所望。他对这一天唯一的解读，见于一年后他即将离世时发布的宣言中。他说，政府“预见到了极左派的最大能量，也预见到了公众对警方实行相当于戒严令的管制措施的反应……获得了信心，知道仅仅依靠警方力量，与宪法毫无抵触，就能捍卫现行政治制度”。三岛推论，由于政府现在“自信”无需动员自卫队，它就不再认为有必要提出动员自卫队的宪法问题。换言之，政府现在肯定会转向毫不掩饰地全力支持宪法，避开修宪这个永远危险的话题，因为已经证明政府没必要通过修宪来维护自身利益。按照三岛推出的观点，今后要修宪，只有依靠右派发动政变，或者左派发动革命。

10月的最后一天，他在家召集盾会九名班长开会，三岛就日本的未来提出自己悲观的结论，询问盾会应该怎么办。森田建议用自卫队包围国会，要求讨论修宪。三岛持怀疑态度，他提到武器问题以及在其开会期间占领国会的难度。最后他表达自己的观点说，不能指望自卫队站出来为自己成为国家军队而战斗。这一点是重要的，是证据，证明三岛根据亲身经历，一直知道军事政变不可能发动于自卫队内部。这意味着，呼吁自卫队起义且参加三岛和森田现在开始计划并于一年后最终实施的行动，只是三岛设想的一种形式，在武士的逻辑里没有意义或价值的姿态，除非由剖腹自杀来确认。

第八章
1970

1970 年 3 月底，三岛和森田断定他们计划采取的行动需要帮手，于是两个人一起挑选了两位信得过的学员。一位是班长小贺正义，二十二岁，神奈川大学学习工业管理的四年级学生。小贺于 1968 年 8 月参加盾会，与森田同班。因为他身高四英尺十一英寸，姓氏首字又是“小”字，所以小贺在盾会内的称呼是“小小贺”，以区分另一位姓氏读音相同的学员[①]。1970 年 4 月 3 日，在帝国酒店的咖啡厅里，三岛问小贺他是不是准备好参加自己和森田的“最后行动”，小贺回答准备好了。

一星期以后，三岛向二十二岁的班长小川正洋提出同样的问题。小川是明治学院大学的四年级学生，由森田带进盾会，

① 另一位学员指古贺浩靖。小贺与古贺的日语发音都是“*koga*”。——编注

因而视森田为大哥。1968 年 5 月，在学生研讨会堂，小川听三岛与林房雄、村松刚讨论新民族主义。三岛说的“右派不是理论而是感觉”，使他激动不已。后来他作证说他的行动是出于“对天皇的敬爱”。

同样在 4 月份的这个星期，三岛开始悄悄地做起了扫尾工作。借口《丰饶之海》不能按期完成（其实他是远远超前的），他让新田敞“别再操心”正在讨论的新计划。计划包括以伟大的宫廷诗人藤原定家的生活为题材的小说，以及一些色情作品。这突如其来的情况使新田大为困惑，他慌乱间询问三岛经常说某天可能会出版的日记。三岛笑笑说，他已决定付诸一炬。

5 月上旬，三岛通知村松，他意欲辞去日本文化研讨会的董事一职，并且建议将他们共同编辑的杂志停刊。他没有做任何解释，村松很生气。这是三岛故意为之。他正开始斩断一些仍然将他与文学世界相连的纽带。

5 月中旬，在三岛家召开的会议上，三岛对他的副手们表示，理想的行动正如森田去年 10 月提出的建议，和自卫队一起占领国会，然后要求修宪。不过在他看来，不能指望陆上自卫队会参与他们的行动，因此他们必须计划单独行动。他建议强迫市谷师团集合，方法要么是占领弹药库并威胁引爆它，要么把总监抓起来当人质。部队集合以后，他们可以陈述自己的理念，希望下层官兵会加入他们，向国会进军。在大仓酒店举行的第二次会议上，大家一致同意把总监抓起来是比较有效的方法。三岛建议，趁 11 月盾会创建两周年之际，邀请总监参加阅兵仪式，就近抓他。6 月 21 日，在山上饭店召开了第三次会议

（写《镜子之家》时，他就是把自己“关”在这家饭店），三岛报告说，他获得总监准许，11月的阅兵式可以在市谷基地的直升机机场举行。由于机场离总监办公室很远，他建议改抓第二号人物副总监做人质。大家一致同意只使用日本刀，认为还需要一辆汽车，由小贺驾驶。三岛负责提供刀具。

6月，三岛同他的律师会面，把《假面自白》和《爱的饥渴》这两本书的版权转到倭文重名下。这是一个深思熟虑的决定。《自白》每年稳定销售十万册，而且，除了《金阁寺》，它还是被编入小说选集频率最高的。相对来说，《爱的饥渴》不是那么畅销。因此，没人能说三岛只把最有价值的资产转移给他母亲。再者，这两部小说都是在他结婚以前写的，它们事实上是他写作生涯中的第一和第二部小说。倭文重对它们应是情有独钟，而在瑶子眼里，它们并没有特别的意义。

6月，三岛还着手进行告别活动。他辞世以后，很多人回忆他们最后一次见面或谈话的情景，想起他的一些言行举止好像有点不对劲。譬如，电影制作人藤井在“深更半夜”接到他的电话，谈论《爱与死的仪式》参选米兰电影节的可能性。深夜来电不符合三岛的习惯，这时候他通常在书房里写作。更为奇怪的是，他在电话里谈了二十分钟，回顾拍摄这部影片的过程。藤井略感诧异，直到后来才发现三岛结束谈话时说的是再见——*Sayonara*——而不是习用的“一会儿见”。其他朋友突然受到邀请，或出去喝酒，或出去吃饭。光在6月里，与三岛度过最后一个晚上的就有五六位评论家和作家，包括他最敬重的三个人，石川淳、武田泰淳和安部公房（都是左翼人士，在盾会成立时，他们和三岛一致表示不再谈论政治)。7月下旬，三岛邀请NHK的朋友伊达在银座的本店浜作用晚餐。他突然问道，如果他死去，伊达是否认为那是“大新闻”，伊达认为是大新闻。三岛接着问：“如果我决定剖腹自杀，你是否能进行电视直播?”一瞬间，伊达感觉三岛可能是认真的。三岛随即爆发一阵大笑，伊达也跟着笑起来。可是他确实是认真的。像《镜子之家》里面的自恋者收，他在思想深处某个角落，肯定混淆着实际的死亡和导致帷幕永不降落的舞台上的死亡。

8月1日，三岛与家人一起去下田，开始每年一个月的海滨度假。在那里，三岛完成了《丰饶之海》的最后一部《天人五衰》。没人起疑心：连载在7月份才刚刚开始，他实际上比宣称的日程提前一年有余。那些亲近关心他的人——瑶子、新田，可能还有村松——确信他在完成四部曲之前不会尝试过激行动。真是难以想象，在筹划自己的死亡的时候，三岛怎么能够加速完成自己的大作。事实上，显然最后这部小说整段整段都是在分心的情况下写就的。这种生活压力也有生理上的代价，他回到东京时，倭文重说他看上去很憔悴。他承认自己相当疲倦，告诉母亲这是他最后一次与家人去下田。

8月下旬，三岛和他的同志们开会研究盾会里是否还有学员可以参与他们的计划。小贺坚决认为，只有刚从神奈川大学毕业的古贺浩靖（盾会内部称“大古贺”）能够信任，森田也附和。在大学一年级的时候，古贺写信给他家乡北海道的一位朋友，要他读一读三岛由纪夫“一篇重要小说”《忧国》。《忧国》中的主人公，他写道，向他揭示了他自己想走的道路。

9月1日，小贺和森田在新宿区的一家咖啡店会见古贺，要求他“为他们的事业而献身”。森田只告诉他“三岛先生”计划在市谷采取行动。古贺向两位同志鞠躬，感谢他们让自己加入。9月9日，三岛带他到银座的一家法式餐厅吃晚饭，解释说自卫队“没有可能”参加他们的行动。古贺立即明白三岛在告诉他这个计划要求斩死。他发誓随时准备牺牲，并问有没有时间让他回北海道，最后看一眼家乡。三岛告诉他行动日期定在11月25日，要他在10月初动身，并且为他提供了一半的盘缠。

9月中旬，三岛请年轻摄影师筱山纪信开始为他拍摄写真系列，题为《男子汉之死》。系列出自三岛的灵感，场景也由三岛设计，它们包括，三岛在泥水中溺亡、三岛的脑袋瓜被砍进一柄斧头、三岛被压在水泥卡车的车轮下，当然还有三岛扮成圣塞巴斯蒂安，双手被绑在头顶的树杈上，箭矢美美地扎进他的腋窝和肋侧。写真原计划要刊登在一个叫做《鲜血与蔷薇》的杂志上，但是三岛死后，筱山不忍心发表这些照片。最让他于心不安的照片是他开玩笑时拍的：三岛裸身坐在地板上，腹部插着一柄短刀，而站在他身后，举着长刀，等他示意砍头的，是筱山。三岛是怎么想的？这些照片是不是代表他在脑海里把舞台上的血和真实的血相混淆、他所期待的自己实际的死亡被看作只是另一个更能引起轰动的拍照片姿势？在讨论、设计、拍摄所有这些场景的过程中，筱山得到的唯一印象是，三岛对这个写真项目极其认真，是他见到过的“要求最严、配合得最好的”模特。

10月19日，古贺从北海道回来的第二天，三岛他们几个人一起拍了正式的纪念照。三岛选的摄影师与他幻想的宏大计划相吻合：东条摄影馆以最初为明治时代的将军摄影而闻名。照片的氛围，包括合影人的姿势和古色古香的椅子，绝对与维新时期的日本相符合。

11月3日，在六本木的雾桑拿浴室，三岛通知小川、小贺和古贺，他们的任务是安全送还人质（确保他不会试图为此事件承担责任而切腹自杀），不要拒捕，以便在法庭上阐述盾会精神。古贺后来作证时说，这个时候让他放弃死亡真是太困难了，因为他已经准备一死，甚至为此专程前去告别了北海道。森田安慰他和其他人，向他们保证，“死亡不可能让我们分离，我们会在某个地方再见”。后来他告诉同伴，为他介错（在他砍下三岛的头以后，他即行切腹，并示意介错人砍下他的头）是“最后的友谊之举”。

在11月的第一个星期，三岛设计并在东武百货公司布置了他自己的照片回顾展览，称为“三岛由纪夫展”。开始部分是他从旧的家庭相册中搜来的婴孩照片，然后将三岛的历史逐渐展开，一直延伸到当下，甚至还包括了几张《男子汉之死》的系列照片。可想而知有很多裸体照。在这个星期里，对这最新的“不得体”展示的好奇，引来了大批观众。

三岛把展馆的墙壁布置成黑色，照片分成四条“河”。首先是“书籍之河”。在目录里他写道：“写这些书所经历的烦躁焦虑的夜晚和沮丧绝望的时刻，如果都堆积在我的心里，我肯定会发疯。”紧接着是“舞台之河”，然后是“肉体之河”，最后是“行动之河”：

这是一条流淌在丛林中的可怖的河，有鳄鱼和水虎鱼，还有涂着毒药的箭矢从敌营飞扑过来。这条河与书籍之河迎头相撞。谈论笔和刀齐头并进是一回事，但是真正的融合只能在死亡的那一刻实现。

在这条行动之河里流淌着泪水、血水和汗水，这是书籍之河所没有的。在这里，灵魂无需语言媒介就能接触，使其成为最危险的河……可是身为大丈夫，就会不可抗拒地在这条河中沉沦。

这四条河按计划要汇入《丰饶之海》。由于当时没人知道最后一部小说会怎么煞尾，所以这个展览的意义还不十分清楚。在《天人五衰》的最后情节中，这个四部曲突然被抽去了实质，它的真实性被描绘得像是一个梦。因此，三岛在这个展览中好像要说的一部分话——说给自己——就是他迄今为止的整个人生，即死亡的此岸，只不过是一个幻象，没有实质。事实上，在7月份的报载文章里，他说的正是同样的话："当我思考过去经历的二十五个年头时［就是1945年以来］，我诧异于它们的空泛，我几乎不能说我曾经活过。"

不止于此。展览开幕前一天，三岛和新田敞一起检查了照片底下的说明文字。（这是新田最后一次见他。）离开大楼时，他问新田是否觉得很快可以推出他的作品全集。新田觉得不好说。三岛当然知道这个时机会来得比他的出版人想象的早很多：他会确保此事。他说的是他想要他的"全集"不仅包括文字作品，而且还有所有的朗读录音、照片，甚至《爱与死的仪式》

的拷贝。新田指出不可能做这样的产品，三岛则坚持一部“完整的全集”必须包括他的一切。在展览里，他使用的意象是他整个人生汇入了他最后的著作，仿佛他预见到，他要成就杰作的毕生愿望，通过切腹就能如愿以偿。“这个杀人惯犯知道，”他在十八岁时写道，指小说中的艺术家，即他自己，“只有被杀，他才会感觉圆满，感觉如愿。”

11月14日，三岛再次在雾桑拿浴室会见那几个学生，争取他们对他草拟的宣言的同意。“是什么驱使我们采取这一徒劳的行动?”宣言开头说。

> 我们对自卫队的热爱。在这个温吞的国度里，你是我们唯一的安全港，可以让我们呼吸到凛冽的空气……我们眼看着日本在繁荣中陶醉，滑入精神空虚的泥沼……我们咬牙切齿，不得不忍受着日本人亵渎日本的历史和传统……我们相信，只有在自卫队中，真正的日本、真正的日本人、真正的武士精神才得以保留传承。当你觉醒的时候，我们相信日本会跟着你觉醒……

宣言表明，重要的是要修改“不光彩的”宪法，从而恢复自卫队作为国家军队的合法地位，不再仅仅是警备力量。宣言哀叹1969年10月那个“可悲的日子”：此前是“宪法私生子”的自卫队，转变成了一支保卫宪法的军队。从那天起，“我们怀着期待屏息静听，但是我们没有听到自卫队里有男子汉的声音，没人站出来反对那个羞辱性的命令，没人抗议那个要自卫队去保卫的不承认其存在的宪法”。宣言最后呼吁：

> 过去一年里，我们一直在热切地等待。对那些不懂自珍的人，我们不再等待。但是让我们再等三十分钟，最后的三十分钟。和我们一起起义，为正义和荣誉，和我们一起去牺牲。
>
> 我们将恢复日本的真面目，并为此付出生命。你们能够容忍一个精神已经死去，只有求生欲望的世界吗？我们将用几分钟向你们展示哪里能找到更具价值的东西。不是自由，也不是民主，而是日本。日本，是一个有着我们钟爱的历史和传统的国家。那部宪法使我们热爱的国家伤筋动骨，你们难道没有人愿意为反对这部宪法而牺牲吗？如果你们愿意，让我们站出来共同赴死。我们知道你们的灵魂是纯洁的。正是我们强烈地希望你们重新成为真正的男子汉、真正的武士，驱使我们采取了这一行动。

森田和其他人一字未改地同意了这个宣言。接着他们商定了那一天的初步日程：总监被控制以后等待师团在二十分钟内集合；由三岛根据宣言演讲三十分钟；其余四人各用五分钟讲讲他们的心里话；用五分钟给盾会发指示；宣布解散盾会（因为是终极行动，所以只发生一次）；最后，为天皇三呼万岁。

11 月 20 日，三岛去筱山工作室，从底片小样中挑选最后用于《男子汉之死》系列的照片。陪伴他的是穿着制服的森田。筱山从旁看着，三岛用一支油性铅笔标注想要放进系列中的那些描绘他惨死的照片，时不时征求寡言少语的森田的意见。

次日，森田和小贺借口送一本三岛的书给副总监，到他的办公室核实他25日是否会在此办公，结果了解到他那天不来。三岛听到这个消息后说，他们只得重启原先的计划，抓扣总监，因为要推迟计划已经来不及了。当天晚上，他安排在25日上午十一点约见益田兼利总监（将军），地点在总监的办公室。第二天，森田和其他人买了捆绑总监的绳子、用来封堵他办公室门的铁丝和钳子、他们准备写上“要求”并挂上阳台的布幅、水壶和用以提神的白兰地。那天晚上在回家的路上，森田对小贺说，如果因故他不能为三岛介错的话，请小贺代行其事。小贺同意照办。

接下来的两天，三岛和其他人在皇宫酒店（在皇宫的对面）的一间客房里进行演习。三岛充当总监。他们在帆布布幅上写下他们的诉求，准备了头巾，上面写着四个字：“七生报国”（“现成的”、没有个性的“豪言壮语”之一）。24日傍晚，每个人写了传统的“绝命诗”，形式是古典的三十一韵。尽管按计划小贺、古贺和小川会活下去，但总是有可能发生他们也不得不死的意外情况。三岛鼓励学生们写自己想说的话，不要顾虑技巧，在正式誊抄之前，他帮他们略微做了润色。四点钟，他们离开酒店，就近在新桥的一家小饭馆最后一次一起喝啤酒。小贺带着小川和古贺到他位于户冢的房间过夜。森田回新宿的住处。三岛回自己的家。

此时距三岛决定与森田共同赴死已过了大约一年，而他开始为自己的死作准备也有八个月了。在此期间，他把无数承诺要办的事情一一了结，并且注意不再作新的承诺。在没人察觉的情况下，三岛把账全部结清了。最后还有几件准备工作要做。他打电话给伊达宗克和德冈孝夫，告诉他们他想第二天和他们见面，问他们上午十点至十点零五分可以在哪里找到他们。然后他坐下来写东西。他写信给纽约的唐纳德·基恩和伊凡·莫里斯[①]，请他们共同主持翻译《丰饶之海》，这件事自然是最让他操心的。他还写了其他的信，一共有十来封。这些最后的话，依据收信人在他生命中的地位不同而不同。其中有没有给瑶子的信则不得而知。可以确定的是，有一封是给他父母的，还有一封写给一个叫仓持清的学员，指示他解散盾会。充当三岛耳目的伊泽甲子麿收到一封长信。据伊泽说，部分内容是，“给我穿盾会制服，戴白手套，手里握一把军刀，然后一定要帮我拍一张照片。我家人可能会反对，但是我想要证据，证明我不是作为文人而是作为武士而死”。梓从家信中引了类似的段落：“我扔掉了手中的笔。由于我不是作为文人而是作为军人而死，所以我希望在我的法号［死后用名］里使用代表刀的“武”这个字，没有必要用代表笔的“文”这个字。”这些话竟然出自一个每天晚上——包括生命中的最后一夜——在书房里写作的人！

大约十点钟，三岛通过阳台来到父母住的厢房。他来得比平时早，倭文重问他怎么这么早结束写作。三岛回答说他“非常疲倦”，倭文重催他快去睡觉。三岛点点头，向她道晚安。他

---

① 伊凡·莫里斯（Ivan Morris，1925—1976），英国日本学学者、日本文学翻译家。译作有清少纳言的《枕草子》、井原西鹤的《好色一代女》、三岛由纪夫的《金阁寺》、大冈升平的《野火》等。——编注

又向在隔壁房间阅读的梓道晚安，然后他打开拉门，走上阳台，原路返回自己的住处。

25 日早上刚过九点，森田一行离开了新宿。小贺驾驶的这辆 1966 年的白色轿车，是他在 7 月份专门为今天这个日子准备的。他们中途去把车洗干净，到三岛家的时候是十点十五分。三岛穿着盾会制服出来和他们汇合。他提着一把日本长刀和一个装有两把短刀的公文包。在车里，他递给小贺一个信封，内有九万日元（三百美元）作为律师费，还有一封信，说明他为这个事件负责，并且责令三名学生活下去，以便忠实地代表盾会出庭。小贺等人读了信，发誓会遵照三岛的命令行事。于是他们出发。他们行驶的路线经过学习院小学部，三岛的女儿正在那里上课。途中，三岛开玩笑地提起在警匪片里这个时候应该用什么样的音乐。他开始哼唱，别人也跟他一起唱起来。

他们在十点五十分抵达陆上自卫队市谷司令部，立刻被引入益田总监在二楼的办公室。三岛解释他穿制服是因为盾会的每月例会将在当天举行，他介绍森田和其他人将在会上得到表彰。益田将军对他们的行为举止印象深刻，还夸他们的制服漂亮。接下来他注意到三岛的长刀，问刀有没有“开刃”。三岛回答说刀确实开刃了。总监又问警方是否允许他携带这样的武器。三岛笑笑，然后抽刀出鞘，解释说这是有鉴定证明的关孙六宝刀。“小贺，”他对小贺说，“手帕。”这是暗号。小贺起身走向总监身后，假装递一方手帕给三岛，让他在展示宝刀前擦拭一下刀刃。来到总监身后，他一把抓住他，用一只手捂住他的嘴。小川和古贺跳起来，帮着把他的手绑在背后，把他的腿和椅子缚在一起，然后他们把手帕塞进他嘴里，使他只能呼吸，不能出声。

小贺握一把短刀看管人质，其他人则忙着封堵办公室的三扇门。此刻是十一点二十分。几乎与此同时，邻近办公室的副官们听见动静想要进来。三岛叫他们走开，不然他就杀死总监，他还把“要求”从门底下塞过去。有四条要求：（1）正午十二点，东部师团全体在司令部大楼前集合；（2）务必“安静地”听三岛的演讲和四位学生的简短发言；（3）把正在市谷会馆开会的盾会人员招来基地听三岛等人的讲话；（4）从十一点到一点十分，不准有进攻或干扰行动。如果有任何干扰行动，三岛保证，他会立即杀死总监，然后切腹自杀。他把“干扰”定义为“催泪瓦斯、水枪、套索、噪音、强光、高音喇叭、规劝的企图，所有一切攻心战术”。如果所有要求都得到满足，两个小时后总监就会被安然无恙地送回。最后一条很可能是有意改用“二二六”叛乱领导者的那句名言，大意是任何讨论都不予考虑。三岛的表达如下：

4. 关于上述要求，

a：不考虑任何修改意见。

b：不提供任何解释。

c：不回答任何问题。

d：不接受任何会晤或对话。

主事军官花了大约十分钟才弄明白三岛不是在开玩笑。其间，十多名下级军官三三两两轮番突破封堵进入屋内。三岛和森田持刀将这些人赶了出去。在后来的法庭审判中，被告人证明三岛是横向“挥”刀砍伤对方的臂和腿，而不是致命的往下劈。不过他和森田还是砍伤了七个人，在走廊里的主事军官这才命令下属停止行动，答应集合部队。时间是十一点三十五分。

伊达和德冈在十一点抵达隔壁的市谷会馆。就在出门之前，三岛打电话要求他们带上相机和记者袖章在大厅等他。伊达有不祥的预兆，出门前告诉妻子，他当天可能死于流弹。两位新闻记者虽然熟识三岛达两年半之久，现在却是第一次在会馆碰面。他们在大厅等到十一点二十分，这时有个盾会的人从正在举行每月例会的三楼走下来，他并不知道发生了什么事，只是根据早先接到的电话指示行事。确认了伊达和德冈的身份之后，来人递上分别写着他们名字的信封。两个信封各含一帧纪念照片、一份宣言、一封同样内容的信件。信体现了三岛实施计划时所具有的精确和远见，写得既不牵连记者，又使他们了解详情：

恕我直入正题。

我让你放下工作到这里来，不是因为我要沽名钓誉。鉴于事情将要发生在自卫队，我担心会被掩盖起来，或者我们真正的意图得不到澄清。此外，非到最后一刻不得而知我们会成功或达不到目的，还有，如果新闻界得到消息后发生迫使我们放弃计划的事情会导致严重后果，所以我利用我们之间的私人友谊请你帮忙。

所有要说的话都包含在这份宣言里，它也是我将要演讲的大纲。至于我打算如何发表这篇演讲，现在不能告诉你。

在有情况发生之前，对你来说，最安全的事情莫过于在市谷会馆的大厅里等待。请勿试图联系自卫队司令部。

在会馆的三楼，盾会正在举行每月例会，他们对此计划毫不知情。当他们被自卫队或警察命令移往他处时，你就知道有情况发生了。到那个时候，你戴上袖章，假装碰巧经过那里，进入市谷基地，了解情况。可能从会馆的楼顶你可以看到这件事的概貌。

无论如何，要知道这是无足轻重的事件，只不过是我们私人的行为。

附上宣言和我们几个人的照片，因为我担心警方会采取没收行动。请妥为保管，自由发表。务请关照，发表宣言时切勿删节。

我们预计这一事件将持续两个小时，但是在此期间，随时可能发生意外，使我们功亏一篑。在别人看来，这是疯狂，然而我希望你明白，就我们而言，这一行动完全是出于爱国热忱。

如果因故不得不放弃计划，我会在十一点四十分回到市谷会馆。届时，我会心怀感激地要求返还信、宣言和照片，并请你忘却这一切。

最后，在事件结束前，请勿直接与我家人联系。我为我的任性致歉，我只希望我们的目的能够准确无误地传达给公众。

我为给你造成不便道歉，我还要表达我的谢意，感谢你在两年半的时间里给予我温馨的友谊。

匆此，三岛由纪夫

又及，这封信一式两份，另一份送给了《Sunday每日周刊》的德冈孝夫。

就在伊达看信和略读宣言的时候，他能听到由远及近的警笛声。他和德冈一起冲出大楼，跑过一个街区，来到东部方面队司令部的入口处（领盾会人员离开的警察是后来才到达的）。32连队的八百名军人集合在主楼前。在他们上方三十英尺，是总监办公室外的阳台，三岛手里握着刀，在那里踱来踱去，不时看看手表。十一点五十五分，森田出来把写着诉求的布幅挂在阳台上。正午十二点，三岛面对楼下的军人开始演讲。没人在听，即使有人听，三岛的声音也被其他人的哄闹声盖没了。"从那滚下来!""不要充英雄!""放了总监!"愤怒的士兵喊道。在办公室里的三名学员，有一人蹲下身子，对着门缝轻声说，如果不命令下面的士兵安静的话，他们将杀死总监。命令传了下去，但是不起作用。当下面的士兵继续叫喊时，三架直升机在三岛头上盘旋。可笑的是，它们是警方的直升机。就在三岛责备自卫队不争气，没有要求成为国家军队的权利的时候，自卫队却请求大都会警方提供帮助。

三岛声嘶力竭地匆匆讲着宣言的要点，不住地看手表。他本打算讲三十分钟，但是七分钟后，他显然觉得这样继续下去毫无意义，于是他跳过其他内容，开始作最后的呼吁，号召士兵们加入他和他的同志们赴死的行列。他的大声疾呼淹没在人们的喧闹声中："不再等待"，"再等三十分钟"，"站起来面对死亡"，"男子汉、真武士"。自然，没有响应，连冷嘲热讽的声音也没有加强。三岛招呼森田来到他身边，他们三次高呼"天皇陛下万岁"！接着他们突然离开阳台，阳台下的人群也突然归于安静。

三岛一边从阳台往里走，一边解开制服上衣的纽扣。他只说了一句话："我想他们没有听见我说的话。"然后他坐在地板上，面对阳台，敞开上衣。森田站到他身后，位置略微偏左，把关孙六宝刀举在他头的上方。三岛用双手紧攥着短刀，嘴里咕哝着，把刀刃扎进左胁。慢慢地，他把刀横拉到腹部右侧。毛笔和宣纸已经备妥：他本打算以自己的血写下"刀"这个字。疼痛使他力不从心，他仆倒在地上。森田朝他脖子砍了一刀。古贺喊"再砍!"森田又砍一刀。"古贺!"他请求。古贺从他手里接过刀，朝三岛砍下第三刀，终于首身分离。森田跪下，将短刀刺进自己的腹腔。站在他身后的古贺听见他说"等等"，然后说"动手!"他只一刀就砍下了森田的头颅。

学生们把头颅摆好，朝他们鞠躬，双手合十。他们取出总监嘴里的手帕并允许他鞠躬。他们开始哭泣，总监劝他们"尽情放声大哭"。学生们只给总监的腿脚松了绑，说三岛命令他们要看好他，直到把他安然无恙地放回去。"我不会做任何意外的事情，"他说，"你们想让我的下属看见我的手被反绑着吗?"学生们给总监松了绑，陪他到走廊里，把他交给了他的部下。他们将自己的手臂伸出来让人给他们戴上手铐。时钟指向十二点二十分。

只有梓一人在家，他打开十二点新闻广播时，得知了这起事件。瑶子正坐在出租车里去参加一个午宴，收音机里传来同样的报道。

那天晚上，大批新闻记者来到三岛家门前，电视摄像的灯光把院子照得如同白昼。房子黑黑的没有灯光，围墙入口处的锻铁大门上着锁，门上贴着一张字迹工整的布告，宣布已故平冈公威只由直系亲属悼念，请大家不要送花或送钱。右派学生穿着传统的和服、褶裙，来到大门前，朝住宅鞠躬，然后离去，他们脚下的木屐发出沉闷的声响。

遗体直到第二天下午四点才运回家。因为火葬场五点关门，所以没多少时间作最后的"告别"。如他在遗言中要求的，三岛穿着盾会的制服，一把军刀横放在他的胸上。最后一刻，瑶子在他的棺木里放了一些稿纸和他的钢笔。只有梓和瑶子的父亲杉山宁陪着遗体去火葬场。

翌日，平冈家对朋友开放，接待他们来悼念三岛，为他烧香。瑶子迎接并照料三岛结婚以后开始交往的客人，倭文重则接待老朋友。有一位朋友捧着一束白玫瑰。当他站在佛龛前仰视三岛的遗像时，倭文重在他身后说："你应该带红玫瑰来庆祝，这是公威生命中第一次做他一直想做的事情。为他高兴才对。"

要为这样一个人高兴不是件容易的事，因为如他弟弟所说："他总是想证实自己的存在，却始终无法如愿以偿。"但是也许有可能，像倭文重，把三岛的切腹自杀看作他毕生渴望的“英雄之死”，而不是一般人必然认为的，是可怕的、不必要的暴殄天赋。也许我们能够希望——无论这希望多么不切实际——他在疼痛之中和疼痛之后找到了他孜孜以求的东西。

三岛由纪夫的主要戏剧和小说作品

1944　《鲜花盛开的森林》　花ざかりの森

1948　《盗贼》　盗賊

1959　*《假面自白》　仮面の告白

1950　*《爱的饥渴》　愛の渇き

《青色时代》　青の時代

1951　*《禁色（第一部）》　禁色

1953　*《仲夏之死》　真夏の死

《禁色（第二部）》　秘楽

《夜间向日葵》　夜の向日葵（戏剧）

1934　*《潮骚》　潮騒

《年轻人，苏醒吧》　若人よ蘇れ（戏剧）

1955　《沉潜的瀑布》　沈める滝

1956　*《金阁寺》　金閣寺

*《近代能乐集》　近代能楽集

1957　《美德的动摇》　美徳のよろめき

《鹿鸣馆》　鹿鳴館（戏剧）

1958　《蔷薇与海盗》　薔薇と海賊（戏剧）

1959　《镜子之家》　鏡子の家

1960　*《宴后》　宴のあと

1961　《兽之戏》　獣の戯れ

1962　《美丽之星》　美しい星

1963　《剑》　剣

　＊《午后曳航》　午後の曳航

1964　《绢与明察》　絹と明察

　《欣喜的琴》　喜びの琴（戏剧）

1965 ＊《萨德侯爵夫人》　サド侯爵夫人（戏剧）

1966　《英灵之声》　英霊の聲

　＊《春雪》　春の雪（1965.9—1967.1连载）

1967　《朱雀家的灭亡》　朱雀家の滅亡（戏剧）

1968 ＊《奔马》　奔馬（1967.2—1968.8连载）

　《我的朋友希特勒》　わが友ヒットラー（戏剧）

1969　《癞王台》　癩王のテラス（戏剧）

　《黑蜥蜴》　黒蜥蜴（戏剧）

　《椿说张弓月》椿説弓張月（戏剧）

　＊《晓寺》　暁の寺（1968.9—1970.4连载）

1970 ＊《天人五衰》　天人五衰

＊为有英文译本的作品。